高等职业教育创新型系列教材

经 济 法

（第3版）

主　编　王允高
副主编　朱贝妮　刘佳晔
　　　　张　燕　赵一蔚
参　编　赵甲坤
主　审　陈继红

北京理工大学出版社
BEIJING INSTITUTE OF TECHNOLOGY PRESS

内 容 简 介

本书立足于财经类相关初、中级专业技术岗位对经济法知识与应用能力的需要,以"会计"等经济类专业岗位工作过程中需要运用的法律知识为主体,吸收最新经济法的立法信息,整合经济法相关教学内容,构建经济法课程内容体系。以"必需、够用"为原则,结合会计等经济类专业的职业资格标准,重点阐述了我国经济法体系中与企业经济工作密切相关的部门法。基于经济法教学"专业性"的要求,全书结构简洁,深入浅出,重点突出,实现了理论与实践、法律与案例的有机结合。适合作为高等院校财经专业的教材以及相关专业在职人员的参考用书。

版权专有　侵权必究

图书在版编目（CIP）数据

经济法 / 王允高主编 . —3 版 . —北京：北京理工大学出版社，2019.8（2021.7 重印）
ISBN 978-7-5682-7392-3

Ⅰ. ①经… Ⅱ. ①王… Ⅲ. ①经济法 – 中国 – 高等学校 – 教材 Ⅳ. ①D922.29

中国版本图书馆 CIP 数据核字（2019）第 174503 号

出版发行 /	北京理工大学出版社有限责任公司
社　　址 /	北京市海淀区中关村南大街 5 号
邮　　编 /	100081
电　　话 /	（010）68914775（总编室）
	（010）82562903（教材售后服务热线）
	（010）68944723（其他图书服务热线）
网　　址 /	http：//www.bitpress.com.cn
经　　销 /	全国各地新华书店
印　　刷 /	唐山富达印务有限公司
开　　本 /	787 毫米 × 1092 毫米　1/16
印　　张 /	15.5
字　　数 /	370 千字
版　　次 /	2019 年 8 月第 3 版　2021 年 7 月第 5 次印刷
定　　价 /	43.00 元

责任编辑 / 武丽娟
文案编辑 / 武丽娟
责任校对 / 周瑞红
责任印制 / 施胜娟

图书出现印装质量问题，请拨打售后服务热线，本社负责调换

再版前言

《经济法》一书是为高等职业院校财经类专业教学编写的。本书以高职高专教育"高端技能型人才"培养目标为出发点,兼顾高职高专院校会计、金融、商贸等财经类各专业人才培养方案中有关专业知识结构的共同需要,立足于财经类相关初、中级专业技术资格考试对经济法知识的要求和企事业单位的相关职业岗位对经济法应用能力的需要,构建了系统合理、必要实用的课程内容体系。本书力求使学生正确树立中国特色社会主义法制观念,全面了解经济法的基本理论、基本知识,系统掌握企业组织与管理、市场运行与监督、宏观经济调控等法律制度的具体规范与实务技能,培养学生运用经济法解决企业单位和社会经济问题的职业能力。

本次修订,吸收了截至2021年6月我国最新的经济法立法文献,合理调整更新了相关章节的内容。其中,第一章"经济法基础知识"对经济法基础理论方面的各知识点作了更规范更准确的整理完善,并根据2021年1月1日起实施的《中华人民共和国民法典》对相关内容作了调整更新;根据《中华人民共和国民法典》合同编对第五章"合同法"进行了系统的修订更新;根据2020年3月1日起实施的《中华人民共和国证券法》对第八章"证券法"进行了全面修订更新。同时相应修改更新了有关章节的案例、习题。

修订后的《经济法》依然突出了理论阐述简明易懂、法律解析深入浅出、案例分析简要典型、数字化资源丰富多元、章后习题覆盖要点的特点。

本书由王允高担任主编,由陈继红担任主审,由朱贝妮、刘佳晔、张燕、赵一蔚担任副主编,赵甲坤参与编写。

由于编者水平有限,书中如有疏漏之处,恳请广大读者予以批评指正。

编 者

第 2 版前言

《经济法》一书是为高等院校财经类专业教学而编写的。力求使学生全面了解经济法的基本理论、基本知识，系统掌握宏观经济调控、市场运行与监督等法律制度的构成、具体规范以及实务技能，培养学生运用经济法解决企业和社会经济问题的职业能力。

《经济法》一书本次修订，吸收了截至 2016 年 5 月我国最新的经济法立法文献，整合传统的经济法教学内容，合理构建经济法课程教学内容体系，重新界定和规范了有关的法学概念和理论表述。修订后的教材内容包括：经济法基础知识、市场主体法（内资企业法、公司法、外商投资企业法、企业破产法等）、市场运行法（合同法、工业产权法、竞争法与消费者保护法等）、经济监督调控法（证券法、票据法、会计法等）、劳动法等五部分，共十二章。基于教学"应用性"的要求，书中简化了法学上的理论阐述和分析探讨，以法律、法规的基本规定为主线，加以简要的解释和深入浅出的表述，简明易懂，便于讲授和学习。每章后面附有习题，其中单项选择题、多项选择题和判断题覆盖了本章的基本知识点；案例分析题选用典型、简明的案例突出重点教学内容。

本教材由王允高、李欣雨担任主编，由陈继红担任主审，由王福礼、高扬、陈静、韩雪娇担任副主编。本书大纲、统稿及第一章和第十至第十二章由王允高编写；第二、三章由李欣雨编写；第四、五章由王福礼编写；第六、七章由高扬编写；第八章由陈静编写；第九章由韩雪娇编写。全书的主审和校稿由陈继红完成。

由于编者水平有限，书中如有疏漏之处，恳请广大读者予以批评指正。

编　者

目 录

第一章 经济法基础知识 (1)
  第一节 经济法概述 (1)
  第二节 经济法律关系 (4)
  第三节 法律行为与代理 (7)
  第四节 经济纠纷的解决途径 (11)

第二章 个人独资企业法与合伙企业法 (24)
  第一节 个人独资企业法 (24)
  第二节 合伙企业法 (28)

第三章 公司法 (41)
  第一节 公司法概述 (41)
  第二节 有限责任公司 (44)
  第三节 股份有限公司 (51)
  第四节 公司董事、监事、高级管理人员的资格和义务 (58)
  第五节 公司债券和公司财务会计 (60)
  第六节 公司合并、分立与注册资本变更 (62)
  第七节 公司解散和清算 (64)

第四章 企业破产法 (69)
  第一节 企业破产法概述 (69)
  第二节 破产的申请和受理 (71)
  第三节 破产管理人 (73)
  第四节 债务人财产 (74)
  第五节 破产债权 (77)
  第六节 债权人会议 (78)

  第七节 重整 (80)
  第八节 和解 (83)
  第九节 破产清算 (84)
第五章 合同法律制度 (90)
  第一节 合同法律制度概述 (90)
  第二节 合同的订立 (92)
  第三节 合同的效力 (96)
  第四节 合同的履行 (99)
  第五节 合同的担保 (103)
  第六节 合同的变更、转让和终止 (110)
  第七节 违约责任 (115)
第六章 工业产权法律制度 (121)
  第一节 知识产权与工业产权概述 (121)
  第二节 专利法 (123)
  第三节 商标法 (131)
第七章 竞争与消费者保护法律制度 (140)
  第一节 反不正当竞争法 (140)
  第二节 消费者权益保护法 (144)
第八章 证券法 (157)
  第一节 证券法概述 (157)
  第二节 证券发行 (160)
  第三节 证券交易 (164)
  第四节 信息披露制度 (168)
  第五节 上市公司收购 (170)
  第六节 投资者保护 (172)
第九章 票据法 (176)
  第一节 票据法概述 (176)
  第二节 汇票 (183)
  第三节 本票与支票 (191)
第十章 会计法 (197)
  第一节 会计法概述 (197)
  第二节 会计核算的法律规定 (199)
  第三节 会计监督的法律规定 (203)
  第四节 会计机构和会计人员的法律规定 (206)

第十一章 劳动法律制度 (212)

第一节 劳动法律制度概述 (212)

第二节 劳动基准制度 (215)

第三节 劳动者社会保险 (219)

第四节 劳动合同法 (223)

第五节 劳动争议的处理 (231)

参考文献 (237)

第一章

经济法基础知识

案 例

经济法产生与德国的两度崛起

德国被称为"经济法的母国"。早在19世纪末期,西方国家随着垄断资本的出现,市场自由竞争秩序遭到破坏,市场调节日趋失灵。当其他国家仍旧把亚当·斯密的自由市场理论奉为神圣法则的时候,德国人已经看到了在自由市场秩序下政府作为"守夜人"模式的缺陷,德国政府开始通过国家经济立法对市场经济进行干预和调控。如1883年德国颁布了《工人医疗保险法》、1896年颁布了《反不正当竞争法》等,这不仅在世界范围内开创了通过经济立法的方式调控社会经济生活的先河,也在很大程度上奠定了德国嗣后的崛起与经济腾飞,使德国一举成为了当时世界第二经济强国。

第一次世界大战战败以后,德国政府继续推行国家经济立法,于1919年先后颁布了《魏玛宪法》《卡特尔规章法》《煤炭经济法》《钾素经济法》等一系列经济法,依靠经济法这只"国家之手"对社会经济进行干预和调控。这为德国迅速医治战争创伤、恢复国民经济创造了有利条件,从而为德国恢复政治经济大国地位的再次崛起发挥了重要的作用。

第一节 经济法概述

一、经济法的概念

我国国家立法机关在解释关于民法与经济法、行政法的关系时指出:"民法主要调整平等主体间的财产关系,即横向的财产、经济关系。政府对经济的管理,国家和企业之间以及企业内部等纵向经济关系或者行政管理关系,不是平等主体之间的经济关系,主要由有关经济法、行政法调整。"

因此一般认为:经济法是调整国家在协调经济运行过程中发生的经济关系的法律规范的总称。

现代经济法的产生,是在商品经济发展到市场经济的情况下,由于生产社会化程度的不断提高和垄断的出现，传统的民法调整失灵，产生了市场监管和宏观调控的需要。国家为保证国民经济的持续稳定健康发展，依其职能对不利于市场经济健康发展的行为进行干预和调控。国家干预的方式主要通过法律手段对市场经济活动进行管理和协调，包括对市场运行的规划、组织、引导、监督、控制、调节等。

随着我国社会主义市场经济的发展，需要由法律调整的社会经济关系也在不断增加，经济法在国民经济运行管理中的地位和作用日趋重要，经济法作为独立的法律部门成为必然，并必将随着国家法制建设的推进和社会主义市场经济的发展而不断加强和完善。

二、经济法的调整对象

经济法的调整对象是特定的经济关系，即在国家协调本国经济运行过程中发生的经济关系，简称国家经济协调关系。主要包括以下几方面经济关系：

1. 企业组织管理关系

企业组织管理关系是在以企业为主体的各类经济组织的设立、运行、变更、终止过程中发生的经济管理关系及其内部管理过程中发生的经济关系。在市场主体体系中，企业是最主要的主体。国家为了协调本国经济运行而对企业进行必要干预，有助于从法律上保证企业成为自主经营、独立承担民事责任的合格主体，能动地参与市场运行，改善经营管理，提高企业经济效益和社会效益。

2. 市场运行管理关系

市场运行管理关系是国家在市场运行管理过程中发生的经济关系。我国实行社会主义市场经济，发展市场经济必须充分发挥市场竞争机制的作用。市场竞争中难免会发生市场主体之间的违约、侵权和不正当竞争，从而影响市场功能的发挥，妨碍市场资源的优化配置。因此需要国家依法进行积极干预，加强市场监管，坚守市场规则，维护市场运行公平、有效的秩序。

3. 宏观监督调控关系

宏观监督调控关系是国家在宏观监督调控过程中发生的经济关系。市场的机制和功能具有其局限性，无法满足国家宏观经济发展战略规划的要求。因此就需要国家对国民经济进行总体的调节与控制，合理构建和维护国民经济整体结构布局，促进社会资源优化配置，从而保障国民经济的持续、稳定、协调、健康发展。

三、经济法的基本原则

经济法的基本原则与经济法的调整对象有着密切的联系，根据上述经济法的调整对象，我们可以把经济法的基本原则概括为以下两项：

（一）国家适度干预原则

所谓适度干预是指国家必须在充分尊重市场主体自主性的前提下对社会市场经济运行进行的一种正当而又谨慎的干预。市场经济是以市场为资源配置主要手段的经济体制，而国家干预作为一种外部强制力量，是基于市场失灵、社会公平等因素而介入市场的，这种介入有着明显的人为因素和很强的目的性。因此国家干预要保持适度，不可任意扩大干预的范围和程度而损害市场自身的运行功效。

首先，国家干预应具有正当性。就是要求：一是干预者所拥有的干预权力只能来源于法律的规定；二是干预必须符合法律规定的程序。

其次，国家干预应具有谨慎性。国家干预要尽量符合市场机制自身的运行规律，不能压制市场经济主体的经营自主性和创造性。要掌握适度的干预手段、干预范围和干预程度，以避免干预的随意性和负面效应。

（二）维护公平竞争原则

经济法一方面从市场规制的角度，禁止和限制违约、侵权、不正当竞争等破坏竞争秩序的行为，以维护自由公平的竞争环境，保障市场交易的安全和有序；对弱势的市场交易主体一方的消费者给以特殊的保护，以维护交易的公平和社会经济秩序的稳定。另一方面则从国民经济和社会发展的角度，通过财政、税收、金融、产业指导等经济手段，引导市场主体的选择和决策，为经济发展创造良好社会环境和法制环境，保证社会分配与资源配置的合理与公平、公正。

四、经济法的渊源和体系

（一）经济法的渊源

经济法的渊源，通常指的是经济法的形式渊源，即经济法律规范的表现形式。经济法是由一系列法律、法规和规范组成的，有多种表现形式，具体包括：

（1）宪法。宪法是国家的根本大法，由全国人民代表大会制定和修改，具有最高的法律地位和法律效力。经济法以宪法为渊源，除与其他法律、法规、规章、命令、指示等一样不得与之相违背之外，主要是从中吸收有关经济制度的精神。如"中华人民共和国的社会主义经济制度的基础是生产资料的社会主义公有制，即全民所有制和劳动群众集体所有制""国家实行社会主义市场经济""国家加强经济立法，完善宏观调控"等。

中华人民共和国宪法

（2）法律。法律由全国人民代表大会及其常委会制定，在地位和效力上仅次于宪法。以法律形式表现的经济法构成其主体和核心部分，如《中华人民共和国公司法》《中华人民共和国企业破产法》《中华人民共和国民法典》《中华人民共和国反不正当竞争法》《中华人民共和国证券法》《中华人民共和国会计法》等。

（3）行政法规。行政法规是指作为国家最高行政机关的国务院制定的规范性文件，其地位和效力仅次于宪法和法律。经济法大量以该种形式存在，这是由经济的社会化和政府对经济的全方位管理和参与的客观条件所决定的，如《中华人民共和国公司登记管理条例》《中华人民共和国专利代理条例》《股票发行与交易管理暂行条例》《中华人民共和国企业会计准则》等。

（4）地方性法规。省、自治区、直辖市的人民代表大会及其常委会可以制定地方性法规，其不得与宪法、法律和行政法规相抵触。法的这一表现形式的适用范围具有地域限制性的特点。

（5）部门规章。部门规章是指国务院的组成部门或直属机构在其职权范围内根据法律和行政法规制定的规范性文件，如国家发改委发布的《国家发展和改革委员会行政复议实施办法》、原国家市场监督管理总局颁发的《经济合同示范文本管理办法》、中国证券监督管理委员会发布的《证券发行与承销管理办法》、中国人民银行颁发的《支付结算办法》、财政部与国家档案局联合发布的《中华人民共和国会计档案管理办法》等。

(6) 司法解释。最高人民法院和最高人民检察院针对审判工作的需要，在总结审判经验的基础上发布的指导性文件，可以对立法具体适用性的不足起到弥补和解释的作用，如《最高人民法院关于适用〈中华人民共和国公司法〉若干问题的规定》《最高人民法院关于适用〈中华人民共和国企业破产法〉若干问题的规定》《最高人民法院关于审理买卖合同纠纷案件适用法律问题的解释》《最高人民法院关于审理不正当竞争民事案件应用法律若干问题的解释》等。

(7) 国际条约或协定。国际条约或协定是指我国作为国际法主体同外国或地区缔结的双边、多边协议和其他具有条约、协定性质的文件。上述文件生效以后，对缔约国就具有法律约束力，因而国际条约或协定便成为我国经济法的渊源之一。如我国加入世界贸易组织与相关国家签订的协议、我国与有关国家签订的双边投资保护协定、我国加入世界知识产权组织的有关协定等。

(二) 经济法的体系

经济法体系是经济法调整对象的具体化，是由国家现行的经济法律规范按照不同的分类组成的有机联系的统一整体。

一般认为，经济法体系由以下三部分构成：

(1) 市场主体法。主要包括个人独资企业法、合伙企业法、全民所有制工业企业法、公司法、企业破产法等。

(2) 市场运行法。主要包括合同法律制度、工业产权法律制度、反垄断法、反不正当竞争法、消费者权益保护法、产品质量法等。

(3) 经济监督调控法。主要包括计划法、预算法、税法、证券法、票据法、会计法、审计法等。

第二节　经济法律关系

一、经济法律关系的概念

法律关系是指由法律规范确认和调整的、基于权利和义务形成的特殊社会关系。法律关系是社会关系的重要组成部分，按其反映的社会关系不同，可以分为民事法律关系、行政法律关系、经济法律关系、刑事法律关系等。

经济法律关系是指在国家协调经济运行过程中形成的、由经济法确认和调整的经济权利和经济义务关系。

经济法律关系与经济法的调整对象有密切的联系，经济法律关系就是作为经济法调整对象的特定经济关系在法律上的表现。

二、经济法律关系的构成要素

经济法律关系的构成要素是指构成经济法律关系的必要组成部分，即经济法律关系的主体、经济法律关系的内容和经济法律关系的客体。这三个构成要素必须同时具备，才能形成一项完整的经济法律关系。

（一）经济法律关系的主体

经济法律关系的主体，即经济法主体，是指在国家协调本国经济运行过程中，依法享受权利和承担义务的社会实体。经济法律关系的主体是经济法律关系的直接参与者，它既是经济权利的享受者，又是经济义务的承担者，是经济法律关系中最积极、最活跃的因素。在我国，经济法律关系的主体主要包括以下几类：

1. 国家机关

国家机关是行使国家职能的各种机关的总称，它包括国家权力机关、国家行政机关、国家司法机关等。而作为经济法律关系主体的国家机关主要是指国家行政机关中的经济管理机关。经济管理机关在国家宏观调控和市场监管中发挥着重要的作用。

2. 经济组织和其他社会组织

经济组织是指依法设立的，自主地从事经济活动，一般以营利为目的并实行独立核算的经济实体。经济组织最主要的是各种企业，企业是经济法律关系最主要的参与者，是经济法的基本主体。其他社会组织主要包括事业单位和社会团体。

3. 经济组织的内部机构和有关人员

经济组织的有关内部机构和人员，根据经济法律、法规的规定参加经济组织内部的经济法律关系时，就具有经济法律关系主体的资格。

4. 农村承包经营户、城乡个体工商户和自然人

当农村承包经营户、城乡个体工商户和自然人在市场运行过程中与其他主体发生经济权利和经济义务关系时，便成为经济法律关系的主体。

知识拓展

法人制度。我国《民法典》规定，法人是具有民事权利能力和民事行为能力，依法独立享有民事权利和承担民事义务的组织。法人应具备以下四个条件：第一，依法成立，即依照法律、行政法规的规定的条件和程序成立。第二，有自己的名称、组织机构、住所、财产或者经费。第三，以其全部财产独立承担民事责任。

法人可分为：营利法人、非营利法人、特别法人等。其中特别法人包括机关法人、农村集体经济组织法人、城镇农村的合作经济组织法人、基层群众性自治组织法人。

依照法律或者法人章程的规定，代表法人从事民事活动的负责人，为法人的法定代表人。法定代表人以法人名义从事的民事活动，其法律后果由法人承受。法人章程或者法人权力机构对法定代表人代表权的限制，不得对抗善意相对人。

（二）经济法律关系的内容

经济法律关系的内容是指经济法律关系的主体所享有的经济权利和承担的经济义务。它是经济法律关系的实质要素，经济法律关系的主体之间通过经济权利和经济义务联结起来，并确立他们之间的法律责任。

1. 经济权利

经济权利是指经济法律关系的主体在国家协调经济运行过程中，依法具有的为或者不为一定行为和要求他人为或者不为一定行为的资格。其主要内容包括以下几个方面：

（1）经济职权。是指国家机关行使经济管理职能时依法享有的权利。其基本特征是：

第一，经济职权的产生基于国家授权或者法律的直接规定；第二，经济职权具有命令与服从的性质，即在国家机关依法行使经济职权时，其下属的国家机关、有关的经济组织和个人等经济法主体，都必须服从；第三，经济职权不可随意转让或放弃，国家机关依法行使经济职权既是其权利也是其义务，随意转让或放弃则是失职和违法行为。经济职权的内容主要包括经济立法权、经济决策权、经济命令权、经济审批权、经济许可权、经济监督权等。

（2）财产所有权。是指企业等财产所有人在法律规定的范围内，对属于自己的财产享有的占有、使用、收益、处分的权利。

（3）经营管理权。是指企业等经济法主体进行生产经营活动时依法享有的权利，其内容主要有经营选择权、经营决策权、物资采购权、产品销售权、收益分配权、资产管理权、人力资源管理权等。

（4）请求权。是指经济法律关系主体的合法权益受到侵犯时，依法享有要求侵权人停止侵权行为和要求国家机关保护其合法权益的权利，其内容包括要求赔偿权、请求调解权、申请仲裁权、经济诉讼权等。

2. 经济义务

经济义务是指经济法律关系的主体在国家协调经济运行过程中，为满足特定权利主体的要求，依法必须为或不为一定行为的责任。如贯彻国家的方针和政策、遵守法律和法规、履行经济管理的职责、服从国家监管、履行经济合同、依法缴纳税金、不得侵犯其他经济法主体的合法权益等。

经济权利和经济义务是构成经济法律关系的两个不可缺少的组成部分，它们是密切联系、相互依存的，一方经济权利的实现依赖于另一方经济义务的履行，一方履行经济义务则是为了满足另一方的经济权利。

（三）经济法律关系的客体

经济法律关系的客体是指经济法律关系的主体享有的经济权利和承担的经济义务所共同指向的对象。法律关系的客体是确立权利义务关系的性质和具体内容的依据，也是确定权利是否行使和义务是否履行的客观标准。经济权利和经济义务只有通过客体才能得到体现和落实。经济法律关系的客体主要包括以下三类：

1. 物

物是指经济法律关系的主体能够控制和支配的，经济法律、法规允许其进入经济法律关系运行过程的，具有一定经济价值并以物质形态表现出来的财产，主要指各种有形资产。

2. 行为

行为是指经济法律关系的主体为实现一定的经济目的所进行的活动，如经济管理行为、订立合同及履行合同的行为、完成一定工作的行为、提供一定劳务的行为等。

3. 智力成果

智力成果是指人们通过脑力劳动创造的能够带来经济价值的创造性劳动成果。如作品、发明、实用新型、外观设计、商标、计算机软件等。

三、经济法律关系的发生、变更和终止

经济法律关系的发生，是指在经济法律关系主体之间形成一定的经济权利和经济义务关系。经济法律关系的变更，是指经济法律关系主体、内

经济法律关系的发生、变更、终止

容、客体的变化。经济法律关系的终止，是指经济法律关系主体之间的经济权利和经济义务的消灭。

经济法律关系的发生、变更和终止，都必须以一定的法律事实为依据。经济法律事实是指能够引起经济法律关系发生、变更和终止的情况。

法律事实可以分为法律行为和法律事件。法律行为是指能够引起经济法律关系发生、变更和终止的人们有意识的活动。法律事件是指能够引起经济法律关系发生、变更和终止的，不以人们的意志为转移的客观事实。法律事件有的表现为自然现象，如地震、洪水、台风等；有的表现为社会现象，如战争、社会骚乱等。这两种现象都具有不可抗力的特征。

第三节 法律行为与代理

一、法律行为

（一）法律行为的概念和特征

法律行为是指自然人或者法人通过意思表示设立、变更或终止法律关系的合法行为。我国《民法典》关于民事法律行为的规定，具有法律行为的普遍适用性。法律行为具有以下特征：

1. 以意思表示为形式特征

意思表示是指行为人行为内涵的外部表现，包括有相对人的意思表示、无相对人的意思表示、公告方式的意思表示、明示和默示的意思表示等。

2. 以发生法律后果为目的

所谓法律后果指行为人实施法律行为所预期的法律效果。行为人实施法律行为的目的是设立、变更或终止一定的法律关系，从而享受一定的权利、承担相应的义务。

（二）法律行为的有效要件

法律行为的有效要件是指已经成立的法律行为能够产生行为人预期的法律效力所应当具备的法定条件。我国《民法典》关于民事法律行为效力的规定，具有法律行为的普遍适应性。法律行为应当具备下列条件：

1. 行为人具有相应的民事行为能力

行为人应当具有预见其行为性质和后果的相应的民事行为能力才能进行法律行为。就自然人而言，完全民事行为能力人可以以自己的行为取得民事权利，履行民事义务；限制民事行为能力人只能从事与其年龄和智力状况相适应的法律行为，其他行为由其法定代理人代理，或者征得其法定代理人的同意；无民事行为能力人不能独立实施法律行为，必须由其法定代理人代理。

> **知识拓展**
>
> 自然人的民事行为能力是指自然人能以自己的行为取得民事权利、承担民事义务的资格。按照不同年龄阶段和智力精神状况是否正常，将自然人的民事行为能力分为三类：完全民事行为能力、限制民事行为能力和无民事行为能力。

我国《民法典》规定：十八周岁以上的自然人为成年人。不满十八周岁的自然人为未成年人。成年人为完全民事行为能力人，可以独立实施民事法律行为。十六周岁以上的未成年人，以自己的劳动收入为主要生活来源的，视为完全民事行为能力人。

八周岁以上的未成年人为限制民事行为能力人，实施民事法律行为由其法定代理人代理或者经其法定代理人同意、追认，但是可以独立实施纯获利益的民事法律行为或者与其年龄、智力相适应的民事法律行为。

不满八周岁的未成年人为无民事行为能力人，由其法定代理人代理实施民事法律行为。

不能辨认自己行为的成年人为无民事行为能力人，由其法定代理人代理实施民事法律行为。

八周岁以上的未成年人不能辨认自己行为的，适用前款规定。

不能完全辨认自己行为的成年人为限制民事行为能力人，实施民事法律行为由其法定代理人代理或者经其法定代理人同意、追认，但是可以独立实施纯获利益的民事法律行为或者与其智力、精神健康状况相适应的民事法律行为。

无民事行为能力人、限制民事行为能力人的监护人是其法定代理人。

2. 意思表示真实

意思表示真实是指行为人的意思表示符合其真实意愿。意思表示真实包括两个方面：一是行为人的意思表示是自愿的，而不是基于欺诈、胁迫、或重大误解而作出的行为；二是行为人的意思表示与其真实意愿是一致的而非虚假的。

3. 不违反法律、行政法规的强制性规定，不违背公序良俗

不违反法律、行政法规的强制性规定是指行为人在行为目的、内容上都不得与法律、法规的强制性或禁止性规定相抵触；同时，对于法律、法规规定应当采用用特定形式的行为，应当符合法律规定的特定形式。不违背公序良俗是指应当遵守公共秩序，符合社会善良风俗和基本道德。

（三）无效的法律行为

无效的法律行为是指欠缺法律行为的有效要件，不发生行为人预期的法律效力的法律行为。无效的法律行为有以下几类：

（1）无民事行为能力人实施的法律行为；
（2）行为人与相对人以虚假的意思表示实施的法律行为；
（3）行为人与相对人恶意串通，损害他人合法权益的法律行为；
（4）违反法律、行政法规的强制性规定的法律行为和违背公序良俗的法律行为。

限制民事行为能力人依法不能独立实施的法律行为须经法定追认后方为有效。

（四）可撤销的法律行为

可撤销的法律行为指可以因有撤销权的行为人自愿请求人民法院或仲裁机关予以撤销而归于无效的法律行为。可撤销的法律行为被依法撤销的，该法律行为自始无效；未被依法撤销的，则该法律行为原效力不变。可撤销法律行为有以下几类：

（1）基于重大误解实施的法律行为；
（2）一方以欺诈手段，使对方在违背真实意思的情况下实施的法律行为；
（3）第三人实施欺诈行为，使一方在违背真实意思的情况下实施的法律行为；

（4）一方或者第三人以胁迫手段，使对方在违背真实意思的情况下实施的法律行为；

（5）一方利用对方处于危困状态、缺乏判断能力等情形，致使法律行为成立时显失公平的。

无效的或者被撤销的法律行为自始没有法律约束力。法律行为部分无效，不影响其他部分效力的，其他部分仍然有效。法律行为无效、被撤销或者确定不发生效力后，行为人因该行为取得的财产，应当依法承担返还、折价补偿或赔偿损失等相应的法律责任。

二、代理

（一）代理的概念

代理是指代理人在代理权限内，以被代理人的名义实施法律行为，由此产生的法律后果直接归属被代理人的一种法律制度。在代理关系中，主要涉及三方当事人：代理人、被代理人和相对人。代理人是依据代理权代替他人为法律行为的人；被代理人，是被他人代替实施法律行为、承担法律后果的人；相对人则是与代理人为法律行为的另一方当事人。

自然人、法人等民事主体可以通过代理人实施法律行为；依照法律规定、当事人约定或者法律行为的性质，应当由本人亲自实施的法律行为，不得代理。具有严格的人身性的法律行为不得代理，如订立遗嘱、收养子女、婚姻登记等。

（二）代理的种类

按代理权产生的依据的不同，代理分为委托代理和法定代理。

1. 委托代理

委托代理是指代理人基于被代理人的委托授权而发生的代理，又称授权代理。数人被授权为同一事项的代理人的，应当共同行使代理权，但是当事人另有约定的除外。

委托代理是最常见的一种代理关系，授予代理权的形式可以用书面形式，也可以用其他形式。法律规定或当事人约定采用书面形式的，应当采用书面形式。授权的书面形式称为授权委托书，授权委托书应当载明代理人的姓名或者名称、代理事项、权限和期间，并由授权人签名或者盖章。

代理人知道或者应当知道代理事项违法仍然实施代理行为，或者被代理人知道或者应当知道代理人的代理行为违法未作反对表示的，被代理人和代理人应当承担连带责任。

代理人需要转委托第三人代理的，应当取得被代理人的同意或者追认。转委托代理未经被代理人同意或者追认的，代理人应当对转委托的第三人的行为承担责任；但在紧急情况下代理人为了维护被代理人的利益需要转委托第三人代理的除外。

2. 法定代理

法定代理是指根据法律的直接规定而发生的代理。法定代理通常适用于被代理人是无民事行为能力人、限制民事行为能力人的情况。《民法典》规定，"无民事行为能力人、限制民事行为能力人的监护人是他们的法定代理人。"

未成年人的监护人由其父母担任，未成年人的父母已经死亡或者没有监护能力的，由下列有监护能力的人按顺序担任监护人：

（1）祖父母、外祖父母；

（2）兄、姐；

（3）其他愿意担任监护人的个人或者组织，但是须经未成年人住所地的居民委员会、村民委员会或者民政部门同意。

无民事行为能力或者限制民事行为能力的成年人，由下列有监护能力的人按顺序担任监护人：

（1）配偶；

（2）父母、子女；

（3）其他近亲属；

（4）其他愿意担任监护人的个人或者组织，但是须经被监护人住所地的居民委员会、村民委员会或者民政部门同意。

对监护人的确定有争议的，由被监护人住所地的居民委员会、村民委员会、民政部门或者人民法院从依法具有监护资格的人中指定监护人。在指定监护人前，被监护人的合法权益处于无人保护状态的，由被监护人住所地的居民委员会、村民委员会、法律规定的有关组织或者民政部门担任临时监护人。没有依法具有监护资格的人的，监护人由民政部门担任，也可以由具备履行监护职责条件的被监护人住所地的居民委员会、村民委员会担任。

监护人不履行监护职责或者侵害被监护人合法权益的，应当承担法律责任。

（三）代理权的行使

代理权的行使是指代理人在代理权限内，以被代理人名义依法独立实施法律行为，以实现被代理人所希望的或者客观上符合被代理人利益的法律效果。

1. 代理权行使的原则

代理人行使代理权应当遵循以下原则：

（1）代理人应在代理权限范围内行使代理权，不得实施无权代理；

（2）代理人应当积极行使代理权，尽勤勉和谨慎的义务；

（3）代理人应当忠实履行自己的义务，不得损害被代理人的合法权益。

2. 代理权的滥用

代理人利用享有代理权的条件，损害被代理人及他人利益的，为代理权的滥用，代理人须承担相应的法律责任。代理权的滥用主要有以下三种情况：

（1）代理人以被代理人的名义与自己实施法律行为，但是被代理人同意或者追认的除外；

（2）代理人以被代理人的名义与自己同时代理的其他人实施法律行为，但是被代理的双方同意或者追认的除外；

（3）代理人和相对人恶意串通，损害被代理人合法权益的。由此给被代理人造成的损失，代理人和相对人应当承担连带责任。

（四）无权代理和表见代理

1. 无权代理

无权代理是指没有代理权而以他人名义进行的民事行为。无权代理可分为狭义的无权代理和表见代理。狭义的无权代理行为应属效力待定的法律行为，而表见代理直接发生代理的法律效果。所谓无权代理，通常是指狭义的无权代理。

无权代理包括以下三种情况：

（1）行为人没有代理权实施的代理；

（2）行为人超越代理权实施的代理；

(3) 代理权终止后而实施的代理。

无权代理人所实施的法律行为，除被代理人追认生效外，不具有代理的法律效果，其产生的法律后果由所谓的代理人承担。

2. 表见代理

表见代理是指行为人虽然没有代理权，但善意相对人客观上有充分的理由相信行为人具有代理权，而与之为法律行为，该法律行为的后果应当由被代理人承担的代理。如无权代理人持盖有"被代理人"印章的空白合同书与相对人签订合同等情形。

表见代理

案例

执行法人或者非法人组织工作任务的人员，就其职权范围内的事项，以法人或者非法人组织的名义实施民事法律行为，对法人或者非法人组织发生效力。法人或者非法人组织对执行其工作任务的人员职权范围的限制，不得对抗善意相对人。

（五）代理关系的终止

1. 有下列情形之一的，委托代理终止

(1) 代理期间届满或者代理事务完成；
(2) 被代理人取消委托或者代理人辞去委托；
(3) 代理人丧失民事行为能力；
(4) 代理人或者被代理人死亡；
(5) 作为代理人或者被代理人的法人、非法人组织终止。

但是被代理人死亡后，有下列情形之一的，委托代理人实施的代理行为有效：

(1) 代理人不知道并且不应当知道被代理人死亡；
(2) 被代理人的继承人予以承认；
(3) 授权中明确代理权在代理事务完成时终止；
(4) 被代理人死亡前已经实施，为了被代理人的继承人的利益继续代理。

作为被代理人的法人、非法人组织终止的，参照该规定。

2. 有下列情形之一的，法定代理终止

(1) 被代理人取得或者恢复完全民事行为能力；
(2) 代理人丧失民事行为能力；
(3) 代理人或者被代理人死亡；
(4) 法律规定的其他情形。

第四节 经济纠纷的解决途径

经济纠纷，是指经济法律关系主体之间因经济权利和经济义务而引起的争议。它包括平等主体之间涉及经济内容的纠纷；公民、法人或者其他组织作为行政管理相对人与行政机关之间因行政管理所发生的涉及经济内容的纠纷等。

在市场经济条件下，经济法主体在进行各种经济活动的过程中，不可避免地会发生各种各样的经济权益争议，产生经济纠纷。如合同纠纷、财产权益纠纷、纳税人与税务机关就纳税事务发生争议等。为了保护当事人的合法权益，维护社会经济秩序，必须利用法律手段，及时解决这些纠纷。在我国，解决经济纠纷的途径和方式主要有行政复议、行政诉讼、仲裁、民事诉讼等。

行政复议、行政诉讼、仲裁与民事诉讼都是解决当事人争议的方式，但适用的范围不同。当公民、法人或者其他组织认为行政机关的具体行政行为侵犯其合法权益时，可采取申请行政复议或者提起行政诉讼的方式解决；而作为平等民事主体的当事人之间发生的经济纠纷则适用通过仲裁或者民事诉讼方式解决；。

仲裁与民事诉讼是两种不同的争议解决方式。当事人发生争议只能在仲裁或者民事诉讼两种方式中选择一种解决方式。有效的仲裁协议可排除法院的管辖权，只有在没有仲裁协议或者仲裁协议无效，或者当事人放弃仲裁协议的情况下，法院才可以行使管辖权。这在法律上称为或裁或审原则。

一、行政复议

行政复议是指国家行政机关在依照法律、法规的规定履行对社会的行政管理职责过程中，作为行政管理主体的行政机关一方与作为行政管理相对人的公民、法人或者其他组织一方，对于法律规定范围内的具体行政行为发生争议，由行政管理相对人向作出具体行政行为的行政机关的上一级行政机关或者法律规定的其他行政机关提出申请，由该行政机关对引起争议的具体行政行为进行审查，并作出相应决定的一种行政监督活动。行政复议是现代国家保护公民或法人免受行政机关具体行政行为不法侵害的一种重要的法律制度。

中华人民共和国行政复议法

1999年4月29日第九届全国人民代表大会常务委员会第9次会议通过（2017年9月1日最新修订）的《中华人民共和国行政复议法》是行政复议活动的基本法律依据。

（一）行政复议范围

公民、法人或者其他组织认为行政机关的具体行政行为侵犯其合法权益，符合《行政复议法》规定范围的，可以申请行政复议。

1. 可以申请行政复议的事项

《行政复议法》规定，有下列情形之一的，公民、法人或者其他组织可以申请行政复议：

（1）对行政机关作出的警告、罚款、没收违法所得、没收非法财物、责令停产停业、暂扣或者吊销许可证、暂扣或者吊销执照、行政拘留等行政处罚决定不服的；

（2）对行政机关作出的限制人身自由或者查封、扣押、冻结财产等行政强制措施决定不服的；

（3）对行政机关作出的有关许可证、执照、资质证、资格证等证书变更、中止、撤销的决定不服的；

（4）对行政机关作出的关于确认土地、矿藏、水流、森林、山岭、草原、荒地、滩涂、海域等自然资源的所有权或者使用权的决定不服的；

（5）认为行政机关侵犯其合法的经营自主权的；

（6）认为行政机关变更或者废止农业承包合同，侵犯其合法权益的；

（7）认为行政机关违法集资、征收财物、摊派费用或者违法要求履行其他义务的；

（8）认为符合法定条件，申请行政机关颁发许可证、执照、资质证、资格证等证书，或者申请行政机关审批、登记有关事项，行政机关没有依法办理的；

（9）申请行政机关履行保护人身权利、财产权利、受教育权利的法定职责，行政机关没有依法履行的；

（10）申请行政机关依法发放抚恤金、社会保险金或者最低生活保障费，行政机关没有依法发放的；

（11）认为行政机关的其他具体行政行为侵犯其合法权益的。

公民、法人或者其他组织认为行政机关的具体行政行为所依据的下列规定不合法，在对具体行政行为申请行政复议时，可以一并向行政复议机关提出对该规定的审查申请：①国务院部门的规定；②县级以上地方各级人民政府及其工作部门的规定；③乡、镇人民政府的规定。上述所列规定不含国务院部、委员会规章和地方人民政府规章。

2. 行政复议的排除事项

下列事项不能申请行政复议：

（1）不服行政机关作出的行政处分或者其他人事处理决定，可依照有关法律、行政法规的规定提出申诉。

（2）不服行政机关对民事纠纷作出的调解或者其他处理，可依法申请仲裁或者向法院提起诉讼。

（二）行政复议申请

公民、法人或者其他组织认为具体行政行为侵犯其合法权益的，可以自知道该具体行政行为之日起60日内提出行政复议申请；但是法律规定的申请期限超过60日的除外。因不可抗力或者其他正当理由耽误法定申请期限的，申请期限自障碍消除之日起继续计算。

申请人申请行政复议，可以书面申请，也可以口头申请；口头申请的，行政复议机关应当当场记录申请人的基本情况、行政复议请求、申请行政复议的主要事实、理由和时间。

（三）行政复议参加人和行政复议机关

行政复议参加人，是指具体参加行政复议活动全过程，以保护其合法权益不受非法侵害的人。行政复议参加人包括申请人、被申请人和第三人。

依照《行政复议法》的规定申请行政复议的公民、法人或者其他组织是申请人。作出具体行政行为的行政机关是被申请人。

同申请行政复议的具体行政行为有利害关系的其他公民、法人或者其他组织，可以作为第三人参加行政复议。

依照《行政复议法》履行行政复议职责的行政机关是行政复议机关。行政复议机关负责法制工作的机构具体办理行政复议事项，称之为行政复议机构。

对县级以上地方各级人民政府工作部门的具体行政行为不服的，由申请人选择，可以向该部门的本级人民政府申请行政复议，也可以向上一级主管部门申请行政复议。

对海关、金融、国税、外汇管理等实行垂直领导的行政机关和国家安全机关的具体行政行为不服的，向上一级主管部门申请行政复议。

对地方各级人民政府的具体行政行为不服的，向上一级人民政府申请行政复议。

对国务院部门或者省、自治区、直辖市人民政府的具体行政行为不服的，向作出该具体行政行为的国务院部门或者省、自治区、直辖市人民政府申请行政复议。

行政复议机关受理行政复议申请，不得向申请人收取任何费用。行政复议活动所需经费，应当列入本机关的行政经费，由本级财政予以保障。

行政复议期间具体行政行为不停止执行。但是，有下列情形之一的，可以停止执行：

（1）被申请人认为需要停止执行的；

（2）行政复议机关认为需要停止执行的；

（3）申请人申请停止执行，行政复议机关认为其要求合理，决定停止执行的；

（4）法律规定停止执行的。

（四）行政复议决定

行政复议原则上采取书面审查的方法，但是申请人提出要求或者行政复议机关负责法制工作的机构认为有必要时，可以向有关组织和人员调查情况，听取申请人、被申请人和第三人的意见。书面方式，是指行政复议机关根据书面材料查清案件事实并作出行政复议决定。书面审理的特点，是排除当事人的言辞辩论，当事人以书面形式提出自己的申请意见和答辩意见，以书面形式提交和运用证据。

行政复议的举证责任，由被申请人承担。

行政复议机关应当自受理申请之日起60日内作出行政复议决定，但是法律规定的行政复议期限少于60日的除外。

行政复议机构应当对被申请人作出的具体行政行为进行审查，提出意见，经行政复议机关的负责人同意或者集体讨论通过后，按规定作出行政复议决定。

行政复议机关责令被申请人重新作出具体行政行为的，被申请人不得以同一事实和理由作出与原具体行政行为相同或者基本相同的具体行政行为。

行政复议机关作出行政复议决定，应当制作行政复议决定书，并加盖印章。行政复议决定书一经送达，即发生法律效力。

二、仲裁

仲裁是指由经济纠纷的各方当事人共同选定仲裁机构，对纠纷依法定程序作出具有约束力的裁决的活动。仲裁具有三个要素：

（1）以双方当事人自愿协商为基础；

（2）由双方当事人自愿选择的中立第三者进行裁判；

（3）裁决对双方当事人都具有约束力。

1994年8月31日第八届全国人民代表大会常务委员会第9次会议通过，1995年9月1日起施行（2017年9月1日最新修订）的《中华人民共和国仲裁法》是仲裁活动的基本法律依据。

（一）仲裁的适用范围

根据《仲裁法》的规定，平等主体的公民、法人和其他组织之间发生的合同纠纷和其他财产权益纠纷，可以仲裁。

下列纠纷不能提请仲裁：

（1）关于婚姻、收养、监护、扶养、继承纠纷；

（2）依法应当由行政机关处理的行政争议。

下列仲裁不适用于《仲裁法》，不属于《仲裁法》所规定的仲裁范围，而由别的法律予以调整：

(1) 劳动争议的仲裁；
(2) 农业集体经济组织内部的农业承包合同纠纷的仲裁。

（二）仲裁的基本制度

1. 协议仲裁

当事人采用仲裁方式解决纠纷，应当由双方自愿达成仲裁协议。没有仲裁协议，一方申请仲裁的，仲裁委员会不予受理。

2. 一裁终局

仲裁实行一裁终局制度，即仲裁庭作出的仲裁裁决为终局裁决。裁决作出后，当事人就同一纠纷再申请仲裁或者向法院起诉的，仲裁委员会或者法院不予受理。

（三）仲裁机构

仲裁机构包括仲裁协会和仲裁委员会。

1. 仲裁协会

中国仲裁协会是社会团体法人。中国仲裁协会实行会员制。各仲裁委员会是中国仲裁协会的法定会员。中国仲裁协会是仲裁委员会的自律性组织，根据由全国会员大会制定的章程对仲裁委员会及其组成人员、仲裁员的违纪行为进行监督；根据《仲裁法》和《中华人民共和国民事诉讼法》的有关规定制定仲裁规则和其他仲裁规范性文件。

2. 仲裁委员会

仲裁委员会是独立、公正、高效地解决平等主体的公民、法人和其他组织之间发生的合同纠纷和其他财产权益纠纷的常设仲裁机构。仲裁委员会可以在直辖市和省、自治区人民政府所在地的市设立，也可以根据需要在其他设区的市设立，不按行政区划层层设立。仲裁委员会独立于行政机关，与行政机关没有隶属关系。仲裁委员会之间也没有隶属关系。

（四）仲裁协议

1. 仲裁协议的概念

仲裁协议是指双方当事人自愿把他们之间可能发生或者已经发生的经济纠纷提交仲裁机构裁决的书面约定。仲裁协议应当以书面形式订立。口头达成仲裁的意思表示无效。

2. 仲裁协议的内容

仲裁协议包括合同中订立的仲裁条款和以其他书面形式在纠纷发生前或者纠纷发生后达成的请求仲裁的协议。这里的其他书面形式，包括以合同书、信件和数据电文（包括电报、电传、传真、电子数据交换和电子邮件等形式达成的请求仲裁的协议。

仲裁协议应当具有下列内容：
(1) 有请求仲裁的意思表示；
(2) 有仲裁事项；
(3) 有选定的仲裁委员会。

仲裁协议对仲裁事项或者仲裁委员会没有约定或者约定不明确的，当事人可以补充协议；达不成补充协议的，仲裁协议无效。

3. 仲裁协议的效力

仲裁协议一经依法成立，即具有法律约束力。仲裁协议独立存在，合同的变更、解除、终止或者无效，不影响仲裁协议的效力。

当事人达成仲裁协议，一方向法院起诉未声明有仲裁协议，法院受理后，另一方在首次开庭前提交仲裁协议的，法院应当驳回起诉，但仲裁协议无效的除外；另外一方在首次开庭前未对法院受理该案提出异议的，视为放弃仲裁协议，法院应当继续审理。

（五）仲裁裁决

当事人申请仲裁应当符合下列条件：一是有仲裁协议；二是有具体的仲裁请求和事实、理由；三是属于仲裁委员会的受理范围。

《仲裁法》规定，仲裁不实行级别管辖和地域管辖，仲裁委员会应当由当事人协议选定。

仲裁庭可以由3名仲裁员或者1名仲裁员组成。由3名仲裁员组成的，设首席仲裁员。当事人约定由3名仲裁员组成仲裁庭的，应当各自选定或者各自委托仲裁委员会主任指定1名仲裁员，第3名仲裁员由当事人共同选定或者共同委托仲裁委员会主任指定。第3名仲裁员是首席仲裁员。当事人约定由1名仲裁员成立仲裁庭的，应当由当事人共同选定或者共同委托仲裁委员会主任指定。当事人没有在仲裁规则规定的期限内约定仲裁庭的组成方式或者选定仲裁员的，由仲裁委员会主任指定。仲裁庭组成后，仲裁委员会应当将仲裁庭的组成情况书面通知当事人。

仲裁应当开庭进行。所谓开庭审理，是指在仲裁庭的主持下，在双方当事人和其他仲裁参与人的参加下，按照法定程序，对案件进行审理并作出裁决的方式。当事人协议不开庭的，仲裁庭可以根据仲裁申请书、答辩书以及其他材料作出裁决。

仲裁不公开进行。所谓不公开进行，是指仲裁庭在审理案件时不对社会公开，不允许群众旁听，也不允许新闻记者采访和报道。当事人协议公开的，可以公开进行；但涉及国家秘密的除外。

当事人申请仲裁后，可以自行和解。达成和解协议的，可以请求仲裁庭根据和解协议作出裁决书，也可以撤回仲裁申请。仲裁庭在作出裁决前，可以先行调解。当事人自愿调解的，仲裁庭应当调解。调解不成的，应当及时作出裁决。调解达成协议的，仲裁庭应当制作调解书或者根据协议的结果制作裁决书。调解书与裁决书具有同等法律效力。

裁决书自作出之日起发生法律效力。

当事人应当履行裁决。一方当事人不履行的，另一方当事人可以依照《民事诉讼法》的有关规定向法院申请执行。受申请的法院应当执行。当事人申请执行仲裁裁决案件，由被执行人住所地或者被执行的财产所在地的中级法院管辖。

三、诉讼

诉讼是指国家审判机关即人民法院依照法律规定，在当事人和其他诉讼参与人的参加下，依法解决诉讼的活动。民事诉讼的法律依据是1991年4月9日第七届全国人民代表大会第4次会议通过（2017年6月27日最新修订）的《中华人民共和国民事诉讼法》。行政诉讼的法律依据是1989年4月4日第七届全国人民代表大会第2次会议通过，自1990年10月1日起施行（2014年11月1日最新修订）的《中华人民共和国行政诉讼法》。

中华人民共和国
民事诉讼法
（2017年）

（一）诉讼的适用范围

1. 民事诉讼的适用范围

法院受理公民之间、法人之间、其他组织之间以及他们相互之间因财产关系和人身关系提起的民事诉讼。

适用于《民事诉讼法》的案件具体有五类：

（1）因民法、婚姻法、收养法、继承法等调整的平等主体之间的财产关系和人身关系发生的民事案件，如合同纠纷、房产纠纷、侵害名誉权纠纷等案件；

（2）因经济法、劳动法调整的社会关系发生的争议，法律规定适用民事诉讼程序审理的案件，如企业破产案件、劳动合同纠纷案件等；

（3）适用特别程序审理的选民资格案件和宣告公民失踪、死亡等非讼案件；

（4）按照督促程序解决的债务案件；

（5）按照公示催告程序解决的宣告票据和有关事项无效的案件。

2. 行政诉讼的适用范围

公民、法人或者其他组织认为行政机关和行政机关工作人员的具体行政行为侵犯其合法权益，有权向法院提起行政诉讼。

法院受理公民、法人和其他组织对下列具体行政行为不服提起的行政诉讼：

（1）对拘留、罚款、吊销许可证和执照、责令停产停业、没收财物等行政处罚不服的；

（2）对限制人身自由或者对财产的查封、扣押、冻结等行政强制措施不服的；

（3）认为行政机关侵犯法律规定的经营自主权的；

（4）认为符合法定条件申请行政机关颁发许可证和执照，行政机关拒绝颁发或者不予答复的；

（5）申请行政机关履行保护人身权、财产权的法定职责，行政机关拒绝履行或者不予答复的；

（6）认为行政机关没有依法发给抚恤金的；

（7）认为行政机关违法要求履行义务的；

（8）认为行政机关侵犯其他人身权、财产权的；

（9）法律、法规规定可以提起诉讼的其他行政案件。

法院不受理公民、法人或者其他组织对下列事项提起的诉讼：

（1）国防、外交等国家行为；

（2）行政法规、规章或者行政机关制定、发布的具有普遍约束力的决定、命令；

（3）行政机关对行政机关工作人员的奖惩、任免等决定；

（4）法律规定由行政机关最终裁决的具体行政行为。

（二）审判制度

1. 合议制度

合议制度是指由3名以上审判人员组成审判组织，代表法院行使审判权，对案件进行审理并作出裁判的制度。法院审理第一审民案件，除适用简易程序审理的民事案件由审判员1人独任审理外，一律由审判员、陪审员共同组成合议庭。法院审理第二审民案件，由审判员组成合议庭。法院审理行政案件，由审判员组成合议庭，或者由审判员、陪审员组成合议庭。合议庭的成员，应当是3人以上的单数。

2. 两审终审制度

一个诉讼案件经过两级法院审判后即终结。根据《人民法院组织法》的规定，我国法院分为四级：最高法院、高级法院、中级法院、基层法院。除最高法院外，其他各级法院都有自己的上一级法院。按照两审终审制，一个案件经第一审法院审判后，当事人如果不服，有权在法定期限内向上一级法院提起上诉，由该上一级法院进行第二审。二审法院的判决、裁定是终审的判决、裁定。

最高法院作出的一审判决、裁定为终审判决、裁定。适用特别程序、督促程序、公示催告程序和企业法人破产还债程序审理的案件，实行一审终审。对终审判决、裁定，当事人不得上诉。如果发现终审裁判确有错误，可以通过审判监督程序予以纠正。

（三）诉讼管辖

诉讼管辖是指各级法院之间以及不同地区的同级法院之间，受理第一审民事案件、经济纠纷案件的职权范围和具体分工。管辖可以按照不同标准作多种分类，其中最重要、最常用的是级别管辖和地域管辖。

1. 级别管辖

级别管辖是根据案件性质、案情繁简、影响范围，来确定上、下级法院受理第一审案件的分工和权限。大多数民事案件均归基层法院管辖。

2. 地域管辖

各级法院的辖区和各级行政区划是一致的。按照地域标准也即按照法院的辖区和民事案件的隶属关系，确定同级法院之间受理第一审民事案件的分工和权限，称地域管辖。地域管辖又分为一般地域管辖、特殊地域管辖和专属管辖等。

（1）一般地域管辖，是按照当事人所在地与法院辖区的隶属关系来确定案件管辖法院，也叫普通管辖。通常实行"原告就被告"原则，即由被告住所地法院管辖，原告向被告住所地法院起诉。这样规定，既有利于被告应诉，又便于法院行使审判权，还有利于法院采取财产保全和执行措施，同时也可在一定程度上防止原告滥用起诉权。

行政案件由最初作出具体行政行为的行政机关所在地法院管辖。经复议的案件，复议机关改变原具体行政行为的，也可以由复议机关所在地法院管辖。

（2）特殊地域管辖，是以诉讼标的所在地、法律事实所在地为标准确定管辖法院，也称特别管辖。《民事诉讼法》规定了九种属于特殊地域管辖的诉讼：

①因合同纠纷提起的诉讼，由被告住所地或者合同履行地法院管辖。合同的双方当事人可以在书面合同中协议选择被告住所地、合同履行地、合同签订地、原告住所地、标的物所在地法院管辖．但不得违反《民事诉讼法》对级别管辖和专属管辖的规定。

②因保险合同纠纷提起的诉讼，由被告住所地或者保险标的物所在地法院管辖。

③因票据纠纷提起的诉讼，由票据支付地或者被告住所地法院管辖。

④因铁路、公路、水上、航空运输和联合运输合同纠纷提起的诉讼，由运输始发地、目的地或者被告住所地法院管辖。

⑤因侵权行为提起的诉讼，由侵权行为地（包括侵权行为实施地、侵权结果发生地）或者被告住所地法院管辖。

⑥因铁路、公路、水上和航空事故请求损害赔偿提起的诉讼，由事故发生地或者车辆、船舶最先到达地、航空器最先降落地或者被告住所地法院管辖。

⑦因船舶碰撞或者其他海事损害事故请求损害赔偿提起的诉讼，由碰撞发生地、碰撞船舶最先到达地、加害船舶被扣留地或者被告住所地法院管辖。

⑧因海难救助费用提起的诉讼，由救助地或者被救助船舶最先到达地法院管辖。

⑨因共同海损提起的诉讼，由船舶最先到达地、共同海损理算地或者航程终止地的法院管辖。

（3）专属管辖，是指法律强制规定某类案件必须由特定的法院管辖，其他法院无权管辖，当事人也不得协议变更的管辖。专属管辖的案件主要有三类：

①因不动产纠纷提起的诉讼，由不动产所在地法院管辖；

②因港口作业中发生纠纷提起的诉讼，由港口所在地法院管辖；

③因继承遗产纠纷提起的诉讼，由被继承人死亡时住所地或者主要遗产所在地法院管辖。

（4）两个以上法院都有管辖权时管辖的确定。两个以上法院都有管辖权（共同管辖）的诉讼，原告可以向其中一个法院起诉（选择管辖）；原告向两个以上有管辖权的法院起诉的，由最先立案的法院管辖。

（四）诉讼时效

1. 诉讼时效的概念

诉讼时效，是指权利人在法定期间内不行使权利而失去诉讼保护的制度。诉讼时效期间，是指权利人请求法院或者仲裁机关保护其民事权利的法定期间。

案例——"还我鼻子"

诉讼时效

诉讼时效期间届满，权利人丧失的是胜诉权，即丧失依诉讼程序强制义务人履行义务的权利；权利人的实体权利并不消灭，债务人自愿履行的，不受诉讼时效限制。

规定诉讼时效的主要作用在于：

（1）督促权利人及时行使权利；

（2）维护既定的法律秩序的稳定；

（3）有利于证据的收集和判断，并及时解决纠纷。

关于仲裁时效，法律有规定的，适用法律规定；法律没有规定的，适用诉讼时效的规定。

2. 诉讼时效期间

《民法典》规定，向人民法院请求保护民事权利的诉讼时效期间为三年。法律另有规定的，依照其规定。我国《民法典》《海商法》《票据法》等对有关诉讼时效作了特殊规定。

诉讼时效期间自权利人知道或者应当知道权利受到损害以及义务人之日起计算。法律另有规定的，依照其规定。但是自权利受到损害之日起超过20年的，人民法院不予保护；有特殊情况的，人民法院可以根据权利人的申请决定延长。也就是说，对在20年内始终不知道或者不可能知道自己权利受侵害的事实以及义务人的当事人，法律一般不再予以诉讼保护。

3. 诉讼时效期间的中止、中断和延长

（1）诉讼时效期间的中止，是指在诉讼时效期间的最后6个月内，因不可抗力或者其他障碍致使权利人不能行使请求权的，诉讼时效期间暂时停止计算。从中止时效的原因消除之日起，诉讼时效期间继续计算。所谓其他障碍，包括权利被侵害的无民事行为能力人、限制民事行为能力人没有法定代理人，或者法定代理人死亡、丧失代理权，或者法定代理人本人丧失行为能力；也包括继承开始后继承人尚未确定或者非因继承人的原因导致遗产管理人不明确，使继承人不能行使其继承权。

（2）诉讼时效期间的中断，是指在诉讼时效期间，当事人提起诉讼、当事人一方提出要求或者同意履行义务，而使已经经过的时效期间全部归于无效。从中断时起，诉讼时效期间重新计算。

（3）诉讼时效期间的延长，是指在诉讼时效期间届满后，权利人基于某种正当理由要求法院根据具体情况延长时效期间，经法院审查确认后决定延长的制度。

（五）判决和执行

1．审理和判决

法院审理民事案件，可以根据当事人的意愿进行调解。

法院审理行政案件，不适用调解。

法院审理民事案件或者行政案件，除涉及国家秘密、个人隐私或者法律另有规定的以外，应当公开进行。公开审理案件，应当在开庭前公告当事人姓名、案由和开庭的时间、地点，以便群众旁听。公开审判包括审判过程公开和审判结果公开两项内容。不论案件是否公开审理，一律公开宣告判决。

当事人不服法院第一审判决的，有权在判决书送达之日起15日内向上一级法院提起上诉。如果在上诉期限内当事人不上诉，第一审判决就是发生法律效力的判决。

第二审法院的判决，以及最高法院审判的第一审案件的判决，都是终审的判决，也就是发生法律效力的判决。

2．执行

执行，是指人民法院的执行组织，在当事人拒绝履行已经发生法律效力的判决、裁定、调解书和其他应当履行的法律文书时，依照法定程序，强制义务人履行义务的行为。

对于发生法律效力的判决、裁定，由第一审法院执行；对于调解书、仲裁机构的生效裁决、公证机关依法赋予强制执行效力的债权文书等，则由被执行人住所地或者被执行的财产所在地法院执行。

（六）行政复议与行政诉讼的关系

对属于法院受案范围的行政案件，公民、法人或者其他组织可以直接向法院提起诉讼，也可以先向上一级行政机关或者法律、法规规定的行政机关申请复议；对复议不服的，再向法院提起诉讼，但是法律规定行政复议决定为最终裁决的除外。

公民、法人或者其他组织申请行政复议，行政复议机关已经依法受理的，或者法律、法规规定应当先向行政复议机关申请行政复议，对行政复议不服再向法院提起行政诉讼的，在法定行政复议期限内不得向法院提起行政诉讼。公民、法人或者其他组织向法院提起行政诉讼，法院已经依法受理的，不得申请行政复议。

对国务院各部门或者省、自治区、直辖市人民政府的具体行政行为不服，可以提起行政复议；对行政复议决定不服的，可以向法院提起行政诉讼；也可以向国务院申请裁决，国务院依照《行政复议法》的规定作出的裁决是最终裁决。

公民、法人或者其他组织认为行政机关的具体行政行为侵犯其已经依法取得的土地、矿藏、水流、森林、山岭、草原、荒地、滩涂、海域等自然资源的所有权或者使用权的，应当先申请行政复议；对行政复议决定不服的，可以依法向法院提起行政诉讼。

根据国务院或者省、自治区、直辖市人民政府对行政区划的勘定、调整或者征用土地的决定，省、自治区、直辖市人民政府确认土地、矿藏、水流、森林、山岭、草原、荒地、滩涂、海域等自然资源的所有权或者使用权的行政复议决定为最终裁决。

习 题

一、单项选择题

1. 下列各选项中，属于经济法的调整对象的是（   ）。
   A. 所有经济关系　　　　　　　　B. 特定的经济关系
   C. 民事关系　　　　　　　　　　D. 刑事关系
2. 由国务院制定的规范性文件，在经济法的渊源体系中属于（   ）。
   A. 法律　　　　　　　　　　　　B. 行政法规
   C. 部门规章　　　　　　　　　　D. 司法解释
3. 甲、乙双方签订一份运输水泥的合同，此项经济法律关系的客体是（   ）。
   A. 乙方承运的水泥　　　　　　　B. 乙方承运水泥的运输行为
   C. 甲乙双方当事人　　　　　　　D. 甲乙双方的权利和义务
4. 下列各项选项中，属于无效的法律行为的是（   ）。
   A. 无行为能力人实施的法律行为
   B. 限制民事行为能力人依法实施的与其年龄和智力状况相适应的法律行为
   C. 完全行为能力人依法实施的法律行为
   D. 无行为能力人由法定代理人代理实施的法律行为
5. 下列各项中，可以通过委托代理人实施的法律行为是（   ）。
   A. 订立遗嘱　　　　　　　　　　B. 参加诉讼
   C. 收养子女　　　　　　　　　　D. 婚姻登记
6. 下列各类法律行为中，属于无权代理行为的是（   ）。
   A. 代理他人与自己实施民事行为
   B. 代理双方当事人实施同一民事行为
   C. 代理人和相对人恶意串通，损害被代理人合法权益的行为
   D. 代理权终止后而实施的代理行为
7. 公民、法人或者其他组织认为具体行政行为侵犯其合法权益，可以提出行政复议申请的法定期限是（   ）。
   A. 自知道该具体行政行为之日起 15 日内
   B. 自知道该具体行政行为之日起 30 日内
   C. 自知道该具体行政行为之日起 60 日内
   D. 自知道该具体行政行为之日起 180 日内
8. 下列可以提请仲裁解决的纠纷是（   ）。
   A. 夫妻之间发生的离婚纠纷
   B. 企业之间发生的合同纠纷
   C. 某企业和其职工之间发生的劳动争议纠纷
   D. 某企业和国家税务机关发生的纳税争议纠纷

9. 下列选项中，不符合仲裁法规定的是（　　）。

A. 仲裁不实行级别管辖和地域管辖

B. 仲裁应当开庭进行

C. 仲裁应当公开进行

D. 当事人申请仲裁后，可以自行和解

10. 下列各项中，适用民事诉讼的是（　　）。

A. 企业之间的房屋租赁合同纠纷

B. 公民对行政拘留的处罚决定不服的

C. 企业对吊销其营业执照的处罚不服的

D. 公民认为民政部门没有依法发给抚恤金的

二、多项选择题

1. 下列各项中，属于经济法的基本原则的有（　　）。

A. 国家计划调控原则　　　　　　　B. 国家适度干预原则

C. 维护国家利益原则　　　　　　　D. 维护公平竞争原则

2. 经济法律关系的主体主要包括（　　）。

A. 国家机关

B. 经济组织和其他社会组织

C. 经济组织的内部机构和有关人员

D. 农村承包经营户、城乡个体工商户和公民

3. 下列各选项中属于经济法律关系客体的有（　　）。

A. 物　　　　　B. 行为　　　　　C. 智力成果　　　　　D. 经济权利

4. 下列各项中，属于法律行为的有效要件的是（　　）。

A. 行为人具有相应的民事行为能力

B. 意思表示真实

C. 不违反法律、行政法规的强制性规定，不违背公序良俗

D. 必须采用书面形式

5. 下列选项中，属于无效民事行为的有（　　）。

A. 无民事行为能力人实施的民事行为

B. 基于重大误解实施的民事行为

C. 违反法律、行政法规的强制性规定的民事行为和违背公序良俗的民事行为

D. 一方以欺诈手段，使对方在违背真实意思的情况下实施的民事行为

6. 根据代理权产生的根据不同划分，代理的种类有（　　）。

A. 委托代理　　　　　　　　　　　B. 法定代理

C. 无权代理　　　　　　　　　　　D. 表见代理

7. 下列代理行为中，属于无权代理的有（　　）。

A. 未经授权的代理

B. 超越代理权进行的代理

C. 代理权终止后而实施的代理

D. 代理他人与自己实施民事行为

8. 代理关系的终止的情形包括（　　）。
A. 代理期间届满或者代理事务完成
B. 被代理人取消委托或者代理人辞去委托
C. 代理人死亡或者丧失民事行为能力
D. 作为被代理人或者代理人的法人终止

9. 下列选项中，公民、法人或者其他组织可以申请行政复议的情形有（　　）。
A. 对行政机关作出的警告、罚款、没收违法所得、没收非法财物、责令停产停业、暂扣或者吊销许可证、暂扣或者吊销执照、行政拘留等行政处罚决定不服的
B. 对行政机关作出的限制人身自由或者查封、扣押、冻结财产等行政强制措施决定不服的
C. 不服行政机关作出的行政处分或者其他人事处理决定的
D. 不服行政机关对民事纠纷作出的调解或者其他处理的

10. 仲裁协议应当具有的内容包括（　　）。
A. 有请求仲裁的意思表示
B. 有仲裁事项
C. 有选定的仲裁委员会
D. 有服从仲裁裁决的保证

三、判断题

1. 经济法的调整对象是所有的经济关系。（　　）
2. 《中华人民共和国公司法》是一部行政法规。（　　）
3. 自然人也可以成为经济法律关系的主体。（　　）
4. 经济职权是指国家机关行使经济管理职能时依法享有的权利。（　　）
5. 经济义务可以是必须为一定行为，也可以是不为一定行为。（　　）
6. 限制民事行为能力人可以从事与其年龄和智力状况相适应的法律行为。（　　）
7. 一项法律行为只要部分无效，而其他部分的法律行为都无效。（　　）
8. 法定代理适用于被代理人无民事行为能力人、限制民事行为能力的情况。（　　）
9. 仲裁实行一裁终局制度，仲裁裁决作出后，当事人就同一纠纷再申请仲裁或者向法院起诉的，仲裁委员会或者法院不予受理。（　　）
10. 因合同纠纷提起的诉讼，只能由被告住所地人民法院管辖。（　　）

四、案例分析题

1. 现年17岁的田某，到当地百货大楼以1 500元的价格为自己购买一条项链。被其父母发现后，向百货大楼要求退货、退款。田某称，自己已经高中毕业并考上了大学，且自理能力很强，因而拒绝退回项链。百货大楼也拒绝退货、退款。

试分析：田某的父母要求退货、退款是否符合法律规定？

2. 刘某因妻子有病急需用钱，委托朋友张某代其出卖在原籍的三间房屋。张某接受委托，将房屋低于市场价一半的价格卖给王某。并约定事成后王某愿将相当于房款20%的现金赠给张某。刘某由于不知当地房价，又过于相信张某，即同意张某代理该房屋买卖。房屋买卖后，刘某得知张某与王某相互串通压低房价的事实，便要求退回房屋、房款，但遭到张某拒绝，由此发生纠纷。

试分析：张某该项代理出售房屋的行为是否有效？为什么？

第二章

个人独资企业法与合伙企业法

案例

中国第一个个人独资企业

新千年到来之际，2000年1月1日，《中华人民共和国个人独资企业法》开始实施。1月31日下午，北京市工商局副局长罗文阁把中国第一张"个人独资企业"的营业执照亲手颁给了一个叫吴坤岭的中年人，"北京知本家投资顾问事务所"在中关村高新技术开发区正式启动运营，由此中国第一个个人独资企业诞生。

北京知本家投资顾问事务所出资额为20万元人民币，企业住所设在海淀区上地东里二区10号4门201号，经营范围包括投资咨询、组织会议、培训活动、翻译服务、企业形象设计。吴坤岭总共交纳了310元工商登记手续费就拿到了营业执照。

第一节 个人独资企业法

一、个人独资企业法概述

（一）个人独资企业的概念和特征

个人独资企业是指依照法律规定在中国境内设立，由一个自然人投资，财产为投资人个人所有，投资人以其个人财产对企业债务承担无限责任的经营实体。

个人独资企业具有以下特征：

（1）投资人是一个自然人。国家机关、企业、事业单位等都不能作为个人独资企业的投资人。

（2）投资人以其个人财产对企业的债务承担无限责任。当个人独资企业的资产不足以清偿到期债务时，投资人应以自己个人的其他全部财产用于清偿。

（3）内部机构设置简单，经营管理方式灵活。法律对个人独资企业的内部机构和经营管理方式没有严格的规定。

（4）不具有法人资格。个人独资企业不独立承担法律责任，由投资人对企业的债务承担无限责任。但其却是独立的法律主体，可以自己的名义从事法律活动。

（二）个人独资企业法的概念

狭义的个人独资企业法是指 1999 年 8 月 30 日第九届全国人大常务委员会第十一次会议通过，自 2000 年 1 月 1 日起施行的《中华人民共和国个人独资企业法》。广义的个人独资企业法，是指国家关于个人独资企业的各种法律规范的总称。

中华人民共和国个人独资企业法

二、个人独资企业的设立

（一）个人独资企业的设立条件

个人独资企业的设立

1. 投资人必须为一个中国公民

投资人不包括国家机关、企业、事业单位和外国的自然人。法律、行政法规禁止从事营利性活动的人（包括国家公务员、警官、法官、检察官以及银行工作人员等），也不得作为个人独资企业的投资人。

2. 有合法的企业名称

个人独资企业的名称必须与其责任形式及其营业范围相符合，不得使用"有限""有限责任"或"公司"等字样。

3. 有投资人申报的出资

投资人可以个人财产出资，也可以家庭共有财产作为个人出资。以家庭共有财产作为个人出资的，投资人应当在设立登记申请书上予以注明。出资形式包括：货币、实物、土地使用权、知识产权或其他财产权利。对个人独资企业没有最低注册资本额要求，但投资人申报的出资额应当与企业的生产经营规模相适应。

4. 有固定的生产经营场所和必要的生产经营条件

生产经营场所包括企业的住所和与生产经营相适应的处所。住所是企业的主要办事机构所在地，是企业的法定地址。

5. 有必要的从业人员

它指的是要有与企业的生产经营范围、规模相适应的从业人员。

知识拓展

个人独资企业和个体工商户的区别：

（1）个人独资企业必须要有固定的生产经营场所和合法的企业名称；而个体工商户可以不起字号名称，也可以没有固定的生产经营场所而流动经营。

（2）个人独资企业的投资者与经营者可以是不同的人，投资人可以委托或聘用他人管理企业事务；而个体工商户的投资者与经营者必须为同一人。

（3）个人独资企业可以设立分支机构；而个体工商户不能设立分支机构。个人独资企业的总体规模一般大于个体工商户。

（4）个人独资企业能以企业的名义进行法律活动；而个体工商户是以公民个人名义进行法律活动的。

（5）个人独资企业必须建立财务制度，进行会计核算；而个体工商户可以按照税务机关的要求建立账簿,如税务部门不作要求的,也可以不进行会计核算。另外,个人独资企业如符合条件则可以认定为一般纳税人;而个体工商户较难认定为一般纳税人。

(二)个人独资企业的设立程序

1. 设立申请

申请设立个人独资企业,应当由投资人或其委托的代理人向个人独资企业所在地的登记机关(市场监督管理部门)提交设立申请书、投资人身份证明、生产经营场所使用证明等文件。设立申请书应载明下列事项:

(1)企业的名称和住所。
(2)投资人的姓名和居所。
(3)投资人的出资额和出资方式。
(4)经营范围。

委托代理人申请设立登记的,应当提交投资人的委托书和代理人的合法证明。从事法律、行政法规规定须报经有关部门审批的业务的,应当提交有关部门的批准文件。

2. 核准登记

经企业登记机关审核,符合条件的予以登记并发给营业执照。个人独资企业营业执照的签发日期,为个人独资企业的成立日期,在领取营业执照前,投资人不得以个人独资企业的名义从事经营活动。

个人独资企业设立分支机构,应当由投资人或其委托代理人向分支机构所在地的登记机关申请设立登记,领取分支机构营业执照,并将登记情况报其所属的个人独资企业的登记机关备案。分支机构的民事责任由其所属的个人独资企业承担。

个人独资企业存续期间发生登记事项变更的,应当依法向登记机关申请办理变更登记。

三、个人独资企业投资人及事务管理

(一)个人独资企业投资人的权利和责任

个人独资企业投资人对本企业的财产依法享有所有权,其有关权利可以依法进行转让或继承。个人独资企业财产不足以清偿债务的,投资人应当以其个人的其他财产予以清偿。个人独资企业投资人在申请企业设立登记时,明确以其家庭共有财产作为个人出资的,应当依法以家庭共有财产对企业债务承担无限责任。

(二)个人独资企业的事务管理

1. 事务管理的方式

个人独资企业投资人可以自行管理企业事务,也可以委托或聘用其他具有民事行为能力的人负责企业的事务管理。投资人委托或聘用他人管理个人独资企业事务,应当与受托人或被聘用的人签订书面合同,明确委托的具体内容、授予的权利范围、报酬和责任等。

投资人对受托人或被聘用的人员职权的限制,不得对抗善意第三人。所谓第三人是指除受托人或被聘用的人员以外与企业发生经济业务关系的人。所谓善意第三人是指第三人在有关经济业务事项交往中,没有与受托人或被聘用的人员串通,没有故意损害投资人的利益的人。个人独资企业的投资人与受托人或被聘用的人员之间有关权利、义务的限制只对受托人或被聘用的人员有效,对第三人并无约束力,受托人或被聘用的人员超出投资人的限制与善

意第三人进行的有关业务行为应当有效。

2. 受托人或被聘用人员的义务

受托人或被聘用人员应当履行诚信、勤勉义务，按照与投资人签订的合同负责个人独资企业的事务管理。

投资人委托或聘用的管理个人独资企业事务的人员不得从事下列行为：

（1）利用职务上的便利，索取或收受贿赂。

（2）利用职务或工作上的便利侵占企业财产。

（3）挪用企业的资金归个人使用或借贷给他人。

（4）擅自将企业资金以个人名义或以他人名义开立账户储存。

（5）擅自以企业财产提供担保。

（6）未经投资人同意，从事与本企业相竞争的业务。

（7）未经投资人同意，同本企业订立合同或进行交易。

（8）未经投资人同意，擅自将企业商标或其他知识产权转让给他人使用。

（9）泄露本企业的商业秘密。

（10）法律、行政法规禁止的其他行为。

四、个人独资企业的权利和义务

（一）个人独资企业的权利

（1）财产所有权。个人独资企业投资人可以对本企业的财产依法享有所有权，其有关权利可以依法进行转让或继承。

（2）依法申请贷款。

（3）依法取得土地使用权。

（4）拒绝摊派权。任何单位和个人不得违反法律、行政法规的规定，以任何方式强制个人独资企业提供财力、物力、人力；对于违法强制提供财力、物力、人力的行为，个人独资企业有权拒绝。

（5）法律、行政法规规定的其他权利。

（二）个人独资企业的义务

（1）个人独资企业从事经营活动必须遵守法律、行政法规，遵守诚实信用原则，不得损害社会公共利益。

（2）个人独资企业应当依法设置会计账簿，进行会计核算，并依法履行纳税义务。

（3）个人独资企业招用职工时，应当依法与职工签订劳动合同，保障职工的劳动安全，按时、足额发放职工工资；并应当按照国家规定参加社会保险，为职工缴纳社会保险费。

（4）法律、行政法规规定的其他义务。

五、个人独资企业的解散和清算

（一）个人独资企业的解散

个人独资企业的解散是指个人独资企业民事主体资格的消灭。个人独资企业有下列情形之一时，应当解散：

(1）投资人决定解散。
(2）投资人死亡或被宣告死亡，无继承人或继承人决定放弃继承。
(3）被依法吊销营业执照。
(4）法律、行政法规规定的其他情形。

（二）个人独资企业的清算

个人独资企业解散时，应当进行清算。清算人由投资人自行担任或由债权人申请人民法院指定。

1. 通知和公告债权人

投资人自行清算的，应当在清算前15日内书面通知债权人，并予以公告。债权人应当在接到通知之日起30日内，未接到通知的应当在公告之日起60日内，向投资人申报其债权。

2. 财产清偿顺序

个人独资企业解散的，应当按照下列顺序清偿债务：
(1）所欠职工工资和社会保险费用。
(2）所欠税款。
(3）其他债务。

个人独资企业财产不足以清偿债务的，投资人应当以其个人的其他财产予以清偿。

3. 清算期间对投资人的要求

清算期间，个人独资企业不得开展与清算目的无关的经营活动。在按前述财产清偿顺序清偿债务前，投资人不得转移、隐匿财产。如有转移、隐匿财产的行为，依法追回财产，并按有关规定予以处罚。

4. 投资人的持续偿债责任

个人独资企业解散后，原投资人对个人独资企业存续期间的债务仍应承担偿还责任，但债权人在5年内未向债务人提出偿债请求的，该责任消灭。

5. 注销登记

个人独资企业清算结束后，投资人或人民法院指定的清算人应当编制清算报告，并于清算结束之日起15日内向原登记机关申请注销登记。

第二节 合伙企业法

一、合伙企业概念与特征

（一）合伙企业的概念

合伙企业的杰出代表——普华永道

合伙企业，是指自然人、法人和其他组织按照《中华人民共和国合伙企业法》（以下简称《合伙企业法》）在中国境内设立的普通合伙企业和有限合伙企业。

合伙企业分为普通合伙企业和有限合伙企业。普通合伙企业由普通合伙人组成，合伙人对合伙企业债务承担无限连带责任。《合伙企业法》对普通合伙人承担责任的形式有特别规定的，从其规定。有限合伙企业由普通合伙人和有限合伙人组成，普通合伙人对合伙企业债务承担无限连带责任，有限合伙人以其认缴的出资额为限对合伙企业债务承担责任。

（二）合伙企业的特征

（1）由多人投资组成。合伙人为两个以上的自然人、法人或其他组织。

（2）契约式经济组织。以合伙协议为合伙企业设立的法律基础。

（3）人合性质强。合伙人共同出资、共同经营、共享收益、共担风险，具有较强的人合性质。

（4）对合伙企业债务承担无限责任。当合伙企业的财产不足以清偿其债务时，普通合伙人应当以自己的个人财产承担清偿责任。

（5）不具有法人资格。企业的法律责任最终由投资人承担。

（三）合伙企业法的概念

狭义的合伙企业法，是指1997年2月23日由第八届全国人大常务委员会第二十四次会议通过，并于2006年8月27日第十届全国人民代表大会常务委员会第二十三次会议修订，自2007年6月1日起施行的《合伙企业法》。广义的合伙企业法，是指国家立法机关或其他有权机关制定的关于合伙企业的各种法律规范的总称。

中华人民共和国合伙企业法（2006年）

二、普通合伙企业

（一）普通合伙企业的设立条件

普通合伙企业，是指由普通合伙人投资组成，合伙人对合伙企业债务依照法律规定承担无限连带责任的一种合伙企业。

覃日琼诉廖启军
合伙协议案
（隐名合伙合同）

1. 有两个以上合伙人

关于普通合伙人的资格，《合伙企业法》作了以下限定：

（1）两个以上的合伙人，可以是自然人，也可以是法人或其他经济组织。对于合伙企业合伙人数的最高限额，我国合伙企业法未作规定。

（2）合伙人是自然人的，应当具有完全民事行为能力。无民事行为能力人和限制民事行为能力人不得成为普通合伙企业的合伙人。

（3）国有独资公司、国有企业、上市公司以及公益性的事业单位、社会团体不得成为普通合伙企业的合伙人。

2. 有书面合伙协议

合伙协议是合伙企业成立的基础，是处理合伙人相互之间的权利、义务关系的内部法律文件。合伙协议应当依法由全体合伙人协商一致，以书面形式订立。

合伙协议应当载明下列事项：合伙企业的名称和主要经营场所的地点；合伙目的和合伙经营范围；合伙人的姓名、名称、住所；合伙人的出资方式、数额和缴付期限；利润分配、亏损分担方式；合伙事务的执行；入伙与退伙；争议解决办法；合伙企业的解散与清算；违约责任等。

合伙协议经全体合伙人签名、盖章后生效。合伙协议未约定或约定不明确的事项，由全体合伙人协商加以修改、补充。

3. 有合伙人认缴或实际缴付的出资

合伙人可以用货币、实物、知识产权、土地使用权或其他财产权利出资，也可以用劳务出资。

合伙人以实物、知识产权、土地使用权或其他财产权利出资，需要评估作价的，可以由全体合伙人协商确定，也可以由全体合伙人委托法定评估机构评估；需要办理财产权转移手续的，应当依法办理。合伙人以劳务出资的，其评估办法由全体合伙人协商确定，并在合伙协议中载明。合伙人应当按照合伙协议约定的出资方式、数额和缴付期限，履行出资义务。

4. 有合伙企业的名称和生产经营场所

普通合伙企业应当在其名称中标明"普通合伙"字样。其中特殊的普通合伙企业应当在其名称中标明"特殊普通合伙"字样。

5. 法律、行政法规规定的其他条件

（二）普通合伙企业的设立程序

1. 向登记机关提出申请

申请设立合伙企业，应当向企业登记机关提交下列文件：

（1）全体合伙人签署的设立登记申请书。

（2）合伙协议书。

（3）全体合伙人的身份证明。

（4）全体合伙人指定的代表或共同委托代理人的委托书。

（5）全体合伙人对各合伙人认缴或实际缴付出资的确认书。

（6）经营场所证明。

（7）其他法定的证明文件。

此外，法律、行政法规规定设立合伙企业须经批准的，还应当提交有关批准文件。合伙协议约定或全体合伙人决定，委托一个或数个合伙人执行合伙事务的，还应当提交全体合伙人的委托书。

2. 登记机关核发营业执照

经企业登记机关审核，符合条件的予以登记并发给营业执照。合伙企业的营业执照签发日期，为合伙企业的成立日期。合伙企业领取营业执照前，合伙人不得以合伙企业名义从事合伙业务。

合伙企业设立分支机构，应当依法向分支机构所在地的企业登记机关申请分支机构设立登记。

合伙企业登记事项发生变更的，应当依法向企业登记机关申请办理变更登记。

（三）普通合伙企业的财产

普通合伙企业存续期间，合伙人的出资、以合伙企业名义取得的收益和依法取得的其他财产，构成了合伙企业的财产。

1. 普通合伙企业财产的性质

合伙企业的财产，在企业存续期间，由全体合伙人共有，应保证其独立性和完整性。合伙人在合伙企业清算前，不得请求分割合伙企业的财产；但是，法律另有规定的除外。合伙人私自转移或处分合伙企业财产的，其转移或处分行为无效。但合伙企业不得以此对抗善意第三人。即在第三人善意取得的情况下，合伙企业的损失只能向有责任的合伙人进行追索。

2. 合伙人财产份额的转让与出质

合伙人财产份额的转让，是指合伙企业的合伙人向他人转让其在合伙企业中的全部或部分财产份额的行为。

（1）伙外转让。除合伙协议另有约定外，合伙人向合伙人以外的人转让其在合伙企业中的全部或部分财产份额时，须经其他合伙人一致同意。如果合伙协议另有约定的，按其约定。比如约定2/3以上合伙人或一定出资比例同意即可转让的，则应执行合伙协议的规定。合伙人以外的人依法受让合伙企业财产份额的，经修改合伙协议即成为合伙企业的合伙人。

合伙人向合伙人以外的人转让其在合伙企业中的财产份额的，在同等条件下，其他合伙人有优先购买权；但是，合伙协议另有约定的除外。

（2）伙内转让。合伙人之间转让在合伙企业中的全部或部分财产份额时，应当通知其他合伙人。内部转让只是合伙人之间的财产份额比例改变，不影响合伙企业的人合性质，因此不需要经过其他合伙人一致同意，只需要通知其他合伙人即可。

（3）合伙人财产份额出质。合伙人以其在合伙企业中的财产份额出质的，须经其他合伙人一致同意；未经其他合伙人一致同意，其行为无效，由此给善意第三人造成损失的，由行为人依法承担赔偿责任。

（四）合伙事务的执行

1. 合伙事务执行的方式

根据《合伙企业法》的规定，合伙人执行合伙企业事务，可以有以下形式：

（1）全体合伙人共同执行合伙事务。这种方式适合合伙人数较少的合伙企业，按照合伙协议的约定，各个合伙人都直接参与经营，处理合伙企业的事务，对外代表合伙企业。

（2）委托一名或数名合伙人执行合伙企业事务。这种方式适用人数较多的合伙企业，未接受委托执行合伙企业事务的其他合伙人，不再执行合伙企业的事务。每一合伙人有权将其对合伙事务的执行委托给其他合伙人代理，而自己不参与合伙事务的执行。

合伙人可以将合伙事务委托一个或数个合伙人执行，但并非所有的合伙事务都可以委托给部分合伙人执行。根据《合伙企业法》的规定，除合伙协议另有约定外，合伙企业的下列事项应当经全体合伙人一致同意：改变合伙企业的名称；改变合伙企业的经营范围、主要经营场所的地点；处分合伙企业的不动产；转让或处分合伙企业的知识产权和其他财产权利；以合伙企业名义为他人提供担保；聘任合伙人以外的人担任合伙企业的经营管理人员。

2. 合伙人在执行合伙事务中的权利和义务

（1）合伙人在执行合伙事务中的权利。

①合伙人对执行合伙事务享有同等的权利。

②执行合伙事务的合伙人对外代表合伙企业。

③不执行合伙事务的合伙人有权监督执行事务合伙人执行合伙事务的情况。

④合伙人查阅合伙企业会计账簿等财务资料的权利。

⑤合伙人有提出异议权和撤销委托执行事务权。

（2）合伙人在执行合伙事务中的义务。

①合伙事务执行人向不参加执行事务的合伙人报告企业经营状况和财务状况。

②合伙人不得自营或同他人合作经营与本合伙企业相竞争的业务。

③除全体合伙人另有约定或决定外，合伙人不得同本合伙企业进行交易。

④合伙人不得从事损害本合伙企业利益的活动。

3. 合伙事务执行的决议办法

合伙人对合伙企业有关事项作出决议,按照合伙协议约定的表决办法办理;合伙协议未约定或约定不明确的,实行合伙人一人一票并经全体合伙人过半票数通过的表决办法。《合伙企业法》对合伙企业的表决办法另有规定的,从其规定。如合伙企业的有关特别决议事项应当经全体合伙人一致同意。

4. 合伙企业的损益分配

合伙企业的损益分配包括合伙企业的利润分配与亏损分担两个方面。合伙企业的利润分配、亏损分担,应按照合伙协议的约定办理;合伙协议未约定或约定不明确的,由合伙人协商决定;协商不成的,由合伙人按照实缴出资比例分配、分担;无法确定出资比例的,由合伙人平均分配、分担。

合伙协议不得约定将全部利润分配给部分合伙人或由部分合伙人承担全部亏损。

(五) 合伙企业与第三人的关系

1. 合伙企业对外代表权的限制

合伙人执行合伙事务的权利和对外代表合伙企业的权利,要由全体合伙人授予并加以限制。但对合伙人执行合伙事务以及对外代表合伙企业权利的限制,不得对抗善意第三人。

2. 合伙企业和合伙人的债务清偿

(1) 合伙企业的债务清偿。

①合伙企业的债务,应先以合伙企业全部财产进行清偿。

②合伙企业财产不足以清偿的部分,由各合伙人承担无限连带清偿责任。

所谓无限责任,是指当合伙企业的全部财产不足以偿付到期债务时,各个合伙人应以其出资额以外的自有财产对其余债务全部清偿。所谓连带责任,是指债权人对合伙企业财产不足以清偿的债务,可以向任何一个合伙人主张,该合伙人不得以其出资的份额大小、合伙协议有特别约定、合伙企业债务另有担保人或自己已经偿付所承担的份额的债务等理由来拒绝。

③合伙人由于承担连带责任,所清偿数额超过其按照合伙协议约定应分担的比例时,有权向其他合伙人追偿。

(2) 合伙人的债务清偿。

①合伙人发生与合伙企业无关的债务,相关债权人不得以该债权抵销其对合伙企业的债务,也不得代位行使该合伙人在合伙企业中的权利。

②合伙人的自有财产不足清偿其与合伙企业无关的债务的,该合伙人可以以其从合伙企业中分得的收益用于清偿;债权人也可以依法请求人民法院强制执行该合伙人在合伙企业中的财产份额用于清偿。

人民法院强制执行合伙人的财产份额时,应当通知全体合伙人,其他合伙人有优先受让权;其他合伙人未受让,又不同意将该财产份额转让给他人的,应为该合伙人办理退伙结算,或办理减少该合伙人相应财产份额的结算。

(六) 入伙与退伙

1. 入伙

入伙,是指在合伙企业存续期间,合伙人以外的第三人加入合伙,取得合伙人资格。

新合伙人入伙，除合伙协议另有约定外，应当经全体合伙人一致同意，并依法订立书面入伙协议。订立入伙协议时，原合伙人应当向新合伙人如实告知原合伙企业的经营状况和财务状况。一般来讲，入伙的新合伙人与原合伙人享有同等权利，承担同等责任。新合伙人对入伙前合伙企业的债务承担无限连带责任。但是，如果原合伙人愿意以更优越的条件吸引新合伙人入伙，或新合伙人愿意以较为不利的条件入伙，也可以在入伙协议中另行约定。

2. 退伙

退伙，是指在合伙企业存续期间，合伙人退出合伙企业，从而丧失合伙人资格。

合伙人退伙一般有两种原因：一是自愿退伙；二是法定退伙。

(1) 自愿退伙。它是指合伙人基于自愿的意思表示而退伙。自愿退伙可以分为协议退伙和通知退伙两种情况。

协议退伙是指合伙协议中约定合伙期限的，有下列情形之一时，合伙人可以退伙：

①合伙协议约定的退伙事由出现。

②经全体合伙人一致同意退伙。

③发生合伙人难以继续参加合伙企业的事由。

④其他合伙人严重违反合伙协议约定的义务。

通知退伙是指合伙协议未约定合伙期限的，合伙人在不给合伙企业事务执行造成不利影响的情况下，可以退伙，但应当提前30日通知其他合伙人。

(2) 法定退伙。它是指合伙人因出现法律规定的事由而退伙。法定退伙分为当然退伙和除名两种情况。

合伙人发生下列情形之一的，理应退伙：

①作为合伙人的自然人死亡或被依法宣告死亡。

②个人丧失偿债能力。

③作为合伙人的法人或其他组织依法被吊销营业执照、责令关闭、撤销或被宣告破产。

④法律规定或合伙协议约定合伙人必须具有相关资格而丧失该资格。

⑤合伙人在合伙企业中的全部财产份额被人民法院强制执行。

此外，合伙人被依法认定为无民事行为能力人或限制民事行为能力人的，经其他合伙人一致同意，可以依法转为有限合伙人，普通合伙企业依法变更为有限合伙企业。未能一致同意的，该无民事行为能力或限制民事行为能力的合伙人退伙。当然退伙以退伙事由实际发生之日为退伙生效日。

合伙人有下列情形之一的，经其他合伙人一致同意，可以决议将其除名：

①未履行出资义务。

②因故意或重大过失给合伙企业造成损失。

③执行合伙事务时有不正当行为。

④发生合伙协议约定的其他事由。

对合伙人的除名决议应当以书面形式通知被除名人。被除名人接到除名通知之日起，除名生效，被除名人退伙。被除名人对除名决议有异议的，可以自接到除名通知之日起30日内，向人民法院起诉。

(3) 退伙的法律后果。合伙人退伙后，退伙人在合伙企业中的财产份额和民事责任的归属变动，主要有财产继承、退伙结算、责任承担几种情况。

关于财产继承。合伙人死亡或被依法宣告死亡的，对该合伙人在合伙企业中的财产份额享有合法继承权的继承人，按照合伙协议约定或经全体合伙人一致同意，从继承开始之日起取得合伙人资格；继承人不愿意成为合伙人的，合伙企业应当退还其继承的财产份额。继承人为无民事行为能力人或限制民事行为能力人的，经全体合伙人一致同意，可以依法成为有限合伙人，普通合伙企业依法变更为有限合伙企业。全体合伙人未能一致同意的，合伙企业应当退还其继承的财产份额。

关于退伙结算。除合伙人死亡或被依法宣告死亡的情形外，合伙人退伙，其他合伙人应当按合伙协议的约定与该退伙人进行结算，退还退伙人的财产份额，或由退伙人分担亏损或债务；合伙协议未约定或约定不明确的，由合伙人协商决定或按有关法律规定办理。

关于责任承担。退伙人应对基于其退伙前的原因发生的合伙企业债务，承担无限连带责任。

（七）特殊的普通合伙企业

1. 特殊的普通合伙企业的概念

特殊的普通合伙企业，是指一个合伙人或数个合伙人在执业活动中因故意或重大过失造成合伙企业债务的，应当承担无限责任或无限连带责任，其他合伙人以其在合伙企业中的财产份额为限承担责任，或者合伙人在执业活动中非因故意，或者重大过失造成的合伙企业债务以及合伙企业的其他债务，由全体合伙人承担无限连带责任的合伙企业。

以专业知识和专业技能为客户提供有偿服务的专业服务机构，它可以设立为特殊的普通合伙企业。特殊的普通合伙企业名称中应当标明"特殊普通合伙"字样。特殊的普通合伙企业适用下面第2点的特殊规定，若无特殊规定的，按普通合伙企业的规定。

2. 特殊的普通合伙企业的责任形式

（1）有限责任与无限连带责任相结合。即一个合伙人或数个合伙人在执业活动中因故意或重大过失造成合伙企业债务的，应当承担无限责任或无限连带责任，其他合伙人以其在合伙企业中的财产份额为限承担责任。

合伙人执业活动中因故意或重大过失造成的合伙企业债务，以合伙企业财产对外承担责任后，该合伙人应当按照合伙协议的约定，对给合伙企业或其他合伙人造成的损失负赔偿责任。

（2）无限连带责任。对合伙人在执业活动中非因故意或重大过失造成的合伙企业债务以及合伙企业的其他债务，全体合伙人承担无限连带责任。

三、有限合伙企业

（一）有限合伙企业的特征及法律适用

1. 有限合伙企业的特征

有限合伙企业，是指由有限合伙人和普通合伙人共同组成，普通合伙人对合伙企业债务承担无限连带责任，有限合伙人以其认缴的出资额为限对合伙企业债务承担责任的合伙企业。

与普通合伙企业相比，有限合伙企业具有以下特征：

（1）合伙人类型不同。有限合伙企业必须由普通合伙人和有限合伙人共同组成，且二者在企业中的权利、义务不同。

(2) 合伙事务执行人不同。有限合伙人不执行合伙事务，而仅由普通合伙人执行合伙事务。

(3) 风险承担不同。有限合伙人仅以其出资额为限对企业债务承担责任，而由普通合伙人为企业债务承担无限责任。

2. 有限合伙企业法律适用

凡是《合伙企业法》中对有限合伙企业有特殊规定的，应当适用特殊规定。无特殊规定的，适用有关普通合伙企业的一般规定。

(二) 有限合伙企业设立的特殊规定

1. 有限合伙企业合伙人人数

有限合伙企业由 2 个以上 50 个以下合伙人设立；但是，法律另有规定的除外。有限合伙企业至少应当有一个普通合伙人。

2. 有限合伙企业名称

有限合伙企业名称中应当标明"有限合伙"字样。

3. 有限合伙企业协议

有限合伙企业协议除符合普通合伙企业合伙协议的规定外，还应当载明下列事项：

(1) 普通合伙人和有限合伙人的姓名或名称、住所。

(2) 执行事务合伙人应具备的条件和选择程序。

(3) 执行事务合伙人的权限与违约处理办法。

(4) 执行事务合伙人的除名条件和更换程序。

(5) 有限合伙人入伙、退伙的条件、程序以及相关责任。

(6) 有限合伙人和普通合伙人相互转变程序。

4. 有限合伙人出资

有限合伙人可以用货币、实物、知识产权、土地使用权或其他财产权利作价出资，但不得以劳务出资。有限合伙人应当按照合伙协议的约定按期足额缴纳出资；未按期足额缴纳的，应当承担补缴义务，并对其他合伙人承担违约责任。

5. 有限合伙企业登记事项

有限合伙企业登记事项中应当载明有限合伙人的姓名或名称及认缴的出资数额。

(三) 有限合伙企业事务执行的特殊规定

1. 有限合伙企业由普通合伙人执行合伙事务

执行事务合伙人可以要求在合伙协议中确定执行事务的报酬及报酬提取方式。

2. 禁止有限合伙人执行合伙事务

有限合伙人不执行合伙事务，不得对外代表有限合伙企业。有限合伙人有下列行为，不视为执行合伙事务：

(1) 参与决定普通合伙人入伙、退伙。

(2) 对企业的经营管理提出建议。

(3) 参与选择承办企业审计业务的会计师事务所。

(4) 获取经审计的企业财务会计报告。

(5) 对涉及自身利益的情况，查阅企业财务会计账簿等财务资料。

(6) 在企业中的利益受到侵害时，向有责任的合伙人主张权利或提起诉讼。

(7) 执行事务合伙人怠于行使权利时，督促其行使权利或为了本企业的利益以自己的名义提起诉讼。

(8) 依法为本企业提供担保。

另外，据《合伙企业法》规定，第三人有理由相信有限合伙人为普通合伙人并与其交易的，该有限合伙人对该笔交易承担与普通合伙人同样的责任。有限合伙人未经授权以有限合伙企业名义与他人进行交易，给有限合伙企业或其他合伙人造成损失的，该有限合伙人应当承担赔偿责任。

3. 有限合伙企业利润分配

有限合伙企业不得将全部利润分配给部分合伙人；但是，合伙协议另有约定的除外。

4. 有限合伙人的特别权利

(1) 有限合伙人可以同本企业进行交易；但是，合伙协议另有约定的除外。

(2) 有限合伙人可以自营或同他人合作经营与本有限合伙企业相竞争的业务；但是，合伙协议另有约定的除外。

(四) 有限合伙企业财产转让与出质的特殊规定

有限合伙人可以按照合伙协议的约定向合伙人以外的人转让其在有限合伙企业中的财产份额，但应当提前30日通知其他合伙人。其他合伙人有优先购买权。有限合伙人可以将其在有限合伙企业中的财产份额出质。但是合伙协议另有约定的除外。

(五) 有限合伙企业入伙与退伙的特殊规定

1. 入伙

新入伙的有限合伙人对入伙前有限合伙企业的债务，以其认缴的出资额为限承担责任。

2. 退伙

有限合伙人退伙后，对基于其退伙前的原因发生的有限合伙企业债务，以其退伙时从有限合伙企业中取回的财产承担责任。

作为有限合伙人的自然人在有限合伙企业存续期间丧失民事行为能力的，其他合伙人不得因此要求其退伙。作为有限合伙人的自然人死亡、被依法宣告死亡或作为有限合伙人的法人及其他组织终止时，其继承人或权利承继人可以依法取得该有限合伙人在有限合伙企业中的资格。

(六) 合伙人性质转变的特殊规定

除合伙协议另有约定外，普通合伙人转变为有限合伙人，或有限合伙人转变为普通合伙人，应当经全体合伙人一致同意。有限合伙人转变为普通合伙人的，对其作为有限合伙人期间有限合伙企业发生的债务承担无限连带责任。普通合伙人转变为有限合伙人的，对其作为普通合伙人期间合伙企业发生的债务承担无限连带责任。

四、合伙企业解散和清算

(一) 合伙企业解散

合伙企业有下列情形之一的，应当解散：

（1）合伙期限届满，合伙人决定不再经营。
（2）合伙协议约定的解散事由出现。
（3）全体合伙人决定解散。
（4）合伙人已不具备法定人数满 30 天。
（5）合伙协议约定的合伙目的已经实现或无法实现。
（6）依法被吊销营业执照、责令关闭或被撤销。
（7）法律、行政法规规定的其他原因。

（二）合伙企业清算

合伙企业解散的，应当进行清算。合伙企业清算必须遵守以下规定：

1. 确定清算人

清算人一般由全体合伙人担任；经全体合伙人过半数同意，可以自合伙企业解散事由出现后 15 日内指定一个或数个合伙人，或委托第三人担任清算人。15 日内未确定清算人的，合伙人或其他利害关系人可以申请人民法院指定清算人。

清算人在清算期间执行下列事务：清理合伙企业财产，分别编制企业资产负债表和财产清单；处理与清算有关的合伙企业未了结事务；清缴所欠税款；清理债权、债务；处理合伙企业清偿债务后的剩余财产；代表合伙企业参与诉讼或仲裁活动。清算期间，合伙企业存续，但不得开展与清算无关的经营活动。

2. 通知和公告债权人

清算人自被确定之日起 10 日内将合伙企业解散事项通知债权人，并于 60 日内在报纸上公告。债权人应当自接到通知书之日起 30 日内，未接到通知书的自公告之日起 45 日内，向清算人申报债权。

3. 财产清偿与分配

合伙企业财产在支付清算费用后，按下列顺序清偿：
（1）合伙企业职工工资、社会保险费用和法定补偿金。
（2）缴纳所欠税款。
（3）企业普通债务。

合伙企业财产依法清偿后仍有剩余时，可按照合伙协议的约定在合伙人之间进行分配；合伙协议未约定或约定不明确的，由合伙人协商决定；协商不成的，由合伙人按照实缴出资比例分配；无法确定出资比例的，由合伙人平均分配。

4. 注销登记

清算结束，清算人应当编制清算报告，经全体合伙人签名、盖章后，在 15 日内向企业登记机关报送清算报告，申请办理合伙企业注销登记。

合伙企业注销后，原普通合伙人对合伙企业存续期间的债务仍应承担无限连带责任。

习 题

一、单项选择题

1. 依照《个人独资企业法》的规定，下列各项中，不得作为投资人出资方式的有（   ）。
   A. 货币资金　　　　B. 土地使用权　　　　C. 劳务　　　　D. 机械设备

2. 下列关于个人独资企业的设立条件，不符合法律规定的是（   ）。
A. 投资人必须为一个中国公民
B. 有合法的企业名称和固定的生产经营场所
C. 有投资人申报的出资和必要的从业人员
D. 经营者必须为投资者本人

3. 关于普通合伙企业的合伙人资格，下列说法中，错误的是（   ）。
A. 国有独资公司不能成为合伙人
B. 合伙人可以是自然人
C. 限制民事行为能力人可以成为合伙人
D. 上市公司不得成为合伙人

4. 合伙协议中未对普通合伙人伙外转让财产份额作出约定的，符合规定的是（   ）。
A. 只需要通知其他合伙人即可
B. 只需经合伙企业的事务执行人同意
C. 须经半数以上的合伙人同意
D. 须经全体合伙人一致同意

5. 关于普通合伙企业的事务执行形式，下列说法符合《合伙企业法》规定的有（   ）。
A. 只能由全体合伙人共同执行合伙企业事务
B. 只能委托1名合伙人执行合伙企业事务
C. 只能委托数名合伙人执行合伙企业事务
D. 既可以由全体合伙人共同执行合伙企业事务，又可以委托1名或数名合伙人执行合伙企业事务

6. 普通合伙企业合伙人作出决议时，合伙协议未约定或者约定不明确的，应实行（   ）。
A. 合伙人一人一票表决   B. 合伙人按出资额多少表决
C. 由合伙事务执行人决定   D. 由人民法院裁决

7. 在特殊的普通合伙企业中，一个合伙人或者数个合伙人在执业活动中因故意或者重大过失造成合伙企业债务的，其他合伙人应承担的责任为（   ）。
A. 应当承担无限责任
B. 应当承担无限连带责任
C. 以其在合伙企业中的财产份额为限承担责任
D. 不需要承担责任

8. 新入伙的有限合伙人对入伙前有限合伙企业的债务承担责任的方式是（   ）。
A. 以其认缴的出资额为限承担责任
B. 以其实际交付的出资额为限承担责任
C. 与普通合伙人一起承担无限连带责任
D. 对入伙前有限合伙企业的债务不承担责任

二、多项选择题

1. 下列选项属于个人独资企业特征的是（   ）。
A. 投资人是一个自然人
B. 投资人以其个人财产对企业的债务承担无限责任

C. 内部机构设置简单，经营管理方式灵活

D. 不具有法人资格

2. 个人独资企业投资人委托或聘用的管理企业事务的人员禁止实施的行为有（　　）。

A. 擅自将企业资金以个人名义开立账户存储

B. 未经投资人同意，同本企业订立合同或者进行交易

C. 擅自以企业财产提供担保

D. 挪用企业资金借贷他人

3. 根据《个人独资企业法》的规定，下列情形中，属于应当解散个人独资企业的有（　　）。

A. 投资人决定解散

B. 投资人被宣告死亡，无继承人

C. 被依法吊销营业执照

D. 投资人被依法刑事拘留

4. 《合伙企业法》关于普通合伙企业合伙人资格的限定，正确的选项有（　　）。

A. 两个以上的合伙人，可以是自然人，也可以是法人或者其他经济组织

B. 合伙人是自然人的，应当具有完全民事行为能力

C. 合伙人是自然人的，既可以是中国公民，也可以是外国公民

D. 国有独资公司、国有企业、上市公司以及公益性的事业单位、社会团体不得成为普通合伙企业的合伙人

5. 在法定退伙规定中，普通合伙人为当然退伙的情形有（　　）。

A. 作为合伙人的自然人死亡、被依法宣告死亡或者丧失偿债能力

B. 依法被吊销营业执照、责令关闭、撤销或者被宣告破产

C. 法律规定或者合伙协议约定合伙人必须具有相关资格而丧失该资格

D. 合伙人在合伙企业中的全部财产份额被人民法院强制执行

6. 在有限合伙企业设立的特殊规定中，有限合伙人可以作为出资的方式是（　　）。

A. 货币资金　　　B. 土地使用权　　　C. 劳务　　　D. 知识产权

7. 在有限合伙企业事务执行的特殊规定中，正确的选项是（　　）。

A. 有限合伙企业由普通合伙人执行合伙事务

B. 执行事务合伙人可以要求在合伙协议中确定执行事务的报酬及报酬提取方式

C. 有限合伙企业由有限合伙人执行合伙事务

D. 禁止有限合伙人执行合伙事务

8. 除合伙协议另有约定外，有限合伙人的特别权利有（　　）。

A. 有限合伙人可以同本企业进行交易

B. 有限合伙人可以自营或者同他人合作经营与本有限合伙企业相竞争的业务

C. 有限合伙人可以执行合伙企业事务

D. 有限合伙人不得自营或者同他人合作经营与本有限合伙企业相竞争的业务；但是，合伙协议另有约定的除外。

三、判断题

1. 个人独资企业不得以家庭共有财产作为企业出资。（　　）

2. 个人独资企业不得设立分支机构。（ ）
3. 个人独资企业应当依法设置会计账簿进行会计核算。（ ）
4. 个人独资企业解散后，原投资人对企业存续期间的债务不再承担偿还责任。（ ）
5. 普通合伙企业的合伙人可以将全部合伙事务委托一个或者数个合伙人执行。（ ）
6. 普通合伙人以其在合伙企业中的财产份额出质的，无须经其他合伙人同意。（ ）
7. 普通合伙人退伙后对基于其退伙前的原因发生的企业债务，不承担责任。（ ）
8. 普通合伙企业中，合伙人的继承人无民事行为能力的，必须退伙。（ ）
9. 有限合伙企业至少应当有1个普通合伙人。（ ）
10. 作为有限合伙人的自然人丧失民事行为能力的，其他合伙人可以要求其退伙。（ ）

四、案例分析题

1. 王某投资设立A个人独资企业，委托张某管理企业事务，授权张某可以决定10万元以下的交易事项。后张某以A企业的名义向B公司购买了15万元的原材料。B公司不知王某对张某的授权限制，依约供货。A企业由于经营困难未按期付款，由此发生争议。B公司随即找到王某，要求A企业偿付所欠货款。王某以张某超出授权范围，货款应由张某个人偿付为由拒绝付款。试分析：

（1）王某拒绝付款是否符合法律规定？
（2）A企业所欠B公司货款应由谁偿付？

2. 2013年1月，甲、乙、丙共同设立一普通合伙企业。合伙协议约定：甲以现金人民币10万元出资，乙以房屋作价人民币12万元出资，丙以劳务作价人民币10万元出资；各合伙人平均分配利润、分担亏损。合伙企业成立后，为扩大经营，于2013年6月向银行贷款人民币20万元，期限为2年。2013年8月，甲提出退伙，鉴于当时合伙企业盈利，乙、丙表示同意。同月，甲依法办理了退伙结算手续。2013年9月，丁以现金人民币10万元出资入伙。2014年后，因经营环境变化，企业严重亏损。2014年5月，乙、丙、丁决定解散合伙企业，并将合伙企业现有财产价值人民币12万元予以分配，但对未到期的银行贷款未予清偿。2015年6月，银行贷款到期后，银行找合伙企业清偿债务，发现该企业已经解散，遂向甲要求偿还全部贷款，甲称自己早已退伙，不负责清偿债务。银行向丁要求偿还全部贷款，丁称该笔贷款是在自己入伙前发生的，不负责清偿。银行向乙要求偿还全部贷款，乙表示只按照合伙协议约定的比例清偿相应数额。银行向丙要求偿还全部贷款，丙则表示自己是以劳务出资的，不承担偿还贷款义务。试分析：

（1）甲、乙、丙、丁各自的主张能否成立？并说明理由。
（2）合伙企业所欠银行贷款应如何清偿？
（3）在银行贷款清偿后，甲、乙、丙、丁内部之间应如何分担清偿责任？

第三章

公　司　法

案例

从有限责任公司到上市公司

王大军和王小军兄弟俩出资设立了一家从事房地产开发的公司——日照广厦房地产有限责任公司，两人各占公司百分之五十的股权；公司向股东签发了出资证明书。王大军任执行董事，王小军任监事。

公司成立后不久，陈刚、陈强加入了公司。公司召开了股东会会议选举建立了董事会、监事会。董事会还聘任了经理。后来陈刚、陈强和王小军退出了公司，公司只剩下王大军一个股东，有限责任公司变为了只有一个股东的一人有限责任公司。

后来王大军的股权卖给了国家，国家成了公司的唯一股东，一人有限责任公司成为国有独资公司，后来广厦房地产有限责任公司联合某自然人房万间作为发起人设立了一家新的公司——日照广厦千万间股份有限责任公司。广厦房地产有限责任公司成了广厦千万间股份有限责任公司的一名股东，广厦千万间股份有限责任公司向广厦房地产有限责任公司签发了股票。

广厦千万间公司成立后发行了公司债券。后来日照广厦千万间股份有限公司的股票获准在上海证券交易所进行公开交易，公司成了股份有限公司中的上市公司。

第一节　公司法概述

一、公司的概念和特征

公司是指依法设立的，以营利为目的，由股东投资形成的企业法人。公司具有四个特征：

公司法概述

中华人民共和国公司法

1. 依法设立

设立公司应当依照我国《中华人民共和国公司法》（以下简称《公司法》）所规定的条件和程序向公司登记机关申请设立登记，领取营业执照；法律、行政法规规定设立公司须经批准的，应当在登记前依法办理批准手续。

2. 以营利为目的

股东出资组建公司的目的在于通过公司的经营活动获取利润。营利性是企业组织的普遍特征,并以此区别于国家机关和公益性的事业单位、社会团体等社会组织。

3. 以股权为基础

公司由股东投资形成股权。公司的重大决策、管理者选择和收益分配等都以股东的股权为依据。

4. 具有法人资格

公司有独立的财产,有自己的名称和住所,具有法定的民事权利能力和民事行为能力。公司以其全部财产为限独立承担民事责任。

二、公司的分类

1. 以公司资本结构和股东对公司债务承担责任的方式为标准

(1) 有限责任公司,又称有限公司,是股东以其认缴的出资额为限对公司承担责任,公司以其全部财产对公司的债务承担责任的公司。

(2) 股份有限公司,又称股份公司,是公司将其全部资本分为等额股份,股东以其认购的股份为限对公司承担责任,公司以其全部财产对公司的债务承担责任的公司。

我国《公司法》规定:"公司是指依照本法在中国境内设立的有限责任公司和股份有限公司。"而在国外有些国家还存在"无限责任公司""两合公司""股份两合公司"等形式。

知识拓展

国外"无限责任公司""两合公司""股份两合公司"等公司形式概述。

(1) 无限责任公司,是由两个以上的股东组成,全体股东对公司的债务承担无限连带责任的公司。

(2) 两合公司,是由负无限责任的股东和负有限责任的股东组成,无限责任股东对公司债务负无限连带责任,有限责任股东仅就其认缴的出资额为限对公司债务承担责任的公司。其中,无限责任股东是公司的经营管理者,有限责任股东则是不参与经营管理的出资者。所谓"两合",是指无限责任股东与有限责任股东的结合,或指经营资本与管理劳务的结合。

(3) 股份两合公司,是由负无限责任的股东和负有限责任的股东组成,资本分为等额股份的公司。其股东承担法律责任情况与两合公司相同,区别在于公司资本的股份性。

2. 以公司的信用基础为标准

(1) 资合公司。它是指以资本的结合作为信用基础的公司。股东个人是否有财产、能力或信誉与公司无关。因此,资合公司须有健全的制度与法人治理机制。资合公司以股份有限公司为典型。

(2) 人合公司。它是指以股东个人的财力、能力和信誉作为信用基础的公司。公司财产及责任与股东的财产及责任没有完全分离,股东可以用劳务、信用和其他权利出资,企业的所有权和经营权一般也不分离,股东对公司债务承担无限连带责任。国外的无限责任公司就是典型的人合公司。

（3）资合兼人合公司。它是指同时以公司资本和股东个人信用作为公司信用基础的公司。其典型形式为国外的两合公司；在我国，有限责任公司也具有资合兼人合的性质。

3. 以公司组织关系为标准

（1）母公司和子公司。这是按公司外部组织关系所作的分类。在公司之间存在控股关系时，处于控股地位的是母公司，被控股的则是子公司。母公司和子公司都具有法人资格，在法律上是彼此独立的企业。

（2）总公司和分公司。这是按公司内部组织关系所作的分类。总公司称为本公司，是由股东投资单独设立，具有法人资格的公司。分公司是指由总公司申请设立，不具有法人资格，其法律后果由总公司承担的企业分支机构，并非真正意义上的公司。

4. 以公司国籍为标准

按公司国籍，可以将公司分为本国公司和外国公司。各国确定公司国籍的标准不尽相同。中国采用以公司注册登记地和设立依据法律地为结合的标准确定公司的国籍。

5. 以公司的组织机构和经营活动的国际地域范围为标准

按公司的组织机构和经营活动是否局限于一国，可以将公司分为国内公司和跨国公司。组织机构和经营活动局限于一国的为国内公司，组织机构和经营活动分布于多国的为跨国公司。跨国公司往往并不是一个单独的公司，而是一个由控制公司与设在其他各国的所属公司形成的国际公司集团。

在我国，由于现行的企业立法原因，除有依《公司法》设立的公司以外，还存在依原外资企业法设立的公司和依原国有企业法、集体企业法等法律、法规设立的名称中含有"公司"字样的企业，在学习和实践中应加以区别。

三、公司法立法概况

广义的公司法是指规定公司法律地位，调整公司组织关系，规范公司在设立、变更与终止过程中的组织行为的法律规范的总称。狭义的公司法仅指《公司法》。

《公司法》由第八届全国人民代表大会常务委员会第五次会议于1993年12月29日通过，自1994年7月1日起施行。此后，《公司法》于1999年、2004年、2006年进行了三次修订。最新《公司法》于2013年12月28日第十二届全国人民代表大会常务委员会第六次会议通过修订，并于2014年3月1日起施行。

四、公司法人财产权、股东权

1. 公司法人财产权

公司法人财产权是指公司拥有由股东投资形成的法人财产，并依法对财产行使占有、使用、收益、处分的权利。公司的财产虽然源于股东投资，但股东一旦将财产投入公司，便丧失对该财产的直接支配权利，只享有股权。因此，股东投资于公司的财产需要通过对资本的注册与股东的其他财产明确分立，不允许股东在公司成立后抽逃投资。

2. 股东权

公司股东将财产投入公司后，依法享有资产受益、参与重大决策和选择管理者等权利。具体包括：

（1）发给股票或其他股权证明请求权。

（2）股份转让权。
（3）股息红利分配请求权。
（4）股东会临时召集请求权或自行召集权。
（5）出席股东会并行使表决权。
（6）对公司财务的监督检查权。
（7）公司章程和股东大会记录的查阅权。
（8）优先认购新股权。
（9）公司剩余财产分配权。
（10）权利损害救济权。
（11）公司重整申请权。
（12）对公司经营的建议与质询权。

3. 股东义务

公司股东应当履行《公司法》和公司章程规定的下列义务：
（1）遵守公司章程。
（2）按期缴纳所认缴的出资。
（3）出资填补义务。
（4）不干涉公司正常经营的义务。
（5）在公司核准登记后，不得擅自抽回出资。
（6）参加股东会议的义务。
（7）特定情形下的表决权禁行义务等。

五、公司法人人格否认制度

公司的独立法律人格和公司股东的有限责任，是公司制度最基本的特征。但公司发展的历史表明，股东有限责任的绝对化，会导致股东滥用权利，采用转移公司财产、将公司财产与股东本人或其关联方的财产混同等手段，造成公司可用于履行债务的财产大量减少，从而严重损害公司债权人利益。为防止股东的滥用权利，《公司法》规定："公司股东滥用公司法人独立地位和股东有限责任，逃避债务，严重损害公司债权人利益的，应当对公司债务承担连带责任"。这一制度修正和补充了公司的有限责任原则。

第二节 有限责任公司

一、有限责任公司的概念与特征

有限责任公司，又称有限公司，是指由股东出资依法设立，股东以其出资额为限对公司承担责任，公司以其全部资产为限对公司的债务承担责任的企业法人。

有限责任公司具有以下特征：
（1）责任有限。公司的股东以其出资额对公司承担有限责任，公司以其全部资产对公司的债务承担有限责任。
（2）信用基础的资合兼人合性。在每个股东都必须实际出资的同时，股东之间的相互信任和良好关系也是有限责任公司成立的重要前提。

（3）股东人数有限。我国《公司法》规定股东人数为 50 人以下。

（4）股份转让受限。其股东向股东以外的人转让股份须得到其他股东的同意。

（5）经营状况有限公开。其设立程序和经营状况不必对全社会公开。

（6）设立条件、程序及公司机构设置简单、灵活。

二、有限责任公司的设立

（一）有限责任公司设立条件

1. 股东符合法定人数

有限责任公司由 50 个以下股东出资设立，允许设立一人公司。除国有独资公司外，公司股东可以是自然人，也可以是法人和其他组织。

2. 有符合公司章程规定的全体股东认缴的出资额

有限责任公司的注册资本为在公司登记机关登记的全体股东认缴的出资额。

法律、行政法规以及国务院决定对有限责任公司注册资本实缴、注册资本最低限额另有规定的，从其规定。

股东可以用货币出资，也可以用实物、知识产权、土地使用权等可以用货币估价并可以依法转让的非货币财产作价出资；但是，法律、行政法规规定不得作为出资的财产除外。

对作为出资的非货币财产应当评估作价，核实财产，不得高估或者低估作价。法律、行政法规对评估作价有规定的，从其规定。

股东应当按期足额缴纳公司章程中规定的各自所认缴的出资额。股东以货币出资的，应当将货币出资足额存入有限责任公司在银行开设的账户；以非货币财产出资的，应当依法办理其财产权的转移手续。股东不按规定缴纳出资的，除应当向公司足额缴纳外，还应当向其他股东承担违约责任。

股东认足公司章程规定的出资后，由全体股东指定的代表或者共同委托的代理人向公司登记机关报送公司登记申请书、公司章程等文件，申请设立登记。

有限责任公司成立后，发现作为设立公司出资的非货币财产的实际价额显著低于公司章程所定价额的，应当由交付该出资的股东补足其差额；公司设立时的其他股东承担连带责任。

3. 有股东共同制定的公司章程

公司章程是调整公司内部组织和行为的具有契约性的自治规则。设立有限责任公司必须由股东共同依法制定公司章程。股东应当在公司章程上签名、盖章。公司章程对公司、股东、董事、监事、高级管理人员具有约束力。

4. 有合法的公司名称和组织机构

公司名称应由公司类别、公司注册地域、所属行业或经营特点、商号四部分组成。

有限责任公司的组织机构通常包括股东会、董事会和监事会。

5. 有固定的公司住所和必要的生产经营条件

公司住所是指公司主要办事机构所在地。公司的生产经营场所和其他生产经营条件应当与其经营范围相适应。

> 知识拓展

有限责任公司章程应当载明下列事项：①公司名称和住所。②公司经营范围。③公司注册资本。④股东的姓名或名称。⑤股东的出资方式、出资额和出资时间。⑥公司的机构及其产生办法、职权、议事规则。⑦公司法定代表人。⑧股东会会议认为需要规定的其他事项。

（二）有限责任公司设立程序

（1）股东共同制定公司章程。
（2）申请公司名称预先核准。
（3）股东缴纳出资并验资。
（4）向登记机关提出设立申请。
（5）办理登记手续并领取营业执照。
（6）公告公司成立。
（7）向股东签发出资证明书。

> 知识拓展

申请设立有限责任公司，应当向公司登记机关（市场监督管理机关）提交下列文件：
（1）公司法定代表人签署的设立登记申请书。
（2）全体股东指定代表或共同委托代理人的证明。
（3）公司章程。
（4）验资证明。
（5）非货币财产出资的产权转移手续证明。
（6）股东的主体资格证明或自然人身份证明。
（7）载明公司董事、监事、经理的姓名、住所的文件以及有关委派、选举或聘用的证明。
（8）公司法定代表人任职文件和身份证明。
（9）企业名称预先核准通知书。
（10）公司住所证明。
（11）国家市场监督管理总局规定要求提交的其他文件。

三、有限责任公司组织机构

公司组织机构，是代表公司活动、行使法定职权的自然人或自然人组成的机关。有限责任公司的组织机构包括股东会、董事会、监事会及高级管理人员。

（一）股东会

1. 股东会的性质与组成

有限责任公司股东会是公司的权力机关，由全体股东组成。股东会不是公司的常设机构，仅以会议形式存在。

2. 股东会的职权

有限责任公司股东会行使下列职权：

（1）决定公司的经营方针和投资计划。
（2）选举和更换非由职工代表担任的董事、监事，决定有关董事、监事的报酬事项。
（3）审议批准董事会或执行董事的报告。
（4）审议批准监事会或监事的报告。
（5）审议批准公司的年度财务预算、决算方案。
（6）审议批准公司的利润分配和亏损弥补方案。
（7）对公司增加或减少注册资本作出决议。
（8）对发行公司债券作出决议。
（9）对公司合并、分立、变更公司形式、解散和清算等事项作出决议。
（10）修改公司章程。
（11）公司章程规定的其他职权。

3. 股东会会议的召开

股东会会议分为定期会议和临时会议。股东会定期会议应当按照公司章程的规定按时召开。代表 1/10 以上表决权的股东，1/3 以上的董事，监事会或不设监事会的公司的监事可以提议召开临时股东会会议。

首次股东会会议由出资最多的股东召集和主持。以后的股东会会议，公司设立董事会的，由董事会召集，董事长主持；董事长不能或不履行职务的，由副董事长主持；副董事长不能或不履行职务的，由半数以上董事共同推举一名董事主持。公司不设董事会的，股东会会议由执行董事召集和主持。董事会或执行董事不能或不履行召集股东会会议职责的，由监事会或不设监事会的公司的监事召集和主持；监事会或监事不召集和主持的，代表 1/10 以上表决权的股东可以自行召集和主持。

召开股东会会议，应当于会议召开 15 日以前通知全体股东，但公司章程另有规定或全体股东另有约定的除外。股东会应当将所议事项的决定做成会议记录，出席会议的股东应当在会议记录上签名。

4. 股东会决议

股东会会议作出决议时，由股东按照出资比例行使表决权，但公司章程另有规定的除外。股东会的议事方式和表决程序，除《公司法》有规定的外，由公司章程规定。股东会会议对一般事项作出决议，须经代表过半数表决权的股东通过。股东会会议作出修改公司章程，增加或减少注册资本的决议，以及公司合并、分立、解散或变更公司形式的决议，必须经代表 2/3 以上表决权的股东通过方可执行。

全体股东对职权内事项以书面形式一致表示同意的，可以不召开股东会会议，直接作出决定，并由全体股东在决定文件上签名、盖章。

（二）董事会

1. 董事会的性质与组成

董事会是有限责任公司的执行机关，享有业务执行权和日常经营的决策权。它是一般有限责任公司的必设机关和常设机关。股东人数较少或规模较小的有限责任公司可以设一名执行董事，不设董事会。

董事会由 3~13 名董事组成。两个以上的国有企业或其他国有投资主体投资设立的有限责任公司，其董事会成员中应当有公司职工代表；其他有限责任公司董事会成员中可以有公司职工代表。董事会中的职工代表由公司职工通过职工代表大会、职工大会或其他形式民主选举产生。董事会设董事长1人，可以设副董事长。董事长、副董事长的产生办法由公司章程规定。

董事任期由公司章程规定，但每届任期不得超过3年。董事任期届满，可以连选连任。董事任期届满未及时改选，或董事在任期内辞职导致董事会成员低于法定人数的，在改选出的董事就任前，原董事仍应当依照法律、行政法规和公司章程的规定，履行董事职务。

2. 董事会的职权

董事会对股东会负责，行使下列职权：

（1）召集股东会会议，并向股东会报告工作。
（2）执行股东会的决议。
（3）决定公司的经营计划和投资方案。
（4）制定公司的年度财务预算方案、决算方案。
（5）制定公司的利润分配方案和弥补亏损方案。
（6）制定公司增加或减少注册资本以及发行公司债券的方案。
（7）制定公司合并、分立、变更公司形式、解散的方案。
（8）决定公司内部管理机构的设置。
（9）决定聘任或解聘公司经理及其报酬事项，并根据经理的提名决定聘任或解聘公司副经理、财务负责人及其报酬事项。
（10）制定公司的基本管理制度。
（11）公司章程规定的其他职权。

3. 董事会会议的召开与表决

董事会会议由董事长召集和主持；董事长不能履行职务或不履行职务的，由副董事长召集和主持；副董事长不能履行职务或不履行职务的，由半数以上董事共同推举1名董事召集和主持。

董事会的议事方式和表决程序，除《公司法》有规定的外，由公司章程规定。董事会决议的表决，实行一人一票。董事会应当将所议事项的决定做成会议记录，出席会议的董事应当在会议记录上签名。

4. 经理

有限责任公司可以设经理，由董事会决定聘任或解聘。经理对董事会负责，行使下列职权：

（1）主持公司的生产经营管理工作，组织实施董事会决议。
（2）组织实施公司年度经营计划和投资方案。
（3）拟订公司内部管理机构设置方案。
（4）拟订公司的基本管理制度。
（5）制定公司的具体规章。
（6）提请聘任或解聘公司副经理、财务负责人。
（7）决定聘任或解聘除应由董事会决定聘任或解聘以外的负责管理人员。
（8）董事会授予的其他职权。

经理列席董事会会议。公司章程对经理职权另有规定的，从其规定。

（三）监事会

1. 监事会的性质与组成

监事会为规模较大的有限责任公司的常设监督机关，对股东会负责。

设立监事会，其成员不得少于3人。股东人数较少或规模较小的有限责任公司，可以设1~2名监事，不设立监事会。监事会应当包括股东代表和适当比例的公司职工代表，其中职工代表的比例不得低于1/3，具体比例由公司章程规定。监事会中的职工代表由公司职工通过职工代表大会、职工大会或者其他形式民主选举产生。监事会设主席1人，由全体监事过半数选举产生。监事会主席召集和主持监事会会议；监事会主席不能履行职务或不履行职务的，由半数以上监事共同推举一名监事召集和主持监事会会议。董事、高级管理人员不得兼任监事。

监事的任期每届为3年。监事任期届满，可以连选、连任。监事任期届满未及时改选，或监事在任期内辞职导致监事会成员低于法定人数的，在改选出的监事就任前，原监事仍应当依照法律、行政法规和公司章程的规定，履行监事职务。

2. 监事会的职权

监事会、不设监事会的公司的监事行使下列职权：

（1）检查公司财务。

（2）对董事、高级管理人员执行公司职务的行为进行监督，对违反法律、行政法规、公司章程或股东会决议的董事、高级管理人员提出罢免的建议。

（3）当董事、高级管理人员的行为损害公司的利益时，要求他们予以纠正。

（4）提议召开临时股东会会议，在董事会不履行《公司法》规定的召集和主持股东会会议职责时召集和主持股东会会议。

（5）向股东会会议提出提案。

（6）依照《公司法》第一百五十二条的规定，对董事、高级管理人员提起诉讼。

（7）公司章程规定的其他职权。

监事可以列席董事会会议，并对董事会决议事项提出质询或建议。监事会、不设监事会的公司的监事行使职权所必需的费用，由公司承担。

3. 监事会会议的召开

监事会每年度至少召开一次会议，监事可以提议召开临时监事会会议。监事会的议事方式和表决程序，除《公司法》有规定的外，由公司章程规定。监事会决议应当经半数以上监事通过。监事会应当将所议事项的决定做成会议记录，出席会议的监事应当在会议记录上签名。

四、一人有限责任公司的特别规定

一人有限责任公司，是指只有一个自然人股东或一个法人股东的有限责任公司。《公司法》对一人有限责任公司的设立和组织机构作了特殊规定，无特殊规定的，则适用对有限责任公司的一般规定。

（1）一个自然人只能投资设立一个一人有限责任公司，该一人有限责任公司不能投资设立新的一人有限责任公司。

（2）一人有限责任公司应当在每一会计年度终了时编制财务会计报告，并经会计师事务所审计。

(3) 一人有限责任公司的股东不能证明公司财产独立于股东自己财产的，应当对公司债务承担连带责任。

(4) 一人有限责任公司应当在公司登记中注明自然人独资或者法人独资，并在公司营业执照中载明。

(5) 一人有限责任公司不设股东会。法律规定的股东会职权由股东行使，当股东行使相应职权作出决定时，应当采用书面形式，并由股东签字后置备于公司。

五、国有独资公司的特别规定

国有独资公司，是指国家单独出资，由国务院或地方人民政府委托本级人民政府国有资产监督管理机构履行出资人职责的有限责任公司。《公司法》对国有独资公司作了特殊规定，无特殊规定的，则适用对有限责任公司的一般规定。

1. 国有独资公司的权力机关

国有独资公司不设股东会，由国有资产监督管理机构行使股东会职权。国有资产监督管理机构可以授权公司董事会行使股东会的部分职权，决定公司的重大事项，但公司的合并、分立、解散、增减注册资本和发行公司债券，必须由国有资产监督管理机构决定；其中，重要国有独资公司的合并、分立、解散、申请破产，应当由国有资产监督管理机构审核后，报本级人民政府批准。

2. 国有独资公司董事会

国有独资公司设立董事会，依照法律规定的有限责任公司董事会的职权和国有资产监督管理机构的授权行使职权。董事会成员中应当有公司职工代表。董事会成员由国有资产监督管理机构委派；但是，董事会成员中的职工代表由公司职工代表大会选举产生。董事会设董事长1人，可以设副董事长。董事长、副董事长由国有资产监督管理机构从董事会成员中指定。

国有独资公司设经理，由董事会聘任或解聘。经国有资产监督管理机构同意，董事会成员可以兼任经理。

国有独资公司的董事长、副董事长、董事、高级管理人员，未经国有资产监督管理机构同意，不得在其他有限责任公司、股份有限公司或其他经济组织兼职。

3. 国有独资公司监事会

国有独资公司监事会成员不得少于5人，其中职工代表的比例不得低于1/3，具体比例由公司章程规定。监事会成员由国有资产监督管理机构委派；但是，监事会中的职工代表由公司职工代表大会选举产生。

六、有限责任公司的股权转让

1. 对内转让规则

有限责任公司的股东之间可以相互转让其全部或部分股权。在转让部分股权的情况下，转让方仍保留股东身份。在转让全部股权的情况下，转让方丧失股东身份。因股东之间转让股权而导致公司只剩下一个股东时，公司仍可以继续存在，形式为一人有限公司。此时公司需符合《公司法》关于一人有限责任公司的有关规定。

2. 对外转让的规则

股东向股东以外的人转让股权，应当经其他股东过半数同意。股东应就其股权转让事项书面通知其他股东征求同意，其他股东自接到书面通知之日起满 30 日未答复的，视为同意转让。其他股东半数以上不同意转让的，不同意的股东应当购买该转让的股权；不购买的，视为同意转让。经股东同意转让的股权，在同等条件下，其他股东有优先购买权。公司章程对股权转让另有规定的，从其规定。

3. 强制执行程序中的股权转让

在因股权质押、担保等情形而导致人民法院依法采取强制执行措施而转让股东的股权时，人民法院应当通知公司和全体股东，其他股东在同等条件下享有优先购买权。其他股东自人民法院通知之日起满 20 日不行使优先购买权的，视为放弃优先购买权。

4. 异议股东的股权收购请求权

有下列情形之一的，对股东会决议事项投反对票的股东可以请求公司按照合理的价格收购其股权：

（1）公司连续 5 年不向股东分配利润，而公司该 5 年连续盈利，并且符合公司法规定的分配利润条件的。

（2）公司合并、分立、转让主要财产的。

（3）公司章程规定的营业期限届满或公司章程规定的其他解散事由出现，股东会会议通过决议修改公司章程使公司存续的。

自股东会会议决议通过之日起 60 日内，股东与公司不能就股权收购事宜达成一致的，则股东可以自股东会会议决议作出之日起 90 日内向人民法院提起诉讼。

第三节 股份有限公司

一、股份有限公司的概念与特征

股份有限公司，简称股份公司，是指公司全部资本划分为等额股份，股东以其所持股份为限对公司承担责任，公司以其全部资产对公司的债务承担责任的企业法人。

股份有限公司具有以下特征：

（1）股东人数的广泛性。公司法对股东人数没有规定上限。
（2）资本的股份性。公司全部资本划分为等额股份。
（3）责任的有限性。股东对公司、公司对公司的债务都只承担有限责任。
（4）信用基础的资合性。以资本的结合作为公司的信用基础。
（5）股份转让的自由性。股权的对内转让和对外转让皆不受限制。
（6）公司经营状况的公开性。股份有限公司的经营状况、财务状况应当向社会公开。

二、股份有限公司的设立

（一）股份有限公司设立条件

（1）发起人符合法定人数。设立股份有限公司，应当有 2 人以上 200 人以下的发起人，其中须有半数以上的发起人在中国境内有住所。发起人既可以是自然人也可以是法人或其他经济组织。股份有限公司发起人承担公司筹办事务。发起人应当签订发起人协议,明确各自在公司设立过程中的权利和义务。

(2) 有符合公司章程规定的全体发起人认购的股本总额或者募集的实收股本总额。股份有限公司采取发起设立方式设立的,注册资本为在公司登记机关登记的全体发起人认购的股本总额。在发起人认购的股份缴足前,不得向他人募集股份。股份有限公司采取募集方式设立的,注册资本为在公司登记机关登记的实收股本总额。法律、行政法规以及国务院决定对股份有限公司注册资本实缴、注册资本最低限额另有规定的,从其规定。股份有限公司发起人的出资方式与有限责任公司股东相同。

(3) 股份发行、筹办事项符合法律规定。

(4) 发起人制定公司章程,采用募集方式设立的须经创立大会通过。

(5) 有公司名称,建立符合股份有限公司要求的组织机构。

(6) 有公司住所。

知识拓展

股份有限公司章程应当载明下列事项:
(1) 公司名称和住所。
(2) 公司经营范围。
(3) 公司设立方式。
(4) 公司股份总数、每股金额和注册资本。
(5) 发起人的姓名或名称、认购的股份数、出资方式和出资时间。
(6) 董事会的组成、职权、任期和议事规则。
(7) 公司法定代表人。
(8) 监事会的组成、职权、任期和议事规则。
(9) 公司利润分配办法。
(10) 公司的解散事由与清算办法。
(11) 公司的通知和公告办法。
(12) 股东大会会议认为需要规定的其他事项。

(二) 股份有限公司设立程序

股份有限公司的设立,可以采取发起设立方式或募集设立方式。

1. 发起设立方式的设立程序

发起设立,是指由发起人认购公司应发行的全部股份而设立公司。发起设立股份有限公司的程序如下:

(1) 签订发起人协议,制定公司章程,申请公司名称预先核准。

(2) 发起人认购公司全部股份。发起人应当书面认足公司章程规定其认购的股份,并按照公司章程规定缴纳出资。以非货币财产出资的,应当依法办理其财产权的转移手续。

(3) 选举董事会和监事会。发起人认足公司章程规定的出资后,应当选举董事会和监事会。

(4) 申请设立登记。由董事会向公司登记机关报送公司章程以及法律、行政法规规定的其他文件，申请设立登记，领取营业执照，宣告公司成立。

2. 募集设立方式的设立程序

募集设立，是指由发起人认购公司应发行股份的一部分，其余股份向社会公开募集或向特定对象募集而设立公司。募集设立股份有限公司的程序如下：

（1）签订发起人协议，制定公司章程，申请公司名称预先核准。

（2）发起人认购股份。发起人认购的股份不得少于公司股份总数的35%；法律、行政法规对此另有规定的，从其规定。认购股份的股款缴足后，必须经依法设立的验资机构验资并出具证明。

（3）公告招股说明书与制作认股书。招股说明书应当载明下列事项：发起人认购的股份数；每股的票面金额和发行价格；无记名股票的发行总数；募集资金的用途；认股人的权利、义务；本次募股的起止期限及逾期未募足时认股人可以撤回所认股份的说明。

（4）签订承销协议和代收股款协议。发起人向社会公开募集股份，应当由依法设立的证券公司承销，签订承销协议，并应当同银行签订代收股款协议。

（5）验资并召开创立大会。发行股份的股款缴足后，必须经依法设立的验资机构验资并出具证明。发起人应当自股款缴足之日起30日内主持召开公司创立大会。创立大会由代表股份总数过半数的发起人、认股人出席方可举行。创立大会的职权包括：审议发起人关于公司筹办情况的报告；通过公司章程；选举董事会成员；选举监事会成员；对公司的设立费用进行审核；对发起人用于抵作股款的财产的作价进行审核等。

（6）设立登记。董事会应于创立大会结束后30日内，依法向公司登记机关申请设立登记，领取营业执照，公告公司成立。

知识拓展

申请设立股份有限公司，应当向公司登记机关提交下列文件：

（1）公司法定代表人签署的设立登记申请书。

（2）董事会指定代表或共同委托代理人的证明。

（3）公司章程。

（4）依法设立的验资机构出具的验资证明。

（5）发起人首次出资是非货币财产的，应当在公司设立登记时提交已办理其财产权转移手续的证明文件。

（6）发起人的主体资格证明或自然人身份证明。

（7）载明公司董事、监事、经理姓名、住所的文件以及有关委派、选举或聘用的证明。

（8）公司法定代表人任职文件和身份证明。

（9）企业名称预先核准通知书。

（10）公司住所证明。

（11）国家市场监督管理总局规定要求提交的其他文件。

以募集方式设立股份有限公司的，应当提交创立大会的会议记录；以募集方式设立股份有限公司公开发行股票的，还应当提交国务院证券监督管理机构的核准文件。法律、行政法规或国务院决定规定设立股份有限公司必须报经批准的，应当提交有关批准文件。

3. 股份有限公司发起人的责任

（1）股本抽回的限制。发起人、认股人出资后，除未按期募足股份、发起人未按期召开创立大会或创立大会决议不设立公司的情形外，不得抽回其股本。

（2）出资不实的责任。公司成立后，发起人未按照公司章程的规定缴足出资的或非货币财产出资的实际价额显著低于公司章程所定价额的，应当补缴，其他发起人承担连带责任。

（3）公司不能成立时，对设立行为所产生的债务和费用负连带责任；对认股人已缴纳的股款，负返还股款并加算银行同期存款利息的连带责任。在公司设立过程中，由于发起人的过失致使公司利益受到损害的，应当对公司承担赔偿责任。

三、股份有限公司的组织机构

（一）股东大会

1. 股东大会的性质与组成

股东大会是股份有限公司的权力机构，由全体股东组成。股东大会不是公司的常设机构，仅以会议形式存在。

2. 股东大会的职权

股份有限公司股东大会的职权与有限责任公司股东会的职权相同。

3. 股东大会的召开

股东大会分为年会与临时大会两种。股东大会年会应当每年召开一次。有下列情形之一的，应当在两个月内召开临时股东大会：

（1）董事人数不足《公司法》规定人数或公司章程所定人数的2/3时。

（2）公司未弥补的亏损达实收股本总额的1/3时。

（3）单独或合计持有公司10%以上股份的股东请求时。

（4）董事会认为必要时。

（5）监事会提议召开时。

（6）公司章程规定的其他情形。

股东大会会议由董事会召集，董事长主持；董事长不能履行职务或不履行职务的，由副董事长主持；副董事长不能履行职务或不履行职务的，由半数以上董事共同推举一名董事主持。董事会不能履行或不履行召集股东大会会议职责的，监事会应当及时召集和主持；监事会不召集和主持的，连续90日以上单独或合计持有公司10%以上股份的股东可以自行召集和主持。

召开股份有限公司的股东大会会议，应当将会议召开的时间、地点和审议的事项于会议召开20日前通知各股东；临时股东大会应当于会议召开15日前通知各股东；发行无记名股票的，应当于会议召开30日前公告会议召开的时间、地点和审议事项。

单独或合计持有公司3%以上股份的股东，可以在股东大会召开10日前提出临时提案并书面提交董事会；董事会应当在收到提案后2日内通知其他股东，并将该临时提案提交股东大会审议。临时提案的内容应当属于股东大会职权范围，并有明确议题和具体决议事项。股东大会不得对会议通知中未列明的事项作出决议。无记名股票持有人出席股东大会会议的，应当于会议召开5日前至股东大会闭会时将股票交存于公司。

4. 股东大会决议

股东出席股东大会会议，所持每一股份有一个表决权。股东可以委托代理人出席股东大会会议并在股东授权范围内行使表决权。但是，公司持有的本公司股份没有表决权。

股东大会决议的事项分为普通事项与特别事项两类。股东大会对普通事项作出决议，必须经出席会议的股东所持表决权的过半数通过。股东大会对修改公司章程，增加或减少注册资本，以及公司合并、分立、解散或变更公司形式的特别事项作出决议，必须经出席会议的股东所持表决权的 2/3 以上通过。

股东大会应当将所议事项的决定做成会议记录，主持人、出席会议的董事应当在会议记录上签名。会议记录应当与出席股东的签名册及代理出席的委托书一并保存。

5. 股东大会选举董事、监事的累积投票制

股东大会选举董事、监事，可以根据公司章程的规定或股东大会的决议，实行累积投票制。累积投票制，是指股东大会选举董事或监事时，每一股份拥有与应选董事或监事人数相同的表决权，股东拥有的表决权可以集中使用。累积投票制的实施有利于中小股东的代表进入公司管理层，以保护中小股东的利益。

（二）董事会

1. 董事会的性质与组成

股份有限公司董事会，是股份有限公司必设的执行机关。董事会由 5~19 名董事组成。董事会成员中可以有公司职工代表。其职工代表由公司职工通过职工代表大会、职工大会或其他形式民主选举产生。

董事会设董事长一人，可以设副董事长。董事长和副董事长由董事会以全体董事的过半数选举产生。董事长召集和主持董事会会议，检查董事会决议的实施情况。副董事长协助董事长工作。董事长不能履行职务或不履行职务的，由副董事长履行职务；副董事长不能履行职务或不履行职务的，由半数以上董事共同推举一名董事履行职务。

2. 董事会的职权

股份有限公司董事会的职权及董事的任期与有限责任公司相同。

3. 董事会会议召开

股份有限公司董事会会议分为定期会议和临时会议两种。董事会的定期会议每年度至少召开两次，每次会议应当于会议召开 10 日前通知全体董事和监事。代表 1/10 以上表决权的股东、1/3 以上董事或监事会，可以提议召开董事会临时会议。董事长应当自接到提议后 10 日内，召集和主持董事会会议。董事会召开临时会议，可以另定召集董事会的通知方式和通知时限。

董事会会议应有过半数的董事出席方可举行。董事会作出决议必须经全体董事的过半数通过。董事会决议的表决实行一人一票制。董事会会议应由董事本人出席，董事因故不能出席，可以书面委托其他董事代为出席，委托书中应载明授权范围。

董事会应当将会议所议事项的决定作成会议记录，出席会议的董事应当在会议记录上签名。董事应当对董事会的决议承担责任。董事会的决议违反法律、行政法规或公司章程、股东大会决议，致使公司遭受严重损失的，参与决议的董事对公司负赔偿责任。但经证明在表决时曾表明异议并记载于会议记录的，该董事可以免除责任。

4. 经理

股份有限公司设经理，由董事会决定聘任或解聘，股份有限公司经理的职权与有限责任公司经理相同。公司董事会可以决定由董事会成员兼任经理。

（三）监事会

1. 监事会的性质与组成

股份有限公司监事会，是股份有限公司必设的监督机关。其成员不得少于3人。监事会应当包括股东代表和公司职工代表，其中职工代表的比例不得低于1/3，具体比例由公司章程规定。监事会中的职工代表由公司职工通过职工代表大会、职工大会或其他形式民主选举产生。董事、高级管理人员不得兼任监事。

监事会设主席一人，可以设副主席。监事会主席和副主席由全体监事过半数选举产生。监事会主席召集和主持监事会会议；监事会主席不能履行职务或不履行职务的，由监事会副主席召集和主持监事会会议；监事会副主席不能履行职务或不履行职务的，由半数以上监事共同推举一名监事召集和主持监事会会议。

2. 监事会的职权

股份有限公司监事会的职权以及监事的任期与有限责任公司相同。监事会行使职权所必需的费用，由公司承担。

3. 监事会会议的召开

监事会每六个月至少召开一次会议。监事可以提议召开临时监事会会议。监事会的议事方式和表决程序，除法律有规定的外，由公司章程规定。监事会决议应当经半数以上监事通过。监事会应当将所议事项的决定做成会议记录，出席会议的监事应当在会议记录上签名。

股份有限公司应当定期向股东披露董事、监事、高级管理人员从公司获得报酬的情况。公司不得直接或通过子公司向董事、监事、高级管理人员提供借款。

（四）上市公司组织机构的特别规定

上市公司，是指所发行的股票经国务院证券监督管理部门批准在证券交易所上市交易的股份有限公司。《公司法》对上市公司组织机构与活动特别规定如下：

（1）增加股东大会特别决议事项。上市公司在一年内购买、出售重大资产或担保金额超过公司资产总额30%的，应当由股东大会作出决议，并经出席会议的股东所持表决权的2/3以上通过。

（2）上市公司设立独立董事，具体办法由国务院规定。所谓独立董事，是指独立于公司股东且不在公司担任除独立董事以外的其他职务，并与该公司、公司主要股东以及公司经营管理者没有重要的业务联系或专业联系，能够对公司事务做出独立判断的董事。上市公司设立独立董事，目的在于防止由于大股东及公司管理层的内部控制而损害公司的整体利益。

（3）上市公司设立董事会秘书，负责公司股东大会和董事会会议的筹备、文件保管以及公司股权管理，办理信息披露事务等事宜。

（4）增设关联关系董事的表决回避制度。上市公司董事与董事会会议决议事项所涉及的企业有关联关系的，不得对该项决议行使表决权，也不得代理其他董事行使表决权。该董事会会议由过半数的无关联关系董事出席即可举行，董事会会议所作决议须经无关联关系董事过半数通过。出席董事会的无关联关系董事人数不足3人的，应将该事项提交上市公司股东大会审议。

四、股份发行和转让

股份是指将股份有限公司的注册资本按同一标准划分为金额相等的资本份额单位。股份有限公司签发的证明股东所持股份的法定凭证为股票。

(一) 股份发行

1. 股份发行的原则

股份的发行，实行公平、公正的原则，相同种类的每一股份具有同等权利。同次发行的同种类股票，每股的发行条件和价格应当相同。任何单位或个人所认购的股份，每股应当支付相同价额。股票发行价格可以按票面金额，也可以超过票面金额，但不得低于票面金额。

2. 股份发行的基本要求

股份采取股票的表现形式。股票采用纸面形式或国务院证券监督管理机构规定的其他形式。目前我国上市公司股票的发行、交易均已通过计算机采用存储信息等无纸化方式进行。股票应当载明下列主要事项：

(1) 公司名称。

(2) 公司成立日期。

(3) 股票种类、票面金额及代表的股份数。

(4) 股票的编号。

股票由法定代表人签名，公司盖章。股份有限公司成立后，即向股东正式交付股票。公司成立前不得向股东交付股票。

公司向发起人、法人发行的股票应当为记名股票。对社会公众发行的股票，可以为记名股票，也可以为不记名股票。公司发行记名股票的，应当置备股东名册，记载下列事项：

(1) 股东的姓名、名称及住所。

(2) 各股东所持股份数。

(3) 各股东所持股票的编号。

(4) 各股东取得股份的日期。

发行无记名股票的，公司应当记载其股票数量、编号及发行日期。

公司发行新股，应依照公司章程的规定由股东大会或董事会对发行事项作出决议。经核准公开发行新股时，必须公告新股招股说明书和财务会计报告，并制作认股书。新股销售应当按募集发行方式进行。募足股款后，必须向公司登记机关办理变更登记，并公告。

《中华人民共和国证券法》（以下简称《证券法》）对股票发行的条件和程序另有具体规定。

(二) 股份转让

股东持有的股份可以依法转让。股份转让以自由转让为基本原则，同时还规定了如下法律限制：

1. 转让场所

股东转让其股份，应当在依法设立的证券交易场所进行或按照国务院规定的其他方式进行。上市公司的股票，依照有关法律、行政法规及证券交易所交易规则上市交易。

2. 记名股票、无记名股票的转让

记名股票，由股东以背书方式或法律、行政法规规定的其他方式转让；转让后由公司将受让人的姓名或名称及住所记载于股东名册。记名股票被盗、遗失或灭失，股东可以在请求人民法院宣告该股票失效后，向公司申请补发股票。

无记名股票的转让，由股东将该股票交付给受让人后即发生转让的效力。

3. 特定持有人的股份转让

《公司法》规定，发起人持有的本公司股份，自公司成立之日起 1 年内不得转让。公司公开发行股份前已发行的股份，自公司股票在证券交易所上市交易之日起 1 年内不得转让。公司董事、监事、高级管理人员应当向公司申报所持有的本公司的股份及其变动情况，在任职期间每年转让的股份不得超过其所持有本公司股份总数的 25%；所持本公司股份自公司股票上市交易之日起 1 年内不得转让。上述人员离职后半年内，不得转让其所持有的本公司股份。

4. 本公司股份收购与质押

公司不得收购本公司股份，但有下列情形之一的除外：

（1）减少公司注册资本。

（2）与持有本公司股份的其他公司合并。

（3）将股份奖励给本公司职工。

（4）股东因对股东大会作出的公司合并、分立决议持异议，要求公司收购其股份的。

公司收购本公司股份奖励给本公司职工的，不得超过本公司已发行股份总额的 5%，所收购的股份应当在 1 年内转让给职工。为防止变相违规收购本公司股份，公司不得接受本公司的股票作为质押权的标的。

我国《证券法》对股票的交易另有具体规定。

第四节　公司董事、监事、高级管理人员的资格和义务

一、公司董事、监事、高级管理人员的资格

公司董事、监事、高级管理人员是公司的实际经营管理者，在公司中具有法定的职权，对公司的绩效和发展有着重要的影响。为保证其具有正确履行职责的能力与条件，《公司法》对其任职资格作必要的限制性规定。高级管理人员，是指公司的经理、副经理、财务负责人、上市公司董事会秘书和公司章程规定的其他人员。

有下列情形之一的，不得担任公司的董事、监事、高级管理人员：

（1）无民事行为能力或限制民事行为能力。

（2）因贪污、贿赂、侵占财产、挪用财产或破坏社会主义市场经济秩序，被判处刑罚，执行期满未逾 5 年，或因犯罪被剥夺政治权利，执行期满未逾 5 年。

（3）担任破产清算的公司、企业的董事或厂长、经理，对该公司、企业的破产负有个人责任的，自该公司、企业破产清算完结之日起未逾 3 年。

（4）担任因违法被吊销营业执照、责令关闭的公司、企业的法定代表人，并负有个人责任的，自该公司、企业被吊销营业执照之日起未逾 3 年。

（5）个人所负数额较大的债务到期未清偿。

公司违反上述规定选举、委派董事、监事或聘任高级管理人员的，该选举、委派或聘任无效。公司董事、监事、高级管理人员在任职期间出现上述情形的，公司应当解除其职务。

二、公司董事、监事、高级管理人员的义务与责任

公司董事、监事、高级管理人员应当遵守法律、行政法规和公司章程，对公司负有忠实义务和勤勉义务。公司董事、监事、高级管理人员不得利用职权收受贿赂或其他非法收入，不得侵占公司的财产。

《公司法》规定，公司董事、高级管理人员不得有下列行为：

（1）挪用公司资金。

（2）将公司资金以其个人名义或以其他个人名义开立账户存储。

（3）违反公司章程的规定，未经股东会、股东大会或董事会同意，将公司资金借贷给他人或者以公司财产为他人提供担保。

（4）违反公司章程的规定或未经股东会、股东大会同意，与本公司订立合同或进行交易。

（5）未经股东会或者股东大会同意，利用职务便利为自己或他人谋取属于公司的商业机会，自营或为他人经营与所任职公司同类的业务。

（6）接受他人与公司交易的佣金归为己有。

（7）擅自披露公司秘密。

（8）违反对公司忠实义务的其他行为。公司董事、高级管理人员违反上述规定所得的收入应当归公司所有。

公司董事、监事、高级管理人员执行公司职务时违反法律、行政法规或公司章程的规定，给公司造成损失的，应当承担赔偿责任。

公司股东会或股东大会要求董事、监事、高级管理人员列席会议的，董事、监事、高级管理人员应当列席并接受股东的质询。董事、高级管理人员应当如实向公司监事会或不设监事会的有限责任公司的监事提供有关情况和资料，不得妨碍监事会或监事行使职权。

三、股东诉讼制度

（一）股东代表诉讼

股东代表诉讼又称股东间接诉讼、股东代位诉讼，是指当发生公司董事、监事、高级管理人员或他人违反法律、行政法规或公司章程的行为给公司造成损失的情形，而公司却怠于通过起诉向该违法行为人请求损害赔偿时，公司的股东即以自己的名义代替公司提起诉讼，而所获赔偿归于公司的一种诉讼形式。股东代表诉讼的目的是保护公司利益和股东的共同利益，而非个别股东的利益。

提起股东代表诉讼必须符合下列条件：

（1）股东代表必须在侵权行为发生时和进行诉讼时具备并一直保有有限责任公司的股东身份，或股份有限公司连续180日以上单独或合计持有公司1%以上股份的股东身份。

（2）股东代表在提起诉讼前应先向公司监事会或董事会提出由公司提起诉讼的申请，在申请被拒绝或自收到请求之日起30日内未提起诉讼以及情况紧急、不立即提起诉讼将会使公司利益受到更大损害的情况下，才可以自己提起诉讼。

（二）股东直接诉讼

股东直接诉讼，是指股东为自己的利益，以自己的名义对公司或其他侵害人提起的诉讼。当董事、高级管理人员违反法律、行政法规或公司章程的规定，损害股东利益时，股东可以自己的名义直接向人民法院提起诉讼。

第五节 公司债券和公司财务会计

一、公司债券

1. 公司债券的概念

公司债券是指公司依照法定程序发行，约定在一定期限还本付息的有价证券。根据《公司法》的规定，公司债券的发行主体为股份有限公司、国有独资公司和两个以上的国有投资主体投资设立的有限责任公司。其他企业、有限责任公司均不得发行公司债券。

2. 公司债券的特征

发行公司债券与股份有限公司发行股票都是公司筹集生产经营资金的手段，但二者有着不同的法律特征：

（1）公司的发行目的不同。发行债券是公司为满足中、短期资金需要而形成的公司负债，需要在一定期限内偿还本息。发行股票则是股份公司为满足长期资金需要而形成或增加了的公司资本金，且无须偿还。

（2）投资者的权利不同。公司债券的持有人是公司的债权人，无权参与公司的经营决策。而股票的持有人则是公司的股东，享有公司重大决策参与权等股东权利。

（3）投资者的收益不同。债券有规定的利率，可获得固定的利息。而股票的股利分配不固定，一般视公司的经营情况而定。

（4）两者的风险不同。从投资者的角度来看，持有公司债券可预期收回固定的本息，风险较小。而持有公司股票，不但股利分配不固定，其本金市值的升降也会受证券市场不确定因素的影响而有着不可控性，风险较大。

3. 可转换公司债券

为了让投资者在公司债券投资和股票投资之间增加可选择性，《公司法》规定上市公司可以发行可转换公司债券。可转换公司债券是指在一定条件下可以转换成股票的公司债券。可转换公司债券一经转换成股票，持有者的债权人资格即丧失，而取得公司股东资格。同时，上市公司相应的负债也就转换为公司股本。发行可转换公司债券，应经上市公司股东大会决议通过，并在公司债券募集办法中规定具体的转换办法。同时应当报国务院证券监督管理机构核准。凡在发行债券时未作出转换约定的，均为不可转换公司债券。

4. 记名公司债券和无记名公司债券

公司债券又分为记名公司债券和无记名公司债券。记名公司债券是指在公司债券上记载债权人姓名或名称的债券；无记名公司债券是指在公司债券上不记载债权人姓名或名称的债券。记名公司债券，由债券持有人以背书方式或法律、行政法规规定的其他方式转让；无记名公司债券的转让，由债券持有人将该债券交付给受让人后即发生转让的效力。记名公司债券遗失或灭失，股东可以在请求人民法院宣告该公司债券失效后，向公司申请补发公司债券。

我国《证券法》对公司债券的发行条件、发行程序以及交易规则另有具体规定。

二、公司财务会计

（一）公司财务会计报告及其他会计资料

1. 公司应当依法编制财务会计报告

公司应当在每一会计年度终了时编制财务会计报告，公司财务会计报告应当依照《会计法》《企业财务会计报告条例》等法律、行政法规和国务院财政部门的规定制作，并依法经会计师事务所审计。公司财务会计报告主要包括会计报表、会计报表附注、财务情况说明书。其中，会计报表主要包括：

（1）资产负债表。

（2）损益表。

（3）财务状况变动表。

（4）财务情况说明书。

（5）利润分配表。

2. 公司应当依法披露有关财务、会计资料

有限责任公司应当按照公司章程规定的期限将财务会计报告送交各股东。股份有限公司的财务会计报告应当在召开股东大会年会的 20 日前置备于本公司，供股东查阅；公开发行股票的股份有限公司必须公告其财务会计报告。

3. 公司应当依法聘用会计师事务所对财务会计报告审查验证

公司聘用、解聘承办公司审计业务的会计师事务所，依照公司章程的规定，由股东会、股东大会或董事会决定。公司股东会、股东大会或董事会就解聘会计师事务所进行表决时，应当允许会计师事务所陈述意见。公司应当向聘用的会计师事务所提供真实、完整的会计凭证、会计账簿、财务会计报告及其他会计资料，不得拒绝、隐匿、谎报。

4. 公司除法定的会计账簿外，不得另立会计账簿

对公司资产，不得以任何个人名义开立账户存储。

（二）公司利润分配

公司利润是指公司在一定时期（一个会计年度）内从事生产经营活动的财务成果，包括营业利润、投资净收益以及营业外收支净额。

公司应当按照如下顺序进行利润分配：

（1）弥补以前年度的亏损，但不得超过税法规定的弥补期限。

（2）缴纳所得税。

（3）弥补在税前利润弥补亏损之后仍存在的亏损。

（4）提取法定公积金。

（5）提取任意公积金。

（6）向股东分配利润。

公司弥补亏损和提取公积金后所余税后利润，有限责任公司按照股东实缴的出资比例分配，但全体股东约定不按照出资比例分配的除外；股份有限公司按照股东持有的股份比例分配,但股份有限公司章程规定不按持股比例分配的除外。

公司股东会、股东大会或董事会违反规定,在公司弥补亏损和提取法定公积金之前向股东分配利润的,股东必须将违反规定分配的利润退还公司。公司持有的本公司股份不得分配利润。

(三)公积金

公积金是公司在资本之外所保留的资金金额,又称为附加资本或准备金。公积金分为盈余公积金和资本公积金两类。

盈余公积金是从公司税后利润中提取的公积金,分为法定公积金和任意公积金两种。法定公积金按照公司税后利润的10%提取,当公司法定公积金累计额为公司注册资本的50%以上时可以不再提取。公司的法定公积金不足以弥补以前年度亏损的,在依照规定提取法定公积金之前,应当先用当年利润弥补亏损。任意公积金按照公司股东会或股东大会决议,从公司税后利润中提取。

资本公积金是直接由资本原因形成的公积金,股份有限公司以超过股票票面金额的发行价格发行股份所得的溢价款以及国务院财政部门规定列入资本公积金的其他收入(如法定财产重估增值、接受捐赠的资产价值等),应当列为公司资本公积金。

公积金应当按照规定的用途使用,其用途主要如下:

1. 弥补公司亏损

公司的亏损按照国家税法规定可以用缴纳所得税前的利润弥补,超过用所得税前利润弥补期限仍未补足的亏损,可以用公司税后利润弥补;发生特大亏损,税后利润仍不足弥补的,可以用公司的公积金弥补。但是,资本公积金不得用于弥补公司的亏损。

2. 扩大公司生产经营

公司可以根据生产经营的需要,用公积金来扩大生产经营规模。

3. 转增公司资本

公司为了实现增加资本,可以将公积金的一部分转为资本。用法定盈余公积金转增注册资本时,转增后所留存的该项公积金不得少于转增前公司注册资本的25%。

第六节 公司合并、分立与注册资本变更

一、公司合并

(一)公司合并的形式

公司合并是指两个或两个以上的公司依照法定程序不经清算程序合为一个公司的法律行为。其形式有两种:

(1)吸收合并。它是指一个公司吸收其他公司加入本公司,被吸收的公司解散。

(2)新设合并。它是指两个以上公司合并设立一个新的公司,合并各方解散。

(二)公司合并的程序

(1)合并各方分别作出合并决议。有限责任公司由股东会就公司合并作出决议,并经

代表 2/3 以上表决权的股东通过；股份有限公司由股东大会就公司合并作出合并决议，并经出席会议的股东所持表决权的 2/3 以上通过。

（2）签订合并协议。公司合并，应当由合并各方签订合并协议。合并协议应当包括以下主要内容：

①合并各方的名称、住所。
②合并后存续公司或新设公司的名称、住所。
③合并各方的债权债务处理办法。
④合并各方的资产状况及其处理办法。
⑤存续公司或新设公司因合并而增资所发行的股份总额、种类和数量。
⑥合并各方认为需要载明的其他事项。

（3）编制资产负债表及财产清单。

（4）通知债权人并公告。公司应当自作出合并决议之日起 10 日内通知债权人，并于 30 日内在报纸上公告。债权人自接到通知书之日起 30 日内，未接到通知书的自公告之日起 45 日内，可以要求公司清偿债务或提供相应的担保。

（5）依法进行登记。公司合并，应当自公告之日起 45 日后依法向公司登记机关办理变更登记或设立登记。

（三）公司合并各方的债权、债务

公司合并时，合并各方的债权、债务，应当由合并后存续的公司或新设的公司继承。

二、公司分立

（一）公司分立的形式

公司分立是指一个公司依法分为两个以上的公司的法律行为。公司分立的形式有两种：
（1）派生分立。它是指公司以其部分财产另设一个或数个新的公司，原公司存续。
（2）新设分立。它是指公司以其全部财产分别设立两个以上的新公司，原公司解散。

（二）公司分立的程序

公司分立的程序与公司合并的程序基本一样，要由分立各方分别做出分立决议，签订分立协议，编制资产负债表及财产清单，通知债权人并公告，按债权人要求清偿债务或提供担保，办理工商变更登记或设立登记等。

（三）公司分立前的债务

公司分立前的债务由分立后的公司承担连带责任。但是，公司在分立前与债权人就债务清偿达成书面协议另有约定的除外。

三、公司注册资本的变更

（一）公司注册资本的减少

公司需要减少注册资本时，首先应由股东会或股东大会作出减少注册资本的决议，编制资产负债表及财产清单，然后自作出决议之日起 10 日内通知债权人，并于 30 日内在报纸上公告。债权人自接到通知书之日起 30 日内，未接到通知书的自公告之日起 45 日内，有权要求公司清偿债务或者提供相应的担保。最后应当依法向公司登记机关办理变更登记。

(二) 公司注册资本的增加

公司需要增加注册资本时，首先应由股东会或股东大会作出决议，有限责任公司增加注册资本时，股东认缴新增资本的出资，依照设立有限责任公司缴纳出资的有关规定执行。股份有限公司为增加注册资本发行新股时，股东认购新股，依照设立股份有限公司缴纳股款的有关规定执行。公司增加注册资本，应当依法向公司登记机关办理变更登记。

第七节 公司解散和清算

一、公司解散的原因

公司解散是指公司因一定的法律事实而使公司法律主体资格消灭的法律行为。
公司主要因下列情形解散：
(1) 公司章程规定的营业期限届满或公司章程规定的其他解散事由出现。
(2) 股东会或股东大会决议解散。
(3) 因公司合并或分立需要解散。
(4) 依法被吊销营业执照、责令关闭或被撤销。
(5) 人民法院依法予以解散的情形。

所谓人民法院依法予以解散的情形，主要是指公司经营管理发生严重困难，继续存续会使股东利益受到重大损失，通过其他途径不能解决的，持有公司全部股东表决权10%以上的股东，可以请求人民法院解散公司。

在公司章程规定的营业期限届满或其他解散事由出现时，可以通过股东会或股东大会作出特别决议修改公司章程而使公司存续。

二、公司解散时的清算

公司清算是指在公司解散过程中，清理公司全部财产，偿还公司全部债务的法律行为。

公司解散时，除因公司合并、分立不需要清算以及公司被依法宣告破产应依照企业破产法进行破产清算外，其余解散情形都应当依法进行清算。清算程序如下：

1. 成立清算组

公司应当在解散事由出现之日起15日内成立清算组，开始清算。有限责任公司的清算组由股东组成，股份有限公司的清算组由董事或股东大会确定的人员组成。逾期不成立清算组进行清算的，债权人可以申请人民法院指定有关人员组成清算组进行清算。清算组在清算期间代表公司进行一系列民事活动，全权处理公司未了结的业务和民事诉讼事务。

2. 通知、公告债权人，并登记债权

清算组应当自成立之日起10日内通知债权人，并于60日内在报纸上公告。债权人应当自接到通知书之日起30日内，未接到通知书的自公告之日起45日内，向清算组申报其债权，清算组应当对债权进行登记。

3. 清理公司财产，制订清算方案

在编制资产负债表和财产清单的基础上，制定清算方案，并报股东会、股东大会或人民法院确认。如果发现公司财产不足清偿债务的，应当立即停止清算，依法向人民法院申请宣告破产。

4. 清偿公司债务

公司财产在支付清算费用后，应按下列顺序清偿公司债务：

（1）公司职工的工资、社会保险费用和法定补偿金。

（2）缴纳所欠税款。

（3）企业普通债务。

公司财产在未按上述规定清偿前，不得分配给股东。

5. 分配剩余财产

清偿公司债务后的剩余财产，有限责任公司按照股东的出资比例分配，股份有限公司按照股东持有的股份比例分配。

6. 公告公司终止

公司清算结束后，清算组应当制作清算报告，报股东会、股东大会或人民法院确认，并报送公司登记机关，申请注销公司登记，公告公司终止。

习 题

一、单项选择题

1. 下列选项中，不属于有限责任公司特征的是（   ）。

   A. 公司责任有限   B. 股东人数有限

   C. 股份转让受限   D. 经营状况公开

2. 设立有限责任公司，股东法定人数应为（   ）。

   A. 2~50 人   B. 50 人以下   C. 200 人以下   D. 2~200 人

3. 根据《公司法》的规定，下列各项中，属于有限责任公司董事会行使的职权是（   ）。

   A. 决定减少注册资本   B. 聘任或解聘公司经理

   C. 聘任或解聘公司董事   D. 修改公司章程

4. 下列关于一人有限责任公司的表述中，不符合公司法律制度规定的是（   ）。

   A. 股东只能是一个自然人

   B. 一个自然人只能投资设立一个一人有限责任公司

   C. 财务会计报告应当经会计师事务所审计

   D. 股东不能证明公司财产独立于自己财产的，应当对公司债务承担连带责任

5. 某有限责任公司召开股东会，决议与其他公司进行合并，该决议必须经（   ）。

   A. 代表 1/2 以上表决权的股东同意

   B. 代表 2/3 以上表决权的股东同意

   C. 出席会议的股东所持表决权的 2/3 以上同意

   D. 出席会议的股东一致同意

6. 下列关于有限责任公司董事会的表述中，错误的选项是（   ）。

A. 董事会由 3～13 名董事组成

B. 董事长、副董事长的产生办法由公司章程规定

C. 董事任期每届不得超过 4 年，不得连选以连任

D. 董事会决议的表决，实行一人一票制

7. 根据《公司法》的规定，下列关于股份有限公司发起人转让持有的本公司股份限制的表述中，正确的是（ ）。

A. 自公司成立之日起 1 年内不得转让

B. 自公司成立之日起 2 年内不得转让

C. 自公司成立之日起 3 年内不得转让

D. 自公司成立之日起 5 年内不得转让

8. 根据《公司法》的规定，股份有限公司股东大会所作的下列决议中，须经出席会议的股东所持表决权的过半数通过的有（ ）。

A. 公司合并、分立决议

B. 公司增减注册资本决议

C. 修改公司章程决议

D. 选举董事、监事的决议

二、多项选择题

1. 我国《公司法》规定的公司形式有（ ）。

A. 有限责任公司　　　　　　　B. 股份有限公司

C. 无限责任公司　　　　　　　D. 两合公司

2. 根据《公司法》规定，公司股东依法享有的权利包括（ ）。

A. 资产受益权　　　　　　　　B. 重大决策参与权

C. 管理者选择权　　　　　　　D. 生产经营管理权

3. 下列选项中，符合国有独资公司特别规定的有（ ）。

A. 国有独资公司不设股东大会，由国有资产监督管理机构行使股东会职权

B. 董事会成员由国有资产监督管理机构委派

C. 董事长、副董事长由董事会选举产生

D. 国有独资公司监事会成员不得少于 5 人

4. 股份有限公司应当在两个月内召开临时股东大会的情形包括（ ）。

A. 董事人数不足《公司法》规定人数或者公司章程所定人数的 2/3 时

B. 公司未弥补的亏损达实收股本总额的 1/3 时

C. 单独或者合计持有公司 10% 以上股份的股东请求时

D. 董事会认为必要时或监事会提议召开时

5. 甲股份有限公司拟成立监事会。按照《公司法》规定，下列不能担任监事的是( )。

A. 公司董事长李某　　　　　　B. 公司聘任的副经理刘某

C. 公司聘任的财务负责人王某　D. 公司工会主席陈某

6. 下列关于股份有限公司董事会会议召开的情形中，符合法律规定的有（ ）。

A. 董事会会议应有过半数的董事出席方可举行

B. 董事会作出决议必须经全体董事的过半数通过
C. 董事会作出决议必须经出席会议的董事过半数通过
D. 董事会决议的表决实行一人一票制

7. 《公司法》关于上市公司组织机构的特别规定包括（　　）。
A. 增加股东大会特别决议事项
B. 上市公司设立独立董事
C. 上市公司设立董事会秘书
D. 增设关联关系董事的表决回避制度

8. 根据《公司法》规定，公司解散的原因主要包括（　　）。
A. 公司章程规定的营业期限届满或者公司章程规定的其他解散事由出现
B. 股东会或者股东大会决议解散
C. 因公司合并或者分立需要解散
D. 依法被吊销营业执照、责令关闭或者被撤销

三、判断题

1. 有限责任公司由两个以上50个以下的股东出资设立。（　　）
2. 有限责任公司的股东会，是公司的监督机构。（　　）
3. 非国有的有限责任公司的监事会可以不设职工代表。（　　）
4. 国有独资公司不设股东会，由董事会行使股东会职权。（　　）
5. 股份有限公司股东大会的职权与有限责任公司股东会的职权相同。（　　）
6. 股份有限公司单独或者合计持有公司1%以上股份的股东，可以在股东大会召开10日前提出临时提案。（　　）
7. 股份有限公司董事会由3至13名董事组成。（　　）
8. 由于股份有限公司的经理由董事会聘任或解聘，因而董事会的成员不得兼任经理。（　　）
9. 公司分立前的债务由分立后的公司承担连带责任，但是公司在分立前与债权人就债务清偿达成书面协议另有约定的可以除外。（　　）
10. 公司不得接受本公司的股票作为抵押权的标的。（　　）

四、案例分析题

1. 甲、乙、丙、丁共同出资建立一饮料生产企业A有限责任公司，注册资本200万元。其中，甲以货币60万元出资；乙以厂房出资，经评估作价70万元；丙以机器设备出资，经评估作价50万元；丁由于有生产管理的经验，以劳务出资，经全体出资人同意作价20万元。公司拟不设董事会，由甲任执行董事；不设监事会，由丙担任公司监事。A有限责任公司成立后经营一直不景气，欠B银行贷款100万元无力偿还。经股东会决议，在没有告知B银行的情况下，决定把A有限责任公司盈利的保健品车间分立出去，另成立了有法人资格的C保健品有限责任公司。半年后，A公司由于严重亏损，无法清偿到期债务，遂向人民法院申请破产。试分析回答：

（1）A有限责任公司设立时，各股东的出资是否符合我国公司法的规定？
（2）A有限责任公司的机构设置是否符合我国公司法的规定？

（3）A 有限责任公司设立 C 公司的行为在公司法上属于什么性质的行为？设立后，A 有限责任公司原有的债权债务应如何承担？

（4）B 银行应如何追讨 A 有限责任公司所欠的 100 万元贷款？为什么？

2. 甲股份有限公司董事会由 11 名董事组成。2014 年 3 月 10 日，公司董事长王某召集并主持召开董事会会议，出席会议的董事共 8 名，另外 3 名董事请假。董事会会议讨论的下列事项经表决有 6 名董事同意而通过：

（1）鉴于董事会工作任务加重，决定给每位董事会成员加薪 20%。

（2）鉴于公司总经理刘某对公司的突出贡献，决定给刘某加薪 30%。

（3）鉴于监事会成员中职工代表李某长期生病，决定由职工张某取代李某加入监事会。

（4）决定将公司财务科升格为财务部。

试分析回答：

（1）甲公司董事会会议的召开和表决程序是否符合法律规定？试说明理由。

（2）甲公司董事会通过的各事项是否符合法律规定？试分别说明理由。

第四章

企业破产法

案 例

庞大帝国的崩塌和重建：通用汽车

通用汽车破产案是美国历史上第四大破产案例。

成立于1908年的通用汽车是美国人的骄傲之一，是无数金融经济教科书的成功教学案例。通用汽车集团旗下品牌生产的车型包括我们熟知的雪佛兰、别克、凯迪拉克和GMC，还有庞蒂亚克（Pontiac）、悍马（Hummer）、土星（Saturn）和萨博（Saab），超跑雪佛兰科尔维特、"小肌肉车"Pony Car科迈罗、乡村人最爱的雪佛兰索罗德（Silverado）、庞蒂亚克火鸟等，通用的经典车型不胜枚举。通用汽车甚至为美国太空总署设计制造了月球车Lunar Rover，是目前唯一在外星球奔跑过的载人车辆。通用几乎就是美国汽车设计、制造和科技的象征。

然而，在2009年，美国人创造的这个巨型汽车帝国轰然倒塌。

在破产前的最后几年，通用汽车的亏损非常严重。通用汽车破产前的2009年4月美国的汽车销量已经同比下跌37%，然而通用汽车的跌幅为45%，情况非常严重。

大家也许会问：通用汽车现在不活得好好的吗？怎么就还破产过？那是因为通用汽车获得了美国财政部的救助从而实现了破产重组"复活"。

由于通用汽车体量非常巨大，如果通用汽车彻底破产，对美国经济和社会产生的影响和损失将无法估量，美国政府无法袖手旁观，于是美国财政部注资330亿美元用于新通用公司重组程序。在美国政府不惜血本的挽救通用汽车后，新的通用汽车公司在2009年7月10日完成重组"复活"。

第一节 企业破产法概述

一、破产的概念和特征

破产是指在债务人不能清偿到期债务，并且资产不足以清偿全部债务或明显缺乏清偿能力的情况下，由法院主持强制执行其全部财产，公平清偿全体债权人的法律制度。

破产制度
 企业破产法
 企业破产法的案例

破产具有以下特征：

1. 破产以不能清偿到期债务为前提

只有在债务人的债务到期后，债务人的资产不足以清偿全部债务或明显缺乏清偿能力的情况下，才能对债务人实施破产程序。

2. 破产以实现债务清偿、保护债权人合法权益为目的

在债务人不能清偿到期债务的情况下，继续现有状态，必然会加重对债权人利益的损害。只有通过破产程序，以现有财产及时清偿债务，才能最大限度地保护债权人的合法权益。

3. 破产是公平清偿全部债务的程序

在债务人的资产不足以清偿全部债务的情况下，如果进行个别清偿，就会造成其他债权人不能获得清偿的不公平现象。因此，破产是为全体债权人的共同利益，按一定的顺序和比例将债务人所有财产公平、合理地分配给债权人的制度。

4. 破产是清偿债务的特殊手段

破产是在人民法院主持下，将债务人的所有财产全部用于清偿的法律手段。债务人失去全部财产，将直接导致其主体资格的消灭。因此，破产又是一种企业优胜劣汰的机制，以保证社会市场经济秩序的正常运行。

二、我国破产法立法概况

破产法有广义与狭义之分。广义的破产法是指所有关于破产的法律、法规、行政规章、司法解释以及其他立法中的调整破产关系的法律规范的总称。在我国狭义的破产法特指《中华人民共和国企业破产法》，该法由破产清算制度与挽救债务人的和解、重整制度两方面的内容构成。1986年12月2日，第六届全国人民代表大会常务委员会第十八次会议通过了《中华人民共和国企业破产法（试行）》。该法适用于全民所有制企业。1991年4月9日，第七届全国人民代表大会第四次会议通过的《中华人民共和国民事诉讼法》规定所有法人型企业均被纳入破产法的调整体系。1994年10月25日国务院发布《关于在若干城市试行国有企业破产有关问题的通知》，规定国有破产企业的所有财产包括担保物均可优先清偿职工债权与职工安置费用，由此形成政策性破产制度。2006年8月27日，第十届全国人民代表大会常务委员会第二十三次会议通过了《中华人民共和国企业破产法》（以下简称《企业破产法》），自2007年6月1日起施行，旧破产法同时废止。

中华人民共和国
企业破产法
（2006年）

三、破产法的适用范围

（一）我国破产法的主体适用范围

我国《企业破产法》适用所有的企业法人。企业法人以外的组织（主要是合伙企业、农民专业合作社等)的清算,属于破产清算的,参照适用本法规定的程序。另外,最高人民法院规定,资不抵债的民办学校的清算,参照适用《企业破产法》规定的程序进行。

(二) 我国破产法的地域适用范围

我国《企业破产法》规定:"依照本法开始的破产程序,对债务人在中国领域外的财产发生效力。对外国法院作出的发生法律效力的破产案件的判决、裁定,涉及债务人在中国领域内的财产,申请或请求人民法院承认和执行的,人民法院依照我国缔结或参加的国际条约,或按照互惠原则进行审查,认为不违反我国法律的基本原则,不损害国家主权、安全和社会公共利益,不损害我国领域内债权人的合法权益的,裁定承认和执行。"

第二节 破产的申请和受理

一、破产原因

破产原因是指债务人存在的依法能够对其申请破产和宣告其破产的原因或事实根据,又称为破产界限。我国《企业破产法》规定:"企业法人不能清偿到期债务,并且资产不足以清偿全部债务或明显缺乏清偿能力的,依照本法规定清理债务。"因此,破产原因可以分为以下两种情况:

破产流程图

无锡尚德太阳能电力有限公司破产重整案

(1) 债务人不能清偿到期债务,并且资产不足以清偿全部债务。主要适用于债务人提出破产申请,且其资不抵债情况经审查属实。

(2) 债务人不能清偿到期债务,并且明显缺乏清偿能力。主要适用于债权人提出破产申请,或债务人提出破产申请但其资不抵债状况通过审查不易判断。当债务人经人民法院强制执行仍不能清偿,即可认定债务人明显缺乏清偿能力,法院应当依法受理破产案件。也就是说,只要债务人不能清偿到期债务,无须考虑资不抵债问题,债权人就可以向人民法院提出破产申请。

二、破产申请

破产申请是破产申请人请求法院受理破产案件的意思表示。申请人对债务人提起破产清算以及和解或重整都属于破产申请。破产申请只是破产程序开始的条件,只有法院受理才是破产程序开始的标志。

(一) 破产申请的主体

破产申请的主体有三种:

(1) 债权人。

(2) 债务人。

(3) 负有清算责任的人。

所谓负有清算责任的人申请,是指企业法人已解散但尚未清算完毕,负有清算责任的人当发现其资产不足以清偿债务时,应当向人民法院申请破产清算。

当事人向人民法院提出破产申请,应当提交破产申请书和有关证据。破产申请书应当载明下列事项:

（1）申请人、被申请人的基本情况。
（2）申请目的，即破产清算或和解、重整。
（3）申请的事实和理由。
（4）人民法院认为应当载明的其他事项。

债权人提出申请的，应当提交有关债权数额、有无财产担保以及债务人不能清偿到期债务的有关证据；债务人提出申请的，应当提交财产状况说明、债务清册、债权清册、有关财务会计报告、职工安置预案以及职工工资的支付和社会保险费用的缴纳情况。

（二）破产案件的管辖

企业破产案件由债务人住所地人民法院管辖。债务人住所地是指债务人的主要办事机构所在地，债务人主要办事机构不明确的，由其注册地人民法院管辖。基层人民法院一般管辖县、县级市或区的市场监督管理机关核准登记企业的破产案件；中级人民法院一般管辖地区、地级市及其以上的市场监督管理机关核准登记企业的破产案件；纳入国家计划调整的企业、金融机构、上市公司破产案件或具有重大影响、法律关系复杂的破产案件，由中级人民法院管辖。

三、破产申请的受理

（一）破产申请的受理程序

破产案件的受理又称立案，是指人民法院在收到破产案件申请后，认为申请符合法定条件而予以接受，并由此开始破产程序的司法行为。

债权人提出破产申请的，人民法院应当自收到申请之日起5日内通知债务人。债务人对申请有异议的，应当自收到人民法院的通知之日起7日内向人民法院提出。人民法院应当自异议期满之日起10日内对破产申请进行审查，裁定是否受理。债务人或负有清算责任的人提出破产申请的，人民法院应当自收到破产申请之日起15日内裁定是否受理。

人民法院受理破产申请的，应当自裁定作出之日起5日内送达申请人。债权人提出申请的，人民法院应当自裁定作出之日起5日内送达债务人。债务人应当自裁定送达之日起15日内，向人民法院提交财产状况说明、债务清册、债权清册、有关财务会计报告以及职工工资的支付和社会保险费用的缴纳情况。

人民法院裁定不受理破产申请的，应当自裁定作出之日起5日内送达申请人并说明理由。申请人对裁定不服的，可以自裁定送达之日起10日内向上一级人民法院提起上诉。人民法院受理破产申请后至破产宣告前，经审查发现债务人不符合破产界限的，可以裁定驳回申请。申请人对裁定不服的，可以自裁定送达之日起10日内向上一级人民法院提起上诉。

人民法院裁定受理破产申请的，应当同时指定管理人。并在裁定受理破产申请之日起25日内通知已知债权人，并予以公告。通知和公告应当载明下列事项：

（1）申请人、被申请人的名称或姓名。
（2）人民法院受理破产申请的时间。
（3）申报债权的期限、地点和注意事项。
（4）管理人的名称或姓名及其处理事务的地址。
（5）债务人的债务人或财产持有人应当向管理人清偿债务或交付财产的要求。
（6）第一次债权人会议召开的时间和地点。

(7) 人民法院认为应当通知和公告的其他事项。

（二）破产受理的法律后果

1. 由管理人接管债务人企业

为了实现债务人财产的及时保全，防止债务人在破产案件审理期间转移、私分或浪费企业财产，或隐匿、销毁、篡改企业账目，法院裁定受理破产申请的，应当同时指定管理人接管债务人企业。

2. 债务人及其有关人员的义务的产生

自人民法院受理破产申请的裁定送达债务人之日起，债务人及有关人员承担下列义务：

(1) 妥善保管其占有和管理的财产、印章和账簿、文书等资料。
(2) 根据人民法院、管理人的要求进行工作，并如实回答询问。
(3) 列席债权人会议并如实回答债权人的询问。
(4) 未经人民法院许可，不得离开住所地。
(5) 不得新任其他企业的董事、监事、高级管理人员。

有关人员是指其法定代表人以及法院确定的财务管理人员和其他管理人员。

3. 禁止个别清偿

法院受理破产申请后，债务人对个别债权人的债务清偿无效。接受清偿的债权人负有返还因该清偿所得财产利益的义务。

4. 向管理人清偿债务或者交付财产

法院受理破产申请后，债务人的债务人或财产持有人应当向管理人清偿债务或交付财产，如故意向债务人清偿债务或交付财产，使债权人受到损失的，不免除其清偿债务或交付财产的义务。

5. 待履行合同的处理

法院受理破产申请后，管理人对破产申请受理前成立而债务人和对方当事人均未履行完毕的合同有权决定解除或继续履行，以保障债权人权益的最大化。

6. 保全解除和执行中止

人民法院受理破产申请后，有关债务人财产的保全措施应当解除，执行程序应当中止。已经开始而尚未终结的有关债务人的民事诉讼或仲裁应当中止。在管理人接管债务人的财产后，该诉讼或仲裁继续进行。有关债务人的民事诉讼，只能向受理破产申请的人民法院提起。

第三节　破产管理人

破产管理人

一、破产管理人的概念

破产管理人，是人民法院依法受理破产申请时指定的接管债务人企业并负责其财产的保管、清理、估价、处理和分配，总管破产事务的专门机构。

人民法院依法受理破产申请后，债务人企业的权利能力和行为能力受到限制，因而不能继续其经营管理事务，而债权人之间又存在利益冲突而不宜直接介入其经营管理。因此，有必要设立独立于债权人会议、法院、债务人之外的中立的专门机构来执行破产程序和企业财产事务管理，这种专门机构就是破产管理人。

二、破产管理人的产生、组成和资格

管理人由人民法院裁定受理破产申请时同时指定。债权人会议认为管理人不能依法公正地执行职务或有其他不能胜任职务情形的，可以申请人民法院予以更换。管理人没有正当理由不得辞去职务。管理人依法履行职责的同时理应获得相应的报酬，其标准由人民法院确定。债权人会议对管理人的报酬有异议的，有权向人民法院提出。

管理人可以由有关部门、机构的人员组成的清算组或依法设立的律师事务所、会计事务所、破产清算事务所等社会中介机构担任。对于事实清楚、债权债务关系简单、债务人财产相对集中的企业破产案件，人民法院可以指定有关社会中介机构中的律师、注册会计师等个人为管理人。

有下列情形之一的，不得担任管理人：
（1）因故意犯罪受过刑事处罚。
（2）曾被吊销相关专业执业证书。
（3）与本案有利害关系。
（4）人民法院认为不宜担任管理人的其他情形。

三、破产管理人的职责

管理人依法执行职务，向人民法院报告工作，并参加债权人会议和接受债权人委员会的监督。管理人应当列席债权人会议，向债权人会议报告职务执行情况，并接受询问。

管理人依法执行职务，向人民法院报告工作，参加债权人会议和接受债权人委员会的监督，并具体履行下列职责：
（1）接管债务人的财产、印章和账簿、文书等资料。
（2）调查债务人财产状况，制作财产状况报告。
（3）决定债务人的内部管理事务。
（4）决定债务人的日常开支和其他必要开支。
（5）在第一次债权人会议召开之前，决定继续或停止债务人的营业。
（6）管理和处分债务人财产。
（7）代表债务人参加诉讼、仲裁或其他法律程序。
（8）提议召开债权人会议。
（9）人民法院认为管理人应当履行的其他职责。

第四节　债务人财产

一、债务人财产的概念

债务人财产是指破产申请受理时属于债务人的全部财产，以及破产申请受理后至破产申请程序终结前债务人取得的财产。债务人财产在破产宣告后即称为破产财产。

管理人接管债务人企业后，对债务人财产应当予以妥善管理和保护，对债务人财产受到的各种非法侵害应依法予以补救，以尽量保护债权人的合法权益。

二、债务人财产的保护

（一）撤销权

撤销权是指管理人对债务人在破产案件受理前的法定期间内进行的欺诈逃债或损害公平清偿的行为，有申请法院撤销该行为，并追回财产的权利。

（1）人民法院受理破产申请前1年内，涉及债务人财产的下列行为，管理人有权请求人民法院予以撤销：

①无偿转让财产的。
②以明显不合理的价格进行交易的。
③对没有财产担保的债务提供财产担保的。
④对未到期的债务提前清偿的。
⑤放弃债权的。

（2）人民法院受理破产申请前6个月内，债务人具备破产界限情形时，仍对个别债权人（无财产担保债权人）进行清偿的，管理人有权请求人民法院予以撤销。但是，个别清偿使债务人财产受益的除外。

（二）否认权

否认权是指管理人对债务人在破产宣告前一定期限内恶意处分其财产，损害破产债权人利益的无效行为进行否认的权利。涉及债务人财产的下列行为无效：

（1）为逃避债务而隐匿、转移财产的。
（2）虚构债务或承认不真实的债务的。

（三）追回权

（1）人民法院受理破产申请后，债务人的出资人尚未完全履行出资义务的，管理人应当要求该出资人缴纳所认缴的出资，而不受出资期限是否到达的限制。

（2）债务人的董事、监事和高级管理人员利用职权从企业获取的非正常收入和侵占的企业财产，管理人应当追回。

（3）管理人可以通过清偿债务或为债权人提供担保，收回质物、留置物。

（4）债务人的合法债权以及他人持有的债务人财产应当由管理人如数收回，而不受合同期限的限制。

三、取回权与抵销权

（一）取回权

取回权是指人民法院受理破产申请后，债务人占有的不属于债务人的他人财产，该财产的权利人具有可以不依破产程序而直接向管理人请求取回的权利。

管理人接管的债务人财产中，由债务人基于承揽、租赁、委托、加工等合同或无因管理等原因占有的他人财产，允许财产所有人依照一定程序将其财产取回。权利人在取回财产时，存在相应对待给付义务的，应向管理人交付加工、保管等费用。

人民法院受理破产申请时，出卖人已将买卖标的物向作为买受人的债务人发运，债务人尚未收到且未付清全部价款的，出卖人可以取回在运途中的标的物。但是，管理人也可以支付全部价款，请求出卖人交付标的物。

（二）抵销权

抵销权是指债权人在破产申请受理前对破产债务人负有债务的，无论是否已到清偿期限，无论债务标的、给付种类是否相同，均可在破产清算前向管理人主张相互抵销的权利。

由于破产抵销权具有优先权的性质，能够使破产债权人得到优于清算分配的清偿结果，所以，可能被破产债权人利用从而逃避自己应对破产人履行的债务。为了维护全体债权人的共同利益，破产法规定，有下列情形之一的不得抵销：

(1) 债务人的债务人在破产申请受理之后取得他人对债务人的债权的。这是指破产申请受理后，第三人将其对破产企业的债权转让给破产企业的债务人，使破产企业的债务人同时也成为企业的债权人。

(2) 债权人已知债务人不能清偿到期债务或破产申请的事实，对债务人负担债务的；但是，债权人因为法律规定或有破产申请1年前所发生的原因而负担债务的除外。如债权人通过购买债务人的财产造成负债，再用该项债务抵销不能获得完全清偿的破产债权。

(3) 债务人的债务人已知债务人有不能清偿到期债务或破产申请的事实，对债务人取得债权的；但是，债务人的债务人因为法律规定或有破产申请1年前所发生的原因而取得债权的除外。

四、别除权

别除权是对债务人的特定财产享有担保权的债权人，在债务人宣告破产后，可以从担保物中优先受偿的权利。我国《企业破产法》虽未直接使用"别除权"这一概念，但是规定："对破产人的特定财产享有财产担保的权利人，对该特定财产享有优先受偿的权利。"在破产程序中可享有优先受偿权的担保物权有抵押权、质权和留置权等。行使优先受偿权利未能完全受偿的，其未受偿的债权作为普通债权。放弃优先受偿权利的，其债权作为普通债权。

各国立法对别除权有不同规定。我国《企业破产法》规定，别除权人享有破产申请权，在人民法院受理破产申请后也应当申报债权才能取得破产债权人资格；享有别除权的债权属于破产债权，其担保物属于破产财产；破产人所欠职工的工资和医疗、伤残补助、抚恤费用，所欠的应当划入职工个人账户的基本养老保险、基本医疗保险费用，以及法律、行政法规规定应当支付给职工的补偿金，按照规定的清偿顺序清偿后不足以清偿的部分，以设有别除权的特定财产先于别除权人受偿。

五、破产费用和共益债务

（一）破产费用的概念和内容

破产费用是在破产程序中为了全体破产债权人的共同利益发生的，应优先从破产财产中支付的费用。人民法院受理破产申请后发生的下列费用为破产费用：

(1) 破产案件的诉讼费用。
(2) 管理、变价和分配债务人财产的费用。
(3) 管理人执行职务的费用、报酬和聘用工作人员的费用。

（二）共益债务的概念和内容

共益债务是在破产程序中，管理人为全体债权人的共同利益，因债务人和债务人财产所负担或产生的应以债务人财产优先清偿的债务。

人民法院受理破产申请后发生的下列债务，为共益债务：

（1）因管理人或债务人请求对方当事人履行双方均未履行完毕的合同所产生的债务。

（2）债务人财产受无因管理所产生的债务。无因管理是指没有法定的或约定的义务，为避免他人利益受损失进行管理或服务的行为。无因管理人有权要求受益人支付必要的费用，债务人作为受益人因此承担债务。

（3）因债务人不当得利所产生的债务。不当得利是指没有合法的根据而取得利益，并因此造成他人损失的行为。债务人作为不当得利人，应将不当得利返还受损失的人。

（4）为债务人继续营业而应支付的劳动报酬和社会保险费用以及由此产生的其他债务。

（5）管理人或相关人员执行职务致人损害所产生的债务。这是指管理人及其相关人员在执行职务过程中因为过错或无过错而造成他人人身或财产损害。但事后可以按照过错程度追究行为人的相关责任。

（6）债务人财产致人损害所产生的债务。这是指债务人财产有缺陷给消费者或他人造成的财产损失或人身伤害，应就该损害承担相应的赔偿责任。

（三）破产费用和共益债务的清偿

破产费用和共益债务由债务人财产随时清偿，但是优先受偿的范围仅限于债务人的无担保财产。债务人财产不足以清偿所有破产费用和共益债务的，先行清偿破产费用。债务人财产不足以清偿所有破产费用或共益债务的，按照比例清偿。债务人财产不足以清偿破产费用的，管理人应当提请人民法院终结破产程序。

第五节　破产债权

一、破产债权的概念

破产债权是指人民法院受理破产申请时对债务人享有的，经依法申报确认，应由破产财产予以清偿的债权。债权人在法定期限内申报债权并经合法确认即取得破产债权，因而享有参加债权人会议、参加破产财产分配等权利。

二、破产债权的申报

（一）破产债权申报的期限

人民法院受理破产申请后，应当确定债权人申报债权的期限。债权人应当在人民法院确定的债权申报期限内向管理人申报债权，否则视为放弃债权。债权申报期限自人民法院发布受理破产申请公告之日起计算，最短不得少于30日，最长不得超过3个月，具体期限由人民法院确定。在人民法院确定的债权申报期限内，债权人未申报债权的，可以在破产财产最后分配前补充申报。但是，此前已进行的分配，不再对其补充分配。其审查和确认补充申报债权的费用，由补充申报人承担。

（二）破产债权申报的规则

（1）未到期的债权，在破产申请受理时视为到期。附利息的债权自破产申请受理时起停止计息。

（2）附条件、附期限的债权和诉讼、仲裁未决的债权，债权人可以申报。

（3）债务人所欠职工的工资和医疗、伤残补助、抚恤费用，所欠的应当划入职工个人账户的基本养老保险、基本医疗保险费用，以及法律、行政法规规定应当支付给职工的补偿金，不必申报，由管理人调查后列出清单并予以公示。

（4）债权人申报债权时，应当书面说明债权的数额和有无财产担保，并提交有关证据。申报的债权是连带债权的，应当说明。

（5）连带债权人可以由其中一人代表全体连带债权人申报债权，也可以共同申报债权。

（6）债务人的保证人或其他连带债务人已经代替债务人清偿债务的，以其对债务人的求偿权申报债权；债务人的保证人或其他连带债务人尚未代替债务人清偿债务的，以其对债务人的将来求偿权申报债权。但是，债权人已经向管理人申报全部债权的除外。

（7）连带债务人数人被裁定适用《企业破产法》规定的程序的，其债权人有权就全部债权分别在各破产案件中申报债权。

（8）管理人或债务人依照《企业破产法》规定解除合同的，对方当事人以因合同解除所产生的损害赔偿请求权申报债权。

（9）债务人是委托合同的委托人，被裁定适用《企业破产法》规定的程序，受托人不知该事实，继续处理委托事务的，受托人以由此产生的请求权申报债权。

（10）债务人是票据的出票人，被裁定适用《企业破产法》规定的程序，该票据的付款人继续付款或承兑的，付款人以由此产生的请求权申报债权。

管理人收到债权申报材料后，应当登记造册，对申报的债权进行审查，并编制债权表。债权表应当提交第一次债权人会议核查。债权表和债权申报材料由管理人保存，供利害关系人查阅。债务人、债权人对债权表记载的债权无异议的，由人民法院裁定确认。债务人、债权人对债权表记载的债权有异议的，可以向受理破产申请的人民法院提起诉讼。

三、破产债权的确认

管理人收到债权申报材料后，应当登记造册。对申报的债权进行审查，并编制债权表。债权表和债权申报材料由管理人保存，供利害关系人查阅。

管理人依法编制的债权表，应当提交第一次债权人会议核查。经核查后，管理人、债务人、其他债权人等对债权无异议的，由人民法院裁定确认，其确认具有与生效判决同等的法律效力。管理人、债务人、债权人对债权表记载的债权有异议的，可以向受理破产申请的人民法院提起诉讼。

第六节　债权人会议

一、债权人会议的概念

债权人会议是人民法院受理破产案件后，由依法申报债权的全体破产债权人组成，协调各债权人之间的关系，维护全体债权人共同利益，参与讨论决定有关破产事宜，表达债权人意志的议事机构。

债权人会议依召集会议的方式进行活动，虽属于法定必设机关，但不是常设的机构，而是临时性决议机关，本身无执行功能，其所作出的相关决议一般由管理人负责执行。

二、债权人会议的组成

依法申报债权的债权人为债权人会议的成员，有权参加债权人会议，享有表决权。债权尚未确定的债权人，除人民法院能够为其行使表决权而临时确定债权额的外，不得行使表决权。对债务人的特定财产享有担保权的债权人，未放弃优先受偿权利的，对通过和解协议和破产财产的分配方案的事项不享有表决权。

债权人可以自己出席会议，也可以委托代理人出席债权人会议，行使表决权。代理人出席债权人会议，应当向人民法院或债权人会议主席提交债权人的授权委托书。

债权人会议应当有债务人的职工和工会的代表参加，对有关事项发表意见。因职工债权人处于最优先的清偿地位，破产程序的进行一般不影响其实际利益，因此，除通过可能会影响其清偿利益的重整计划等决议外，债务人的职工和工会的代表在债权人会议上没有表决权。

管理人、债务人的法定代表人、经人民法院决定的财务管理人员和其他经营管理人员也应当列席债权人会议。

三、债权人会议的职权

债权人会议行使下列职权：

（1）核查债权。
（2）申请人民法院更换管理人，审查管理人的费用和报酬。
（3）监督管理人。
（4）选任和更换债权人委员会成员。
（5）决定继续或停止债务人的营业。
（6）通过重整计划。
（7）通过和解协议。
（8）通过债务人财产的管理方案。
（9）通过破产财产的变价方案。
（10）通过破产财产的分配方案。
（11）人民法院认为应当由债权人会议行使的其他职权。

四、债权人会议的召开和决议方式

债权人会议设主席一人，由人民法院在有表决权的债权人中指定。债权人会议主席依法行使职权，负责债权人会议的召集、主持等工作。

第一次债权人会议由人民法院召集，自债权申报期限届满之日起15日内召开。以后的债权人会议，在人民法院认为必要时，或管理人、债权人委员会、占债权总额1/4以上的债权人向债权人会议主席提议时召开。召开债权人会议，管理人应当提前15日通知已知的债权人。

债权人会议的决议，由出席会议的有表决权的债权人过半数通过，并且其所代表的债权额占无财产担保债权总额的1/2以上。但法律对会议通过和解协议与重整计划的决议另有更严格规定的除外。债权人会议的决议，对于全体表决债权人均有约束力。

五、债权人委员会

（一）债权人委员会的概念与组成

债权人委员会是遵循债权人集体意志，负责管理人活动以及破产程序的日常监督，处理债权人会议授权事项的常设机构。由于债权人会议在其闭会的期间无法行使权利和履行职责，所以对于债权人较多、破产事务复杂的破产程序有必要设置债权人委员会。

债权人委员会由债权人会议选任的债权人代表和1名债务人的职工代表或工会代表组成，其成员不得超过9人。债权人代表是由债权人会议中享有表决权的债权人表决选任和撤换的。选任的债权人委员会成员应当经人民法院书面决定认可。

（二）债权人委员会的职权

债权人委员会行使下列职权：

（1）监督债务人财产的管理和处分。

（2）监督破产财产的管理和分配。

（3）提议召开债权人会议。

（4）债权人会议委托的其他职权。

债权人委员会执行职务时，有权要求管理人、债务人的有关人员对其职权范围内的事务作出说明或提供有关文件。管理人、债务人的有关人员违反规定拒绝接受监督的，债权人委员会有权就监督事项请求人民法院作出决定。

为保障债权人委员会能够及时了解破产程序进行的有关信息，行使监督权力，破产法还规定，管理人实施的下列行为，应当及时向债权人委员会报告：

（1）涉及土地、房屋等不动产权益的转让。

（2）探矿权、采矿权、知识产权等财产权的转让。

（3）全部库存或营业的转让。

（4）借款。

（5）设定财产担保。

（6）债权和有价证券的转让。

（7）履行债务人和对方当事人均未履行完毕的合同。

（8）放弃权利。

（9）担保物的取回。

（10）对债权人利益有重大影响的其他财产处分行为。

未设立债权人委员会的，管理人在实施上述行为时，应当及时报告人民法院。

第七节 重　　整

一、重整的概念

重整是指对具有破产原因的债务人，不立即进行破产清算，而是在法院的主持下，与债权人就债务调整与营业整顿等达成协议，通过重整计划的制订和执行，使债务人继续营业以求避免破产的法律制度。

染病企业怎么救？
破产重整有妙用！

"新天泽系"关联
企业破产重整案

重庆钢铁股份有限
公司破产重整案

重整制度的目的在于对经营陷入困境、濒临破产，但又有挽救可能的企业进行生产经营上的整顿和债权债务关系上的清理与调整，以期濒危企业摆脱困境，重获经营能力，进而保护投资者和债权人的利益，以维护社会经济秩序的健康与稳定。我国重整制度的适用范围为企业法人。但由于其程序复杂、费用高、耗时长，实践中主要适用于大型企业。中小型企业则往往采用更为简化的和解程序。

二、重整申请和重整期间

（一）重整申请

《企业破产法》规定："债务人或债权人可以依照本法规定，直接向人民法院申请对债务人进行重整。债权人申请对债务人进行破产清算的，在人民法院受理破产申请后、宣告债务人破产前，债务人或出资额占债务人注册资本 1/10 以上的出资人，可以向人民法院申请重整。"关于重整申请的情形，其一是指只要债务人具有破产原因，即使没有破产申请，债务人或债权人都可以直接进行重整申请。其二是指债权人对债务人提出破产申请的，在法定期间内，应由债务人或其出资人进行重整申请。

人民法院经审查认定重整申请符合规定的，应当裁定债务人重整，并予以公告。

（二）重整期间

重整期间是自人民法院裁定债务人重整之日起至重整程序终止时的期间。所谓重整程序终止，指重整计划草案得到通过和批准，或未能得到通过或不予批准的时间界限。即重整期间作为司法程序不包括重整计划得到批准后的执行期间。

在重整期间，债务人的财产管理和营业事务执行，可以由债务人或管理人负责。经债务人申请，人民法院批准，债务人可以在管理人的监督下自行管理财产和营业事务，管理人应当向债务人移交财产和营业事务，而只行使监督权。管理人负责管理财产和营业事务的，可以聘任债务人的经营管理人员负责营业事务。

在重整期间，对债务人的特定财产享有的担保权暂停行使。但是，担保物有损坏或价值明显减少的可能，足以危害担保权人权利的，担保权人可以向人民法院请求恢复行使担保权。债务人或管理人为继续营业而借款的，可以为该借款设定担保；债务人合法占有的他人财产，该财产的权利人在重整期间要求取回的，应当符合事先约定的条件；债务人的出资人不得请求投资收益分配。在重整期间，债务人的董事、监事、高级管理人员不得向第三人转让其持有的债务人的股权，但是，经人民法院同意的除外。

在重整期间，有下列情形之一的，经管理人或利害关系人请求，人民法院应当裁定终止重整程序，并宣告债务人破产：

（1）债务人的经营状况和财产状况继续恶化，缺乏挽救的可能性。
（2）债务人有欺诈、恶意减少债务人财产或其他显著不利于债权人的行为。
（3）由于债务人的行为致使管理人无法执行职务。

三、重整计划的制订、通过和批准

（一）重整计划的制订

重整计划是在重整程序中，由债务人或管理人拟订，须经债权人会议表决通过和法院批准的,关于债务人企业的营业整顿和债务调整的全面安排方案。

重整期间,债务人自行管理财产和营业事务的,由债务人制订重整计划草案;管理人负责管理财产和营业事务的,由管理人制作重整计划草案。重整计划草案应当包括下列内容:

(1) 债务人的经营方案。
(2) 债权分类。
(3) 债权调整方案。
(4) 债权受偿方案。
(5) 重整计划的执行期限。
(6) 重整计划执行的监督期限。
(7) 有利于债务人重整的其他方案。

债务人或管理人应当自人民法院裁定债务人重整之日起 6 个月内,同时向人民法院和债权人会议提交重整计划草案。期限届满,经债务人或管理人请求,有正当理由的,人民法院可以裁定延期 3 个月。未按期提出重整计划草案的,人民法院应当裁定终止重整程序,并宣告债务人破产。

(二) 重整计划的通过

重整计划草案应由债权人会议进行分组表决通过。债权人参加讨论重整计划草案的债权人会议,依照下列债权分类,分组对重整计划草案进行表决:

(1) 对债务人的特定财产享有担保权的债权。
(2) 债务人所欠职工的工资和医疗、伤残补助、抚恤费用,所欠的应当划入职工个人账户的基本养老保险、基本医疗保险费用,以及法律、行政法规规定应当支付给职工的补偿金。
(3) 债务人所欠税款。
(4) 普通债权。

人民法院在必要时可以决定在普通债权组中设小额债权组对重整计划草案进行表决。债务人的出资人代表可以列席讨论重整计划草案的债权人会议。重整计划草案涉及出资人权益调整事项的,应当设出资人组,对该事项进行表决。出资人组只按照出资比例行使表决权。

人民法院应当自收到重整计划草案之日起 30 日内召开债权人会议,对重整计划草案进行表决。出席会议的同一表决组的债权人过半数同意重整计划草案,并且其所代表的债权额占该组债权总额的 2/3 以上的,即该组通过重整计划草案。各表决组均通过重整计划草案时,重整计划即为通过。

(三) 重整计划的批准

自重整计划通过之日起 10 日内,债务人或管理人应当向人民法院提出批准重整计划的申请。人民法院经审查认为符合规定的,应当自收到申请之日起 30 日内裁定批准,终止重整程序,并予以公告。

部分表决组未通过重整计划草案的,债务人或管理人可以同未通过重整计划草案的表决组协商。该表决组可以在协商后再表决一次。双方协商的结果不得损害其他表决组的利益。未通过重整计划草案的表决组拒绝再次表决或再次表决仍未通过重整计划草案,但重整计划草案符合法定条件的,债务人或管理人可以申请人民法院强制批准重整计划草案。人民法院经审查认定重整计划草案对各表决组的权益清偿与调整方案公平、公正,债务人的经营方案具有可行性，并符合各项法律规定的，应当自收到申请之日起 30 日内裁定批准，终止重整程序，并予以公告。

重整计划草案未获得通过且未依照法律规定获得人民法院的强制批准，或已通过的重整计划未获得批准的，人民法院应当裁定终止重整程序，并宣告债务人破产。

四、重整计划的执行与监督

（一）重整计划的执行

重整计划由债务人负责执行。已接管财产和营业事务的管理人应当向债务人移交财产和营业事务。债务人对本企业的经营情况和财务状况最为了解熟悉，负责执行且易于操作。但债权人在审查重整计划草案时，必须慎重考虑对债务人董事、监事、经理等高级管理人员的任用，以免因有关人员的素质和能力问题而影响重整计划的执行。

（二）重整计划的监督

自人民法院裁定批准重整计划之日起，在重整计划规定的监督期内，由管理人监督重整计划的执行。在监督期内，债务人应当向管理人报告重整计划执行情况和债务人财务状况。监督期届满时，管理人应当向人民法院提交监督报告。自监督报告提交之日起，管理人的监督职责终止。管理人向人民法院提交的监督报告，重整计划的利害关系人有权查阅。经管理人申请，人民法院可以裁定延长重整计划执行的监督期限。

（三）重整计划的效力

人民法院裁定批准的重整计划，对债务人和全体债权人均有约束力。债权人未依法申报债权的，在重整计划执行期间不得行使权利；在重整计划执行完毕后，可以按照重整计划规定的同类债权的清偿条件行使权利。债权人对债务人的保证人和其他连带债务人所享有的权利，不受重整计划的影响。按照重整计划减免的债务，自重整计划执行完毕时起，债务人不再承担清偿责任。

债务人不能执行或不执行重整计划的，人民法院经管理人或利害关系人请求，应当裁定终止重整计划的执行，并宣告债务人破产。

第八节 和 解

一、和解的概念

破产和解是指具有破产原因的债务人和其债权人，在人民法院受理破产申请后至破产程序终结前，就延期还债及减免债务等问题达成协议从而中止破产程序的一种法律制度。破产和解以双方当事人的意思表示一致为条件，而且要经过人民法院的裁定认可，方能成立。

二、和解的程序

（一）和解的提出

和解由具有破产原因的债务人提出。债务人可以直接向人民法院申请和解，也可以在人民法院受理破产申请后、宣告债务人破产前，向人民法院申请和解。债务人申请和解，应当提出和解协议草案。人民法院经审查认定和解申请符合法律规定的，应当裁定和解，予以公告，并召集债权人参加债权人会议讨论和解协议草案。

（二）和解的通过

债权人会议要通过和解协议的决议，须由出席会议的有表决权的债权人过半数同意，并且其所代表的债权额占无财产担保债权总额的 2/3 以上。对债务人的财产享有担保权的债权人，对此事项无表决权。

（三）和解的裁定认可

债权人会议通过和解协议的，由人民法院裁定认可，终止和解程序，并予以公告。管理人应当向债务人移交财产和营业事务，并向人民法院提交执行职务的报告。和解协议草案经债权人会议表决未获得通过，或债权人会议已经通过的和解协议未获得人民法院认可的，人民法院应当裁定终止和解程序，并宣告债务人破产。

三、和解的效力

经人民法院裁定认可的和解协议，对债务人和全体和解债权人均有约束力。债务人应当按照和解协议规定的条件清偿债务。和解债权人只能按照和解协议的规定接受清偿，不得要求或接受和解协议外的单独清偿。按照和解协议减免的债务，自和解协议执行完毕时起，债务人不再承担清偿责任。但和解债权人对债务人的保证人和其他连带债务人所享有的权利，不受和解协议的影响。

因债务人的欺诈或其他违法行为而成立的和解协议，人民法院应当裁定无效，并宣告债务人破产。债务人不能执行或不执行和解协议的，人民法院经和解债权人请求，应当裁定终止和解协议的执行，重启破产程序并宣告债务人破产。人民法院裁定终止和解协议执行的，和解债权人在和解协议中作出的债权调整的承诺失去效力。和解债权人因执行和解协议所受的清偿仍然有效，和解债权未受清偿的部分可以作为破产债权。和解债权人只有在其他债权人同自己所受的清偿达到同一比例时，才能继续接受分配。此外，在上述情形下，为和解协议的执行提供的担保继续有效。

第九节 破产清算

一、破产宣告

（一）破产宣告的概念

破产宣告是人民法院依据当事人的申请或法定职权裁定宣告债务人破产以清偿债务的活动。破产宣告是一种司法行为，它标志着破产案件进入清算程序，债务人无可挽回地陷入破产。

（二）破产宣告的条件

有下列情形之一的，人民法院应当以书面裁定宣告债务人企业破产：
（1）企业不能清偿到期债务，又不具备法律规定的不予宣告破产条件的。
（2）企业被人民法院依法裁定终止重整程序的。

（3）人民法院依法裁定终止和解协议执行的。

债务人具备破产原因，但有法律规定的特定事由的，不予宣告破产。破产宣告前，有下列情形之一的，人民法院应当裁定终结破产程序，并予以公告：

（1）第三人为债务人提供足额担保或为债务人清偿全部到期债务的。

（2）债务人已清偿全部到期债务的。

（三）破产宣告的程序

人民法院依法宣告债务人破产的，应当自裁定作出之日起5日内送达债务人和管理人，自裁定作出之日起10日内通知已知债权人，并予以公告。

（四）破产宣告的效力

债务人被宣告破产后，债务人称为破产人，债务人财产称为破产财产，人民法院受理破产申请时对债权人享有的债权称为破产债权。

破产企业的董事、监事或高级管理人员违反忠实、勤勉义务，致使企业破产的，依法承担民事责任，并且自破产程序终结之日起3年内不得担任任何企业的董事、监事、高级管理人员。

二、破产财产的变价

破产变价，是指管理人将非货币的破产财产，通过合法方式变卖，使之转化为货币形态，以便于清算分配的过程。企业被宣告破产后，管理人应当及时拟订破产财产变价方案，提交债权人会议讨论。破产财产变价方案由债权人会议通过或人民法院裁定认可，管理人应当按照此方案适时变价出售破产财产。变价出售破产财产应当通过拍卖方式进行，但债权人会议另有决议的除外。按照国家规定不能拍卖或限制转让的财产，应当按照国家规定的方式处理。

三、破产财产的分配

（一）破产财产的分配方案

破产财产分配是指将破产财产按照法律规定的清偿顺序和合理的清偿比例进行清偿的程序。管理人应当及时拟订破产财产分配方案，提交债权人会议讨论。破产财产分配方案应当载明下列事项：

（1）参加破产财产分配的债权人名称或姓名、住所。

（2）参加破产财产分配的债权额。

（3）可供分配的破产财产数额。

（4）破产财产分配的顺序、比例及数额。

（5）实施破产财产分配的方法。

破产财产分配方案经债权人会议通过后，由管理人提请人民法院裁定认可。人民法院裁定认可的破产财产分配方案由管理人执行。

对破产财产可以进行一次性分配，也可以进行多次分配。管理人按照破产财产分配方案实施多次分配的，应当公告本次分配的财产额和债权额。管理人实施最后分配的，应当在公告中指明。

对于附条件的债权,管理人应当将其分配额提存,在最后分配公告日,视条件成就情况来确定是交付原债权人还是分配给其他债权人。

债权人未受领的破产财产分配额,管理人应当提存。债权人自最后分配公告之日起满两个月仍不领取的,视为放弃受领分配的权利,管理人或人民法院应当将提存额分配给其他债权人。

破产财产分配时,对于诉讼或仲裁未决的债权,管理人应当将其分配额提存。自破产程序终结之日起满两年仍不能受领分配的,人民法院应当将提存的分配额分配给其他债权人。

(二)破产财产的分配顺序

破产财产按照下列顺序进行分配:

(1)破产财产优先清偿破产费用和共益债务。破产费用和共益债务优于一般破产债权受偿,破产费用可随时用破产财产支付,破产财产不足以支付破产费用的,人民法院根据管理人的申请裁定终结破产程序。

(2)破产财产在优先清偿破产费用和共益债务后,依照下列顺序清偿:

①破产人所欠职工的工资和医疗、伤残补助、抚恤费用,所欠的应当划入职工个人账户的基本养老保险、基本医疗保险费用,以及法律、行政法规规定应当支付给职工的补偿金;破产企业的董事、监事和高级管理人员的工资按照该企业职工的平均工资计算。

②破产人欠缴的除前项规定以外的社会保险费用和破产人所欠税款。

③普通破产债权。具体包括无财产担保债权、放弃优先受偿权的债权、行使优先权后未能完全受偿的债权部分。

后一顺序的债权只有在上一顺序的债权受偿后才能受偿;破产财产不足以清偿同一顺序的清偿要求的,按照比例分配。

四、破产程序的终结

(一)破产程序终结的原因

破产程序的终结,是指人民法院受理破产案件后,在出现法定事由时,由人民法院依法裁定终结破产程序,结束破产案件审理的司法行为。

破产程序因下列原因而终结:

(1)重整计划执行完毕。即债务人重整获得成功,企业债务按重整计划清偿完毕。

(2)和解协议执行完毕。即债务人与全体债权人达成的和解协议得以成功执行。

(3)债务人有不予宣告破产的法定事由。破产宣告前,债务人已清偿全部到期债务,或者第三人为债务人清偿了全部到期债务或提供了足额担保,从而消除了破产原因。

(4)破产清算程序中,破产财产不足以清偿破产费用或破产人无财产可供分配的,管理人应依法提请人民法院裁定终结破产程序。

(5)破产清算程序中,破产财产分配完毕,破产程序正常终结。

管理人在破产财产分配完毕后,应当及时向人民法院提交破产财产分配报告,提请人民法院裁定终结破产程序。人民法院应当自收到管理人终结破产程序的请求之日起15日内依法作出是否终结破产程序的裁定。裁定终结的,应当予以公告。

在破产程序因清算而终结的情况下,管理人应当自破产程序终结之日起10日内,持人民法院终结破产程序的裁定，向破产人的原登记机关办理注销登记。

(二) 破产财产的追加分配

在破产程序因清算而终结后，破产人未偿清余债的责任依法免除。但是，自破产程序依法终结之日起 2 年内，有下列情形之一的，债权人可以请求人民法院按照原破产财产分配方案进行追加分配。

(1) 发现在破产案件中有依法应当追回的财产的。包括破产人的财产处分行为依法被撤销应予返还的财产，破产人恶意减少其财产的无效行为应予以追回的财产，破产人的董事、监事和高级管理人员利用职权从企业获取的非正常收入和侵占的企业财产等。

(2) 发现破产人有应当供分配的其他财产的。

有上述规定情形，但财产数量不足以支付分配费用的，不再进行追加分配，由人民法院将其上缴国库。

破产人的保证人和其他连带债务人，在破产程序终结后，对债权人依照破产清算程序未受到清偿的债权，依法继续承担清偿责任。

习 题

一、单项选择题

1. 关于企业破产案件的地域管辖，符合《企业破产法》规定的是（　　）。
   A. 由债权人住所地人民法院管辖
   B. 由债权人注册地人民法院管辖
   C. 由债务人住所地人民法院管辖
   D. 由债务人财产所在地人民法院管辖

2. 下列各项关于破产管理人的产生的说法，正确的是（　　）。
   A. 由债权人会议选举产生
   B. 由人民法院裁定受理破产申请时同时指定
   C. 由债务人企业聘请
   D. 由债务人企业的主管部门指定

3. 根据《企业破产法》的有关规定，下列各项中，不属于管理人职责的有（　　）。
   A. 接管债务人的财产、印章和账簿、文书等资料
   B. 管理和处分债务人的财产
   C. 代表债务人参加诉讼、仲裁或者其他法律程序
   D. 核查债权

4. 根据《企业破产法》的规定，下列各项中不属于破产费用的是（　　）。
   A. 破产案件的诉讼费用
   B. 管理、变价和分配债务人财产的费用
   C. 管理人执行职务的费用、报酬和聘用工作人员的费用
   D. 破产企业所欠职工的工资和劳动保险费用

5. 人民法院受理破产申请后，权利人可以直接向管理人请求行使取回权的有（　　）。
   A. 债务人基于买卖合同所欠他人货物
   B. 债务人基于承揽、租赁、委托加工等合同而占有的他人财产

C. 债务人基于借款合同所欠银行借款

D. 债务人所欠国家税务机关税款

6. 关于债权人会议，下列说法不正确的是（　　）。

A. 债权人会议由依法申报债权的全体破产债权人组成

B. 债权人会议属于法定必设机关，但不是常设机构，本身无执行功能

C. 债权人会议应当有债务人的职工和工会的代表参加

D. 管理人、债务人的法定代表人无权列席债权人会议

7. 关于和解的提出，下列选项中符合法律规定的是（　　）。

A. 和解由债权人会议提出

B. 和解由债权人委员会提出

C. 和解由管理人提出

D. 和解由具有破产原因的债务人提出

二、多项选择题

1. 根据我国《企业破产法》的规定，破产申请的主体有（　　）。

A. 债权人

B. 债务人

C. 出资额占债务人注册资本1/10以上的出资人

D. 负有清算责任的人

2. 人民法院受理破产申请前1年内，管理人有权请求人民法院予以撤销的行为有（　　）。

A. 无偿转让财产或以明显不合理的价格进行交易的

B. 对没有财产担保的债务提供财产担保的

C. 对未到期的债务提前清偿的

D. 放弃债权的

3. 第一次债权人会议以后的债权人会议召开的法定情形包括（　　）。

A. 在人民法院认为必要时

B. 管理人向债权人会议主席提议时

C. 债权人委员会向债权人会议主席提议时

D. 占债权总额1/4以上的债权人向债权人会议主席提议时

4. 债权人申请对债务人进行破产清算的，在人民法院受理破产申请后，宣告债务人破产前，可以依法申请对债务人进行重整的有（　　）。

A. 债权人

B. 债务人

C. 管理人

D. 出资额占债务人注册资本1/10以上的出资人

5. 根据《企业破产法》的规定，下列各项中，对人民法院应当裁定终止重整程序，并宣告债务人破产的情形有（　　）。

A. 破产企业的重整计划草案已获得通过且依法获得人民法院批准

B. 破产企业的重整计划草案已获得通过但未依法获得人民法院批准

C. 破产企业的重整计划草案未获得通过但依法获得人民法院批准

D. 破产企业的重整计划草案未获得通过且未依法获得人民法院批准
6. 人民法院应当以书面裁定宣告债务人企业破产的情形有（　　）。
A. 企业不能清偿到期债务，又不具备法律规定的不予宣告破产条件的
B. 企业被人民法院依法裁定终止重整程序的
C. 人民法院依法裁定终止和解协议执行的
D. 企业不能清偿到期债务，由第三人为其提供足额担保的
7. 关于破产清偿顺序，下列说法正确的是（　　）。
A. 破产财产优先清偿破产费用和共益债务
B. 在优先清偿破产费用和共益债务后，应首先清偿职工工资等各项所欠职工债务
C. 在优先清偿破产费用和共益债务后，应首先清偿欠缴的税款
D. 破产财产不足以清偿同一顺序的清偿要求的，按照比例分配

三、判断题

1. 我国《企业破产法》适用所有的企业法人。（　　）
2. "债务人不能清偿到期债务，并且资产不足以清偿全部债务"的破产原因，主要适用于债权人提出破产申请。（　　）
3. 人民法院受理破产申请后，债务人对个别债权人的债务清偿无效。（　　）
4. 债务人财产应包括破产申请受理后至破产申请程序终结前债务人取得的财产。（　　）
5. 附利息的债权在破产申请受理后可以继续计息。（　　）
6. 债权人只能自己出席债权人会议，不能委托代理人出席和行使表决权。（　　）
7. 只有债权人较多、破产事务复杂的破产程序才有必要设置债权人委员会。（　　）
8. 在重整期间，对债务人的特定财产享有的担保权可继续行使。（　　）
9. 在破产程序因清算而终结后，破产人未偿清余债的责任依法免除。（　　）
10. 在破产程序因清算而终结后，发现在破产案件中有依法应当追回的财产的，都应当由人民法院将其上缴国库。（　　）

四、案例分析题

华和食品有限公司因经营管理不善，无力偿还到期债务。该公司于2014年8月14日向当地人民法院提交书面破产申请，法院于8月20日裁定受理，同时指定某会计师事务所作为管理人。8月23日将裁定书面通知该企业，9月5日通知已知债权人并发布公告。管理人接管该企业后，经调查核实将该企业的财产、债务等情况汇总如下：

（1）公司资产总额400万元，其中厂房可变现价值200万元，已作为向建设银行借款的抵押担保标的。

（2）公司负债总额780万元。包括：欠建设银行有财产担保的债务200万元；欠付职工工资及社会保险50万元；欠交税金30万元；欠各供货单位货款（普通债务）合计500万元。

（3）发生诉讼费、管理人报酬等破产费用5万元；应支付各项共益债务15万元。

根据上述事实及企业破产法律制度的规定，试分析回答：

（1）该破产案件的受理程序及管理人的产生是否符合法律规定？
（2）若人民法院依法宣告该企业破产，应如何对破产财产进行分配？

第五章

合同法律制度

案 例

中国历史上最早的合同

中国历史上最早的合同（契约）是距今三千年前大约在西周时期订立的镌刻在青铜器"卫盉"上的四件土地契，卫盉是西周恭王时期公元前919年的重器，是西周时期酒器的代表作品，盖内铸有铭文12行132字，记载了西周时期的一次玉器、毛皮与土地的交易过程。铭文翻译过来就是：恭王三年三月，王在丰邑举行建旗典礼，要接见诸侯和臣下。贵族矩伯为了参加这一典礼，便向裘卫要来瑾璋一件，价值80朋。双方商定以十块田地偿付。此外，还取了一件赤色的虎皮，两件鹿皮披肩，一件杂色的椭圆围裙，价值20朋，以三块田地偿还。裘卫把此事详细地报告给了伯邑父、崇伯、定伯、亮伯、单伯等执政大臣。大臣们就命令司徒微邑、司马单旗、司空邑人服到现场监督交付田地。卫为了把此事告慰已经逝世的父亲惠孟，便制作了这件器物，以祈求能保佑一万年永远享用。

裘卫用价值80朋（货币单位）的玉质礼器和价值20朋的皮裘礼服换取了矩伯大片耕地。裘卫情报告了执政大臣，得到了大臣们的认可，还进行了授田仪式。为了记载这件事，把这件事铸成青铜器，给我们留下了最早的契约（合同）。

第一节 合同法律制度概述

一、合同的概念与分类

（一）合同的概念与特征

合同又称契约，是指民事主体之间设立、变更、终止民事法律关系的协议。合同具有以下法律特征：

（1）合同是平等的民事主体之间的法律行为。合同当事人的法律地位平等，一方不得凭借行政权力、经济实力等将自己的意志强加给另一方。

（2）合同是多方当事人意思表示一致的行为。合同至少要两个或两个以上的当事人，合同的成立须各方当事人相互为意思表示，最后达成意思表示的一致。

（3）合同是在当事人之间确立特定的权利与义务关系的行为。这种权利义务不是固有的，而是当事人之间约定的，具有其特定的经济目的。

（4）合同是具有相应法律效力的合法行为。依法成立的合同生效后，当事人各方都必须全面正确履行合同中规定的义务，不得擅自变更或者解除，否则要依法承担违约法律责任。

（二）合同的分类

按照不同的标准，合同可以作以下分类：

1. 有名合同与无名合同

根据我国有关法律是否规定了合同名称与调整规则，合同分为有名合同与无名合同。有名合同又称典型合同，是指我国有关法律规定了合同名称与具体调整规则的合同，如我国《民法典》合同编规定的买卖合同、供用电水气热力合同、赠与合同、借款合同、保证合同、租赁合同、融资租赁合同、保理合同、承揽合同、建设工程合同、运输合同、技术合同、保管合同、仓储合同、委托合同、物业服务合同、行纪合同、中介合同、合伙合同等19类合同，《保险法》规定的保险合同，《旅游法》规定的旅游服务合同等；无名合同又称非典型合同，我国有关法律中未列举名称与规则的其他合同都属无名合同。

2. 单务合同与双务合同

根据合同当事人是否互相负担对待义务，可将合同分为单务合同与双务合同。单务合同是指仅有一方当事人承担义务的合同，如赠与合同；双务合同是指双方当事人相互承担对待义务的合同，如买卖合同、租赁合同等。

3. 有偿合同与无偿合同

根据合同当事人承担合同义务是否能够从合同中得到利益补偿，可将合同分为有偿合同与无偿合同。有偿合同是指当事人承担合同义务能够从合同中得到利益补偿的合同；无偿合同是指当事人承担合同义务不要求从合同中得到利益补偿的合同。有偿合同一般为双务合同，无偿合同一般为单务合同。但有些无偿合同同时也是双务合同，如无息借款合同等。

4. 诺成合同与实践合同

根据合同的成立是否以交付标的物为要件，可将合同分为诺成合同与实践合同。诺成同是在当事人意思表示一致时即告成立的合同；实践合同是在当事人意思表示一致后，还需要实际交付标的物才能成立的合同，如质押合同、自然人之间的借款合同等。实践合同的确认除须符合商务惯例外，还应有相应的法律规定为依据。

5. 要式合同与不要式合同

根据合同是否必须符合法定的形式才能成立，可将合同分为要式合同与不要式合同。要式合同是法律规定必须采用特定的形式方可成立的合同，如有关法律规定须经批准或登记方能成立的合同；不要式合同是指法律不要求采用特定形式的合同。现代合同法律制度中，合同以不要式为原则，以要式为例外。

6. 主合同与从合同

根据某一合同是否以其他合同的存在为前提，可将合同分为主合同与从合同。主合同是能够独立存在、不以其他合同的存在为前提的合同；从合同又称附属合同，是指从属于其他合同、须以其他合同的存在为前提的合同，如从属于借款合同的保证合同等。从合同的成立、效力、终止都取决于主合同，对主合同起辅助、补充作用。

二、合同法律制度的立法概况与基本原则

（一）合同法律制度的立法概况

20 世纪 80 年代，我国全国人民代表大会及其常务委员会先后颁布实施了《经济合同法》《涉外经济合同法》《技术合同法》等三部合同法。1999 年 3 月 15 日第九届全国人民代表大会第二次会议通过了《中华人民共和国合同法》，自 1999 年 10 月 1 日起施行，原三部合同法律同时废止。2020 年 5 月 28 日，第十三届全国人民代表大会第三次会议通过了《中华人民共和国民法典》，自 2021 年 1 月 1 日起施行，其中第三编"合同编"成为调整合同法律关系的基本法，原《中华人民共和国合同法》同时废止。

《民法典》合同编调整民事主体之间因设立、变更、终止民事权利、民事义务产生的法律关系，但婚姻、收养、监护等有关身份关系的调整，适用《民法典》中有关该身份关系的法律规定，没有规定的，可以根据其性质参照适用合同编规定。

（二）合同法律制度的基本原则

1. 平等原则

合同各方当事人的法律地位是平等的，当事人之间享受权利、承担义务的资格也是对等的，任何一方不得以地位高低、实力强弱而享有特权。

2. 自愿原则

合同的订立应当符合当事人的真实意愿，任何单位和个人不得非法干预。包括订立不订立合同、与谁订立合同、订立合同的内容等都由当事人在合法的范围内自愿协商确定。

3. 公平原则

合同当事人之间的权利义务要对等和均衡，合同风险和违约责任的确定要公平合理。

4. 诚实信用原则

当事人在订立合同过程中，应当诚实地告知对方当事人与合同有关的真实情况；在履行合同以及合同终止后的全过程中，应当按照合同的约定全面、正确地履行合同义务。

买卖合同纠纷案——诚实信用原则

第二节 合同的订立

一、合同订立的程序

当事人订立合同，可以采取要约、承诺方式或者其他方式。

（一）要约

1. 要约的概念与构成要件

要约是指希望与他人订立合同的意思表示。发出要约的当事人称为要约人，接受要约的对方当事人称为受要约人。要约应具备下列构成要件：

（1）要约内容具体确定。要约内容应当具备合同成立的主要条款。

合同的订立

（2）要约表明经受要约人承诺，要约人即受该意思表示约束。

希望和他人订立合同但内容不具体确定，或希望他人向自己发出要约的意思表示，不构成要约，而属要约邀请。要约邀请处于合同的准备阶段，没有法律约束力。如拍卖公告、招标公告、招股说明书、债券募集办法、基金招募说明书、商业广告和宣传、寄送的价目表等均为要约邀请。但商业广告和宣传的内容符合要约条件的，视为要约。

2. 要约的生效

（1）以对话方式作出的要约，相对人知道其内容时生效。

（2）以非对话方式作出的要约，到达相对人时生效。

（3）以非对话方式作出的采用数据电文形式的要约，相对人指定特定系统接收数据电文的，该数据电文进入该特定系统时生效；未指定特定系统的，相对人知道或者应当知道该数据电文进入其系统时生效。当事人对采用数据电文形式的要约的生效时间另有约定的，按照其约定。

（4）无相对人的要约，要约的意思表示完成时生效。

（5）以公告方式作出的要约，公告发布时生效。

3. 要约的撤回、撤销与失效

要约撤回是指要约在生效前，要约人使要约不发生法律效力的意思表示。撤回要约的通知应当在要约到达受要约人之前或者与要约同时到达受要约人。

要约撤销是指要约人在要约生效后使要约丧失法律效力的意思表示。撤销要约的通知应当在受要约人作出承诺之前到达受要约人。有下列情形之一的，要约不得撤销：

（1）要约人以确定承诺期限或者其他形式明示要约不可撤销。

（2）受要约人有理由认为要约是不可撤销的，并已经为履行合同做了合理准备工作。

要约失效是指要约丧失法律效力，要约人和受要约人均不再受其约束。有下列情形之一的，要约失效：

（1）要约被拒绝；

（2）要约被依法撤销；

（3）承诺期限届满，受要约人未作出承诺；

（4）受要约人对要约的内容作出实质性变更。

有关合同标的、数量、质量、价款或者报酬、履行期限、履行地点和方式、违约责任和解决争议方法等的变更，是对要约内容的实质性变更。

（二）承诺

1. 承诺的概念与构成要件

承诺是受要约人同意要约的意思表示。承诺应当具备以下构成要件：

（1）承诺应当以通知的方式作出，但是根据交易习惯或者要约表明可以通过行为作出承诺的除外；

（2）承诺应当由受要约人向要约人作出；

（3）承诺的内容应当与要约的内容一致；

（4）承诺必须在有效期限内作出。

受要约人对要约的内容作出实质性变更的，为新要约。承诺对要约的内容作出非实质性变更的，除要约人及时表示反对或者要约表明承诺不得对要约的内容作出任何变更外，该承诺有效，合同的内容以承诺的内容为准。

2. 承诺的期限

承诺应当在要约确定的期限内到达要约人。要约以信件或者电报作出的，承诺期限自信件载明的日期或者电报交发之日开始计算。信件未载明日期的，自投寄该信件的邮戳日期开始计算。要约以电话、传真、电子邮件等快速通讯方式作出的，承诺期限自要约到达受要约人时开始计算。要约没有确定承诺期限的，承诺应当依照下列规定到达：

（1）要约以对话方式作出的，应当即时作出承诺；

（2）要约以非对话方式作出的，承诺应当在合理期限内到达。

3. 承诺的生效

以通知方式作出的承诺，自通知到达要约人时生效。承诺不需要通知的，根据交易习惯或者要约的要求作出承诺的行为时生效。

受要约人发出承诺后反悔的，可以撤回承诺以阻止承诺生效。但撤回承诺的通知应当在承诺通知到达要约人之前或者与承诺通知同时到达要约人。

受要约人超过承诺期限发出承诺，或者在承诺期限内发出承诺，按照通常情形不能及时到达要约人的，视为新要约；但是，要约人及时通知受要约人该承诺有效的除外。受要约人在承诺期限内发出承诺，按照通常情形能够及时到达要约人，但因其他原因致使承诺到达要约人时超过承诺期限的，除要约人及时通知受要约人因承诺超过期限不接受该承诺外，该承诺有效。

二、合同订立的形式

合同的形式，是指合同内容的表现形式。当事人订立合同可以采用书面形式、口头形式和其他形式。

（一）书面形式

书面形式是合同书、信件、电报、电传、传真等可以有形地表现所载内容的形式。以电子数据交换、电子邮件等方式能够有形地表现所载内容，并可以随时调取查用的数据电文，视为书面形式。法律、行政法规规定或当事人约定采用书面形式的，应当采用书面形式。

（二）口头形式

口头形式是指当事人双方就合同内容面对面或以通讯工具对话交谈的方式达成的合同。口头形式达成合同简便、迅速，但发生争议和纠纷时不易举证。

（三）其他形式

其他形式是指当事人以直接履行合同的行为或者其他特定情形来表示合同订立。包括推定形式、默示形式等。其中默示形式只有在有法律规定、当事人约定或者符合当事人之间的交易习惯时，才可以视为订立合同行为。

三、合同的成立

（一）合同成立的时间

在一般情况下，承诺生效时合同即成立。具体有以下几种规定：

（1）当事人采用合同书形式订立合同的，自当事人签字、盖章或者按指印时合同成立。

在签名、盖章或者按指印之前，当事人一方已经履行主要义务，对方接受时，该合同成立。法律、行政法规规定或者当事人约定合同应当采用书面形式订立，当事人未采用书面形式但是一方已经履行主要义务，对方接受时，该合同成立。

（2）当事人采用信件、数据电文等形式订立合同要求签订确认书的，签订确认书时合同成立。当事人一方通过互联网等信息网络发布的商品或者服务信息符合要约条件的，对方选择该商品或者服务并提交订单成功时合同成立，但是当事人另有约定的除外。

（二）合同成立的地点

在一般情况下，承诺生效的地点为合同的成立地点。具体有以下几种规定：

（1）采用数据电文形式订立合同的，收件人的主营业地为合同成立的地点；没有主营业地的，其住所地为合同成立的地点。当事人另有约定的，按照其约定。

（2）当事人采用合同书形式订立合同的，最后签名、盖章或者按指印的地点为合同成立的地点，但是当事人另有约定的除外。

四、合同的内容

（一）合同的一般条款

合同的条款是指合同中规定各方当事人权利义务的具体内容。由于合同的种类不同，其具体内容也不尽相同。但各种合同的一般必备条款有其一致性。合同的内容由当事人协商约定，一般包括以下条款：

(1) 当事人的姓名或者名称和住所；
(2) 合同标的；
(3) 数量；
(4) 质量；
(5) 价款或者报酬；
(6) 履行期限、地点和方式；
(7) 违约责任；
(8) 解决争议的方法。

（二）格式条款合同

格式条款是当事人为了重复使用而预先拟定，并在订立合同时未与对方协商的条款。面向广大用户、消费者的业务频繁重复的行业单位，为简化合同订立程序，可以使用格式条款。但是，由于格式条款由一方当事人拟定并不容对方协商修改，容易损害合同公平原则，法律对格式条款的使用作了限制性规定。

格式条款合同

1. 提供格式条款一方的义务

采用格式条款订立合同的，提供格式条款的一方应当遵循公平原则确定当事人之间的权利和义务，并采取合理的方式提示对方注意免除或者减轻其责任等与对方有重大利害关系的条款，按照对方的要求，对该条款予以说明。提供格式条款的一方未履行提示或者说明义务，致使对方没有注意或者理解与其有重大利害关系的条款的，对方可以主张该条款不成为合同的内容。

2. 格式条款无效的情形

有下列情形之一的，该格式条款无效：

（1）具有《民法典》规定的无效的民事行为情形的，造成对方人身损害的、因故意或者重大过失造成对方财产损失的；

（2）提供格式条款一方不合理地免除或者减轻其责任、加重对方责任、限制对方主要权利；

（3）提供格式条款一方排除对方主要权利。

3. 格式条款的解释

对格式条款的理解发生争议的，应当按照通常理解予以解释。对格式条款有两种以上解释的，应当作出不利于提供格式条款一方的解释。格式条款和非格条式款不一致的，应当采用非格式条款。

五、缔约过失责任

缔约过失责任，是指当事人在订立合同过程中，因违背诚实信用原则致使合同未能成立生效、被撤销或无效，给对方造成损害时所应承担的法律责任。当事人在订立合同过程中有下列情形之一，造成对方损失的，应当承担赔偿责任：

（1）假借订立合同，恶意进行磋商。即根本没有与对方签订合同的目的，以与对方谈判为借口，损害对方或第三人的利益。

（2）故意隐瞒与订立合同有关的重要事实或者提供虚假情况。如隐瞒自己标的物的重要瑕疵，明知对方无法接受而继续与对方进行谈判等。

（3）当事人泄露或者不正当地使用在订立合同过程中知悉的商业秘密或者其他应当保密的信息。

（4）有其他违背诚实信用原则的行为，如无故终止谈判等。

第三节　合同的效力

合同的效力是指已经成立的合同在当事人之间产生的法律约束力。有效合同对当事人具有法律约束力，当事人应当按照合同约定履行自己的义务，不得擅自变更或解除合同。无效合同不具有法律约束力。另外可撤销合同、效力待定合同则具有不同的法律效力。

一、有效合同

（一）合同的生效

合同的生效，是指合同因依法成立而产生相应的法律效力。合同生效后，即成为有效合同，其法律效力主要体现在以下两个方面：一是在当事人之间产生约束力，当事人应当依合同的规定履行合同义务，同时享受合同权利；二是对当事人以外的第三人产生约束力，任何单位或个人都不得侵犯当事人的合同权利，不得非法阻挠当事人履行合同义务。合同的生效有以下几种情形：

（1）依法成立的合同，自成立时生效，但是法律另有规定或者当事人另有约定的除外。

（2）依照法律、行政法规的规定，合同应当办理批准、登记等手续的，在依照其规定办理批准、登记等手续后生效。

（3）附生效条件的合同，自条件成就时生效。附解除条件的合同，自条件成就时失效。附生效期限的合同，自期限届至时生效。附终止期限的合同，自期限届满时失效。

知识拓展　　附条件的合同与附期限的合同

附条件的合同，指合同的双方当事人在合同中约定，以将来某种事实情形的发生或不发生作为合同生效或不生效的限制条件。附生效条件的合同，自条件成就时生效。附解除条件的合同，自条件成就时失效。合同所附的条件应当由双方当事人约定，其内容应当是合法的、将来可能发生的事实，过去的、现存的、将来必定发生的或必定不能发生的事实都不能作为合同所附条件。当事人为自己的利益不正当地阻止条件成就的，视为条件已经成就；不正当地促成条件成就的，视为条件不成就。

附期限的合同是指以将来某一确定的期限来限制合同效力的发生或终止。合同可以附期限，但是根据其性质不得附期限的除外。附生效期限的合同，自期限届至时生效。附终止期限的合同，自期限届满时失效。合同所附的期限可以是一个确定的日期，也可以是一个起止期间。但是，合同中所附的期限与合同的履行期限是两个不同的概念。

（二）有效合同的要件

有效合同应当具备以下三个要件：

（1）当事人具有相应的民事行为能力。自然人原则上须有完全行为能力，而非自然人必须依法取得主体资格、符合法定的经营范围并具有相应的资信能力。

（2）当事人意思表示真实。即当事人订立的合同应当与其真实意原相符合。采用欺诈、胁迫手段或在重大误解情况下订立的合同则没有法定的效力。

（3）不违反法律或社会公共利益。即合同内容不违反法律、行政法规的强制性规定，不违背公序良俗，不损害社会公共利益；法律对合同形式有特别要求的，必须符合法律规定的形式。

二、无效合同

无效合同是不具有法律约束力和不发生履行效力的合同。无效合同自始没有法律约束力，国家不予承认和保护。有下列情形之一的，合同无效：

（1）无民事行为能力人订立的合同；

（2）双方当事人以虚假的意思表示订立的合同；

（3）违反法律、行政法规的强制性规定的合同；

（4）违背公序良俗的合同；

（5）行为人与相对人恶意串通，损害他人合法权益的合同。

当事人在合同中约定的造成对方人身伤害或者因故意或重大过失造成对方财产损失的免责条款无效。合同部分无效，不影响其他部分效力。

三、可撤销合同

(一) 可撤销合同的概念

可撤销合同是指因当事人意思表示不真实而欠缺生效条件,权益受损害的一方当事人可通过法定程序行使撤销权,使其不再具有法律效力的合同。可撤销合同中有撤销权的当事人可以选择撤销合同,也可选择变更合同。可撤销合同的撤销或变更须由人民法院或仲裁机构作出。

(二) 可撤销合同的类型

(1) 因重大误解订立的合同;

(2) 一方以欺诈手段,使对方在违背真实意思的情况下订立的合同;

(3) 第三人实施欺诈行为,使一方在违背真实意思的情况下订立的合同;

(4) 一方或者第三人以胁迫手段,使对方在违背真实意思的情况下订立的合同;

(5) 一方利用对方处于危困状态、缺乏判断能力等情形,致使合同成立时显失公平的。

(三) 撤销权行使的限制

有下列情形之一的,撤销权消灭:

(1) 当事人自知道或者应当知道撤销事由之日起 1 年内、重大误解的当事人自知道或者应当知道撤销事由之日起 90 日内没有行使撤销权;

(2) 当事人受胁迫,自胁迫行为终止之日起 1 年内没有行使撤销权;

(3) 当事人知道撤销事由后明确表示或者以自己的行为表明放弃撤销权。

当事人自民事法律行为发生之日起 5 年内没有行使撤销权的,撤销权消灭。

四、效力待定合同

(一) 效力待定合同的概念和特征

效力待定合同是指合同订立后,因其不符合有关的生效要件而尚未生效,须经法定的补救措施才能生效的合同。效力待定合同有以下特征:

(1) 效力待定合同虽已经成立,但其效力处于不确定状态,既不同于有效合同,也不同于无效合同和可变更可撤销合同。

(2) 效力待定合同因其主体资格欠缺而不完全符合有关合同生效要件的规定。

(3) 效力待定合同效力的确定,取决于有追认权的第三人在一定期限内的追认或否认。

(4) 效力待定合同经追认权人同意后,其效力溯及于合同成立之时;经追认权人否认后,自始无效。

(二) 效力待定合同的类型

1. 限制民事行为能力人订立的合同

限制民事行为能力人订立的合同,经法定代理人追认后,该合同有效。相对人可以催告法定代理人自收到通知之日起 30 日内予以追认。法定代理人未作表示的,视为拒绝追认。合同被追认之前,善意相对人有撤销的权利。撤销应当以通知的方式作出。

限制民事行为能力人订立的纯获利益的合同或者与其年龄、智力、精神健康状况相适应的合同，不必经法定代理人追认而直接生效。

2. 无权代理人以被代理人名义订立的合同

行为人没有代理权、超越代理权或者代理权终止后以被代理人名义订立的合同，经被代理人追认后，该合同有效。未经被代理人追认，或经被代理人否认，合同不发生效力。相对人可以催告被代理人自收到通知之日起30日内予以追认。被代理人已经开始履行合同义务或者接受相对人履行的，视为对合同的追认。被代理人未作表示的，视为拒绝追认。合同被追认之前，善意相对人有撤销的权利。撤销应当以通知的方式作出。

行为人没有代理权、超越代理权或者代理权终止后以被代理人名义订立合同，相对人有充分理由相信行为人有代理权的，该代理行为有效。

3. 法人的法定代表人或者非法人组织的负责人超越权限订立的合同

法人的法定代表人或者非法人组织的负责人超越权限订立的合同，除相对人知道或者应当知道其超越权限外，该代表行为有效，订立的合同对法人或者非法人组织发生效力。

五、无效合同或者被撤销合同的后果

（1）无效的合同、被撤销的合同、被否认的效力待定合同，自始没有法律约束力。

（2）合同部分无效，不影响其他部分效力的，其他部分仍然有效。

（3）合同无效、被撤销或者终止的，不影响合同中独立存在的有关解决争议方法的条款的效力，如关于管辖权、法律适用、仲裁条款等。

（4）合同无效、被撤销或者确定不发生效力后，行为人因该行为取得的财产，应当予以返还，不能返还或者没有必要返还的，应当折价补偿。有过错的一方应当赔偿对方由此所受到的损失，各方都有过错的，应当各自承担相应的责任。法律另有规定的，

第四节　合同的履行

游某诉鸿达公司
买卖合同纠纷案

一、合同履行的概念和原则

合同的履行是指合同的当事人按照合同的约定和法律的规定，完成合同义务，实现合同权利的行为。合同的履行应当遵循以下原则：

（1）全面履行原则。当事人应当按合同中约定的标的、数量、质量、价款、履行期限、履行地点和履行方式等内容，全面履行自己的义务。

（2）诚信履行原则。当事人应当根据合同的性质、目的和交易习惯履行通知、协助、保密等义务。

（3）社会利益原则。当事人在履行合同过程中，应当避免浪费资源、污染环境和破坏生态。

二、合同的履行的规则

（一）合同内容约定不明确的履行规则

合同生效后，当事人就质量、价款或者报酬、履行地点等内容没有约定或者约定不明确的，可以协议补充；不能达成补充协议的，按照合同有关条款或者交易习惯确定。依照上述

规定仍不能确定的,适用下列规则:

(1) 质量要求不明确的,按照强制性国家标准履行;没有强制性国家标准的,按照推荐性国家标准履行;没有推荐性国家标准的,按照行业标准履行;没有国家标准、行业标准的,按照通常标准或者符合合同目的的特定标准履行。

(2) 价款或者报酬不明确的,按照订立合同时履行地的市场价格履行;依法应当执行政府定价或者政府指导价的,依照规定履行。

(3) 履行地点不明确,给付货币的,在接受货币一方所在地履行;交付不动产的,在不动产所在地履行;其他标的,在履行义务一方所在地履行。

(4) 履行期限不明确的,债务人可以随时履行,债权人也可以随时请求履行,但是应当给对方必要的准备时间。

(5) 履行方式不明确的,按照有利于实现合同目的的方式履行。

(6) 履行费用的负担不明确的,由履行义务一方负担;因债权人原因增加的履行费用,由债权人负担。

(二) 电子合同的履行规则

通过互联网等信息网络订立的电子合同的标的为交付商品并采用快递物流方式交付的,收货人的签收时间为交付时间。电子合同的标的为提供服务的,生成的电子凭证或者实物凭证中载明的时间为提供服务时间;前述凭证没有载明时间或者载明时间与实际提供服务时间不一致的,以实际提供服务的时间为准。

电子合同的标的物为采用在线传输方式交付的,合同标的物进入对方当事人指定的特定系统且能够检索识别的时间为交付时间。

电子合同当事人对交付商品或者提供服务的方式、时间另有约定的,按照其约定。

(三) 执行政府定价或者政府指导价合同的履行规则

执行政府定价或者政府指导价的合同,在合同约定的交付期限内政府价格调整时,按照交付时的价格计价。逾期交付标的物的,遇价格上涨时,按照原价格执行;价格下降时,按照新价格执行。逾期提取标的物或者逾期付款的,遇价格上涨时,按照新价格执行;价格下降时,按照原价格执行。

(四) 涉及第三人的合同履行规则

1. 向第三人履行的合同

当事人约定由债务人向第三人履行债务的,债务人未向第三人履行债务或者履行债务不符合约定,应当向债权人承担违约责任。

法律规定或者当事人约定第三人可以直接请求债务人向其履行债务,第三人未在合理期限内明确拒绝,债务人未向第三人履行债务或者履行债务不符合约定的,第三人可以请求债务人承担违约责任;债务人对债权人的抗辩,可以向第三人主张。

2. 由第三人履行的合同

当事人约定由第三人向债权人履行债务的,第三人不履行债务或者履行债务不符合约定,债务人应当向债权人承担违约责任。

债务人不履行债务,第三人对履行该债务具有合法利益的,第三人有权向债权人代为履行;但是,根据债务性质、按照当事人约定或者依照法律规定只能由债务人履行的除外。债权人接受第三人履行后,其对债务人的债权转让给第三人,但是债务人和第三人另有约定的除外。

(五)合同履行方式变化的履行规则

(1)债务人提前履行债务的,债权人可以拒绝,但提前履行不损害债权人利益的除外。债务人提前履行债务给债权人增加的费用,由债务人负担。

(2)债务人部分履行债务的,债权人可以拒绝,但部分履行不损害债权人利益的除外。债务人部分履行债务给债权人增加的费用,由债务人负担。

(3)债权人分立、合并或者变更住所没有通知债务人,致使履行债务发生困难的,债务人可以中止履行或者将标的物提存。合同生效后,当事人不得因姓名、名称的变更或者法定代表人、负责人、承办人的变动而不履行合同义务。

(4)合同成立后,合同的基础条件发生了当事人在订立合同时无法预见的、不属于商业风险的重大变化,继续履行合同对于当事人一方明显不公平的,受不利影响的当事人可以与对方重新协商;在合理期限内协商不成的,当事人可以请求人民法院或者仲裁机构变更或者解除合同。人民法院或者仲裁机构应当结合案件的实际情况,根据公平原则变更或者解除合同。

三、合同履行抗辩权

合同履行抗辩权是指在双务合同中,一方当事人在法定条件下依法对抗对方当事人的请求,暂时拒绝履行合同义务的权利。

行使合同履行抗辩权必须是基于同一双务合同而互负的到期债务,并有证据证明对方未履行或不能履行的事实。抗辩权的行使,可以暂时中止履行合同义务,当法定的抗辩条件消除后,抗辩一方应当继续履行自己的合同义务。

合同履行抗辩权具体分为同时履行抗辩权、后履行抗辩权和不安抗辩权三种。

(一)同时履行抗辩权

在双务合同中,当事人互负债务,没有先后履行顺序的,应当同时履行。一方在对方履行之前有权拒绝其履行请求。一方在对方履行债务不符合约定时,有权拒绝其相应的履行请求。

(二)后履行抗辩权

在双务合同中,当事人互负债务,有先后履行顺序,应当先履行债务一方未履行的,后履行一方有权拒绝其履行请求。先履行一方履行债务不符合约定的,后履行一方有权拒绝其相应的履行请求。

(三)不安抗辩权

在双务合同中,应当先履行债务的当事人,有确切证据证明对方有丧失或者可能丧失履行能力的下列情形之一的,可以中止履行:

(1)经营状况严重恶化;
(2)转移财产、抽逃资金,以逃避债务;
(3)丧失商业信誉;
(4)有丧失或者可能丧失履行债务能力的其他情形。

当事人行使不安抗辩权中止履行的，应当及时通知对方。对方提供适当担保的，应当恢复履行。中止履行后，对方在合理期限内未恢复履行能力且未提供适当担保的，视为以自己的行为表明不履行主要债务，中止履行的一方可以解除合同并可以请求对方承担违约责任。

四、合同的保全措施

合同的保全是指已履行合同义务的债权人一方，为了防止因债务人的财产不当减少而影响其债权的实现而采取的法律措施。合同保全措施主要有代位权与撤销权两种。

（一）代位权

代位权，是指因债务人怠于行使其对相对人的到期债权或者与该债权有关的从权利，影响债权人的到期债权实现的，债权人可以向人民法院请求以自己的名义代位行使债务人对相对人的权利，但是该权利专属于债务人自身的除外。

1. 代位权行使的条件

代位权的行使需满足以下条件：
（1）债务人对第三人享有合法的到期债权；
（2）债务人怠于行使其到期债权；
（3）因债务人怠于行使权利已影响债权人到期债权的实现；
（4）债务人的债权不是专属于债务人自身的债权。

所谓专属于债务人自身的债权，是指基于扶养关系、抚养关系、赡养关系、继承关系产生的给付请求权和劳动报酬、退休金、养老金、抚恤金、安置费、人寿保险、人身伤害赔偿请求权等权利。

2. 代位权的提前行使

债权人的债权到期前，债务人的债权或者与该债权有关的从权利存在诉讼时效期间即将届满或者未及时申报破产债权等情形，影响债权人的债权实现的，债权人可以代位向债务人的相对人请求其向债务人履行、向破产管理人申报或者作出其他必要的行为。

3. 代位权行使的效力

人民法院认定代位权成立的，由债务人的相对人向债权人履行义务，债权人接受履行后，债权人与债务人、债务人与相对人之间相应的权利义务终止。债务人对相对人的债权或者与该债权有关的从权利被采取保全、执行措施，或者债务人破产的，依照相关法律的规定处理。债权人行使代位权的必要费用，由债务人负担。

（二）撤销权

撤销权，是指因债务人不当处分自己财产或权利的行为，影响到债权人债权的实现，债权人可以请求人民法院撤销债务人行为的权利。债权人行使撤销权主要是针对债务人的以下行为：

（1）债务人以放弃其债权、放弃债权担保或者恶意延长其到期债权的履行期限，影响债权人的债权实现的；
（2）债务人以无偿转让财产等方式无偿处分财产权益的；
（3）债务人以明显不合理的低价转让财产、以明显不合理的高价受让他人财产或者为他人的债务提供担保，影响债权人的债权实现，债务人的相对人知道或者应当知道该情形的。

撤销权的行使范围以债权人的债权为限。债权人行使撤销权的必要费用，由债务人负担。

撤销权自债权人知道或者应当知道撤销事由之日起 1 年内行使。自债务人的行为发生之日起 5 年内没有行使撤销权的，该撤销权消灭。

第五节　合同的担保

合同担保，是指法律规定或者当事人约定的确保债务人履行合同义务，保障债权人的债权实现的法律措施。根据《民法典》物权编与合同编的规定，债权人在借贷、买卖等合同关系中，为保障实现其债权，需要担保的，可以通过保证、抵押、质押、留置和定金等方式设立担保。设立担保权，应当依照法律规定订立担保合同。担保合同是主债合同的从合同。订立担保合同的目的，是保证主合同的履行，促使债务人履行其债务，保障债权人实现其债权。

一、保证

（一）保证与保证人

保证，是指第三人作为保证人和债权人约定，当债务人不履行债务或者发生当事人约定的情形时，保证人按照约定履行债务或者承担责任的担保方式。

具有代为清偿债务能力的法人、其他组织或者公民，可以作保证人。下列几种人不能作为保证人：

（1）机关法人不得为保证人，但是经国务院批准为使用外国政府或者国际经济组织贷款进行转贷的除外。

（2）以公益为目的的非营利法人、非法人组织不得为保证人。

（二）保证合同

保证合同是指为保障债权的实现，保证人和债权人约定，当债务人不履行到期债务或者发生当事人约定的情形时，由保证人履行债务或者承担责任的合同。保证合同是主债权债务合同的从合同。主债权债务合同无效的，保证合同无效，但是法律另有规定的除外。

保证合同可以是单独订立的书面合同，也可以是主债权债务合同中的保证条款。第三人单方以书面形式向债权人作出保证，债权人接收且未提出异议的，也视为保证合同成立。保证合同一般包括以下内容：

（1）被保证的主债权种类与数额；

（2）债务人履行债务的期限；

（3）保证的方式；

（4）保证担保的范围；

（5）保证期间。

（三）保证方式

保证的方式有一般保证和连带责任保证两种。

1. 一般保证

当事人在保证合同中约定，在债务人不能履行债务时，由保证人承担保证责任的，为一般保证。一般保证的保证人在主合同纠纷未经审判或者仲裁,并就债务人财产依法强制执行仍不能履行债务前,对债权人可以拒绝承担保证责任。即一般保证的保证人享有先诉抗辩权。但有下列情形之一的除外:

(1) 债务人下落不明,且无财产可供执行;
(2) 人民法院已经受理债务人破产案件;
(3) 债权人有证据证明债务人的财产不足以履行全部债务或者丧失履行债务能力;
(4) 保证人以书面表示放弃先诉抗辩权。

2. 连带责任保证

当事人在保证合同中约定保证人和债务人对债务承担连带责任的,为连带责任保证。连带责任保证的保证人不享有先诉抗辩权。连带责任保证的债务人不履行到期债务或者发生当事人约定的情形时,债权人可以请求债务人履行债务,也可以请求保证人在其保证范围内承担保证责任。

当事人对保证方式没有约定或者约定不明确的,按照连带责任保证承担保证责任。

(四) 保证期间

保证期间,是指当事人约定或者法律规定的保证人承担保证责任的时间期限。保证人在与债权人约定的保证期间或者法律规定的保证期间内承担保证责任。

债权人与保证人可以在合同中约定保证期间,没有约定或者约定不明确的,保证期间为主债务履行期限届满之日起 6 个月。保证期间不发生中止、中断和延长。

一般保证的债权人未在保证期间对债务人提起诉讼或者申请仲裁的,保证人不再承担保证责任;连带责任保证的债权人未在保证期间请求保证人承担保证责任的,保证人不再承担保证责任。

(五) 保证责任

1. 保证责任的范围

保证的范围包括主债权及其利息、违约金、损害赔偿金和实现债权的费用。当事人另有约定的,按照其约定。当事人对保证担保的范围没有约定或者约定不明确的,保证人应当对全部债务承担保证责任。

2. 主合同变更的保证责任

债权人和债务人未经保证人书面同意,协商变更主债权债务合同内容,减轻债务的,保证人仍对变更后的债务承担保证责任;加重债务的,保证人对加重的部分不承担保证责任。债权人和债务人变更主债权债务合同的履行期限,未经保证人书面同意的,保证期间不受影响。

债权人转让全部或者部分债权,未通知保证人的,该转让对保证人不发生效力。保证人与债权人约定禁止债权转让,债权人未经保证人书面同意转让债权的,保证人对受让人不再承担保证责任。债权人未经保证人书面同意,允许债务人转移全部或者部分债务的,保证人不再承担保证责任,但是债权人和保证人另有约定的除外。

3. 共同保证的保证责任

同一债务有两个以上保证人的,保证人应当按照保证合同约定的保证份额,承担保证责任;没有约定保证份额的,应当认定为连带共同保证,债权人可以请求任何一个保证人在其保证范围内承担保证责任。

4. 保证人的追偿权

保证人承担保证责任后，除当事人另有约定外，有权在其承担保证责任的范围内向债务人追偿，享有债权人对债务人的权利，但是不得损害债权人的利益。

二、抵押

（一）抵押的概念

抵押，是指债务人或者第三人不转移对财产的占有，将该财产作为债权的担保，当债务人不履行债务或者发生当事人约定的情形时，债权人有权以该财产优先受偿的担保方式。

抵押关系中，提供担保财产的债务人或者第三人为抵押人，债权人为抵押权人，供担保的财产为抵押财产。

（二）抵押合同

设立抵押权，当事人应当采取书面形式订立抵押合同。抵押合同一般包括下列条款：

（1）被担保债权的种类和数额；
（2）债务人履行债务的期限；
（3）抵押财产的名称、数量等情况；
（4）担保的范围；
（5）当事人认为需要约定的其他事项。

（三）抵押财产

抵押财产是指抵押人用以设定抵押权的财产。抵押财产一般应符合下列条件：

（1）抵押人对抵押财产有处分权；
（2）抵押财产必须是法律允许转让的；
（3）抵押财产的价值应与所担保的债权金额一致；
（4）抵押财产应便于抵押的管理和实施，原则上应是不动产。

债务人或者第三人有权处分的下列财产可以抵押：

（1）建筑物和其他土地附着物；
（2）建设用地使用权；
（3）海域使用权；
（4）生产设备、原材料、半成品、产品；
（5）正在建造的建筑物、船舶、航空器；
（6）交通运输工具；
（7）法律、行政法规未禁止抵押的其他财产。

抵押人可以将上述所列财产一并抵押。

企业、个体工商户、农业生产经营者可以将现有的以及将有的生产设备、原材料、半成品、产品抵押，债务人不履行到期债务或者发生当事人约定的实现抵押权的情形，债权人有权就抵押财产确定时的动产优先受偿。

以建筑物抵押的，该建筑物占用范围内的建设用地使用权一并抵押；以建设用地使用权抵押的，该土地上的建筑物一并抵押。未按规定一并抵押的，未抵押的财产视为一并抵押。

乡镇、村企业的建设用地使用权不得单独抵押。以乡镇、村企业的厂房等建筑物抵押的，其占用范围内的建设用地使用权一并抵押。

下列财产不得抵押：

（1）土地所有权；

（2）宅基地、自留地、自留山等集体所有土地的使用权，但是法律规定可以抵押的除外；

（3）学校、幼儿园、医疗机构等为公益目的成立的非营利法人的教育设施、医疗卫生设施和其他公益设施；

（4）所有权、使用权不明或者有争议的财产；

（5）依法被查封、扣押、监管的财产；

（6）法律、行政法规规定不得抵押的其他财产。

（四）抵押登记

以建筑物和其他土地附着物、建设用地使用权、海域使用权或者正在建造的建筑物抵押的，应当依法向国家有关抵押登记机关办理抵押登记，抵押权自登记时设立。以动产抵押的，抵押权自抵押合同生效时设立，未经登记，不得对抗善意第三人，不得对抗正常经营活动中已经支付合理价款并取得抵押财产的买受人。

（五）抵押的效力

1. 抵押人的权利

（1）抵押财产的占有权、收益权。抵押期间，除法律和合同另有约定以外，抵押人有权继续占有抵押财产，并通过对抵押财产的使用或租赁获得收益。

（2）抵押财产的处分权。抵押期间，抵押人可以转让抵押财产。当事人另有约定的，按照其约定。

抵押财产转让的，抵押权不受影响。抵押人转让抵押财产的，应当及时通知抵押权人。抵押权人能够证明抵押财产转让可能损害抵押权的，可以请求抵押人将转让所得的价款向抵押权人提前清偿债务或者提存。

抵押权设立前，抵押财产已经出租并转移占有的，原租赁关系不受该抵押权的影响。

（3）一项抵押财产设定多项抵押或者最高额抵押的权利。抵押人可以就同一项抵押财产向不同的债权人设定多个抵押权，但不得超出余额部分。在同一抵押物上有多个抵押权时，各个抵押权人应按照法律规定的顺序行使抵押权。

抵押人可以与债权人协商订立最高额抵押的合同，约定在最高债权额限度内对同一债权人就一定期间连续发生的债权提供抵押担保。

2. 抵押权人的权利

（1）保全抵押财产。抵押期间，抵押人的行为足以使抵押财产价值减少的，抵押权人有权请求抵押人停止其行为；抵押财产价值减少的，抵押权人有权请求恢复抵押财产的价值，或者提供与减少的价值相应的担保。抵押人不恢复抵押财产的价值，也不提供担保的，抵押权人有权请求债务人提前清偿债务。

（2）放弃抵押权或者抵押权的顺位。抵押权人与抵押人可以协议变更抵押权顺位以及被担保的债权数额等内容。但是，抵押权的变更未经其他抵押权人书面同意的，不得对其他抵押权人产生不利影响。

（3）优先受偿权。在债务人不履行债务时，抵押权人有权以该抵押财产优先于普通债权人受偿。

（六）抵押权的实现

债务人不履行到期债务或者发生当事人约定的实现抵押权的情形，抵押权人可以与抵押人协议以抵押财产折价或者以拍卖、变卖该抵押财产所得的价款优先受偿。协议损害其他债权人利益的，其他债权人可以请求人民法院撤销该协议。抵押权人与抵押人未就抵押权实现方式达成协议的，抵押权人可以请求人民法院拍卖、变卖抵押财产。抵押财产折价或者变卖的，应当参照市场价格。

抵押权人与抵押人约定债务人不履行到期债务时抵押财产归债权人所有的，只能依法就抵押财产优先受偿。

抵押财产折价或者拍卖、变卖后，其价款超过债权数额的部分归抵押人所有，不足部分由债务人另行清偿。

同一财产向两个以上债权人抵押的，拍卖、变卖抵押财产所得的价款依照下列规定清偿：

（1）抵押权已经登记的，按照登记的时间先后确定清偿顺序；
（2）抵押权已经登记的先于未登记的受偿；
（3）抵押权未登记的，按照债权比例清偿。

同一财产既设立抵押权又设立质权的，拍卖、变卖该财产所得的价款按照登记、交付的时间先后确定清偿顺序。

抵押权人应当在主债权诉讼时效期间行使抵押权；未行使的，人民法院不予保护。

抵押人为第三人的，承担担保责任后，可以向债务人或其他担保人追偿。

三、质押

所谓质押，是指债务人或者第三人将质押标的移交债权人占有作为债的担保，当债务人不履行债务时，债权人有权以该标的折价或拍卖、变卖该标的的价款优先受偿的担保方式。质押关系中，提供质押标的的债务人或者第三人为出质人，债权人为质权人。按质押标的不同，质押分为动产质押与权利质押。

（一）动产质押

1. 动产质押的概念

动产质押是指债务人或者第三人将其动产出质给债权人占有的，当债务人不履行到期债务或者发生当事人约定的实现质权的情形时，债权人有权就该动产优先受偿的质押方式。该债务人或者第三人为出质人，债权人为质权人，交付的动产为质押财产。

2. 动产质押合同

当事人应当采取书面形式订立质押合同，质押合同一般包括以下条款：

（1）被担保债权的种类和数额；
（2）债务人履行债务的期限；
（3）质押财产的名称、数量等情况；
（4）担保的范围；
（5）质押财产交付的时间、方式。

质押合同自出质人交付质押财产时生效。法律、行政法规禁止转让的动产不得出质。

3. 动产质押的效力

动产质押设立后,在主债务清偿以前,质权人有权占有质押财产,并有权收取质押财产的孳息,但是合同另有约定的除外。质权人收取的孳息应当先充抵收取孳息的费用。

质权人负有妥善保管质押财产的义务,因保管不善致使质押财产毁损、灭失的,应当承担赔偿责任。质权人的行为可能使质押财产毁损、灭失的,出质人可以请求质权人将质押财产提存,或者请求提前清偿债务并返还质押财产。质权人在质权存续期间,未经出质人同意,擅自使用、处分、转质质押财产,造成出质人损害的,应当承担赔偿责任。

因不可归责于质权人的事由可能使质押财产毁损或者价值明显减少,足以危害质权人权利的,质权人有权请求出质人提供相应的担保;出质人不提供的,质权人可以拍卖、变卖质押财产,并与出质人协议将拍卖、变卖所得的价款提前清偿债务或者提存。

质权人可以放弃质权。债务人以自己的财产出质,质权人放弃该质权的,其他担保人在质权人丧失优先受偿权益的范围内免除担保责任,但是其他担保人承诺仍然提供担保的除外。

债务人履行债务或者出质人提前清偿所担保的债权的,质权人应当返还质押财产。

4. 质押权的实现

债务人不履行到期债务或者发生当事人约定的实现质权的情形,质权人可以与出质人协议以质押财产折价,也可以就拍卖、变卖质押财产所得的价款优先受偿。质押财产折价或者变卖的,应当参照市场价格。其价款超过债权数额的部分归出质人所有,不足部分由债务人清偿。

出质人可以请求质权人在债务履行期限届满后及时行使质权,质权人不行使的,出质人可以请求人民法院拍卖、变卖质押财产。因质权人怠于行使权利造成出质人损害的,由质权人承担赔偿责任。

(二) 权利质押

1. 权利质押的概念

权利质押指债务人或者第三人以其财产权利交付债权人作为债权的担保,当债务人不履行债务时,债权人有权以该权利优先受偿的质押方式。

我国有关法律对权利质押的标的、质权的设立等作了特殊规定。未作特殊规定的,适用动产质押的有关规定。

2. 权利质押的标的

债务人或者第三人有权处分的下列权利可以出质:

(1) 汇票、支票、本票;
(2) 债券、存款单;
(3) 仓单、提单;
(4) 可以转让的基金份额、股权;
(5) 可以转让的注册商标专用权、专利权、著作权等知识产权中的财产权;
(6) 现有的以及将有的应收账款;
(7) 法律、行政法规规定可以出质的其他财产权利。

3. 权利质押质权的设立

(1) 以汇票、支票、本票、债券、存款单、仓单、提单出质的,质权自权利凭证交付质权人时设立；没有权利凭证的，质权自办理出质登记时设立。法律另有规定的，依照其规定。汇票、本票、支票、债券、存款单、仓单、提单的兑现日期或者提货日期先于主债权到期的，质权人可以兑现或者提货，并与出质人协议将兑现的价款或者提取的货物提前清偿债务或者提存。

（2）以基金份额、股权出质的，质权自办理出质登记时设立。基金份额、股权出质后，不得转让，但是出质人与质权人协商同意的除外。出质人转让基金份额、股权所得的价款，应当向质权人提前清偿债务或者提存。

（3）以注册商标专用权、专利权、著作权等知识产权中的财产权出质的，质权自办理出质登记时设立。知识产权中的财产权出质后，出质人不得转让或者许可他人使用，但是出质人与质权人协商同意的除外。出质人转让或者许可他人使用出质的知识产权中的财产权所得的价款，应当向质权人提前清偿债务或者提存。

（4）以应收账款出质的，质权自办理出质登记时设立。应收账款出质后，不得转让，但是出质人与质权人协商同意的除外。出质人转让应收账款所得的价款，应当向质权人提前清偿债务或者提存。

四、留置

（一）留置的概念

留置是指债权人按照合同约定占有债务人的动产，债务人不按照合同约定的期限履行债务的，债权人有权依法留置该财产，并以该财产优先受偿的担保方式。在留置关系中，债权人为留置权人，债权人依法占有的动产为留置财产。

承揽合同的承揽人，运输合同的承运人，保管合同、仓储合同的保管人等，在债务人不按照合同约定的期限履行债务时，依法可以行使留置权。留置担保的范围包括：主债权及利息，违约金，损害赔偿金，留置物保管费用和实现留置权的费用。

（二）留置权成立的条件

（1）债权人按照合同的约定已经合法占有债务人的动产；

（2）债权人留置的动产，应当与债权属于同一法律关系，但企业之间留置的除外；

（3）债权人留置的动产，属于按法律规定或者当事人约定可以留置的。

（三）留置权人的权利与义务

1. 留置权人的权利

留置财产为不可分物的，留置权人可以留置全部留置财产；留置财产为可分物的，留置财产的价值应当相当于债务的金额。留置权人有权收取留置财产的孳息。孳息应当先充抵收取孳息的费用。留置权人因保管留置物所支出的必要费用，有权向债务人请求返还。留置权人对留置财产有优先受偿的权利。

2. 留置权人的义务

留置权人负有妥善保管留置财产的义务。因保管不善使留置财产损毁、灭失的，应当承担赔偿责任。留置权人对留置财产丧失占有或者留置权人接受债务人另行提供担保的，留置权消灭。

（四）留置权的实现

留置权人与债务人应当约定留置财产后的债务履行期限；没有约定或者约定不明确的，

留置权人应当给债务人60日以上履行债务的期限，但鲜活易腐等不易保管的动产除外。

债务人逾期未履行的，留置权人可以与债务人协议以留置财产折价，也可以就拍卖、变卖留置财产所得的价款优先受偿。其价款超过债权数额的部分归债务人所有，不足部分由债务人清偿。留置财产折价或者变卖的，应当参照市场价格。

债务人可以请求留置权人在债务履行期限届满后行使留置权，留置权人不行使的，债务人可以请求人民法院拍卖、变卖留置财产。

同一动产上已经设立抵押权或者质权，该动产又被留置的，留置权人优先受偿。

五、定金

警惕文字陷阱，定金订金要分清　　"定金"与"订金"的区别

（一）定金的概念

定金，是指当事人一方为了担保合同的履行而预先按合同标的额的一定比例向对方支付的一定数额的货币资金。

（二）定金的设立

设立定金担保权可以订立书面定金合同，也可以在主合同中约定定金条款。定金合同是实践性合同，自实际交付定金时成立。

定金的数额由当事人约定，但是不得超过主合同标的额的20%，超过部分不产生定金的效力。实际交付的定金数额多于或者少于约定数额的，视为变更约定的定金数额。

（三）定金的效力

债务人履行债务的，定金应当抵作价款或者收回。给付定金的一方不履行债务或者履行债务不符合约定，致使不能实现合同目的的，无权请求返还定金；收受定金的一方不履行债务或者履行债务不符合约定，致使不能实现合同目的的，应当双倍返还定金。

第六节　合同的变更、转让和终止

一、合同的变更

（一）合同变更的概念

所谓合同的变更是指合同依法成立后尚未完全履行前，经双方当事人协商或者依照法律的规定，对原合同的内容条款进行的修改或补充。如合同标的改变、数量的增减、质量标准的修改、价格的变动、履行地点或履行期限的改变等，都属于合同的变更。

（二）合同变更的要件

1. 合同变更须由当事人协商一致

当事人协商一致，可以变更合同。当事人对合同变更的内容约定不明确的，推定为未变更。合同一方当事人未经对方同意擅自变更合同内容的，应当承担违约责任。

2. 合同内容须有非实质性改变

合同变更是在原合同的基础上进行的修改或补充，如合同数量、质量、价格、履行地点、履行期限等条款的修改或补充，原合同关系的基本要素并不发生实质性改变。

3. 必须符合法律规定的形式

法律、行政法规规定应当办理批准、登记等手续的合同变更的，应当依照其规定的形式办理手续，否则合同变更不发生效力。

（三）合同变更的效力

合同变更后，当事人应当按照变更后的合同履行。合同变更的效力原则上仅对未履行的部分有效，对已履行的部分没有溯及力，但法律另有规定或当事人另有约定的除外。

二、合同的转让

合同的转让是指合同当事人一方将其合同的权利和义务全部或部分转让给第三人的行为。合同的转让分为合同权利的转让、合同义务的转移以及合同权利和义务一并转让。

（一）合同权利的转让

1. 合同权利转让的概念

合同权利转让，是指债权人将合同的权利全部或者部分转让给第三人的行为。其中债权人是转让人，第三人是受让人。

2. 合同权利转让的条件

债权人转让合同权利的，无须债务人同意，但应当通知债务人。未通知债务人的，该转让对债务人不发生效力。债权转让的通知不得撤销，但是经受让人同意的除外。

3. 合同权利转让的限制

债权人可以将债权的全部或者部分转让给第三人，但是有下列情形之一的除外：

（1）根据合同性质不得转让。如基于受赠人特定身份关系订立的赠与合同，受赠人接受捐赠的权利不得转让等。

（2）按照当事人约定不得转让。当事人在订立合同时约定禁止债权人将权利转让给第三人的，合同权利不得转让。但当事人约定非金钱债权不得转让的，不得对抗善意第三人；当事人约定金钱债权不得转让的，不得对抗第三人。

（3）依照法律规定不得转让。

4. 合同权利转让的效力

债权人转让债权的，受让人取得了相应的债权，同时也取得了与债权有关的从权利，但是该从权利专属于债权人自身的除外。受让人取得从权利不因该从权利未办理转移登记手续或者未转移占有而受到影响。

债务人接到债权转让通知后，债务人对让与人的抗辩，可以向受让人主张。有下列情形之一的，债务人可以向受让人主张抵销：（1）债务人接到债权转让通知时，债务人对让与人享有债权，且债务人的债权先于转让的债权到期或者同时到期；（2）债务人的债权与转让的债权是基于同一合同产生。

因债权转让增加的履行费用，由让与人负担。

（二）合同义务的转移

1. 合同义务转移的概念

合同义务转移是指在不改变合同义务的前提下，经债权人同意，债务人将合同的义务全部或者部分转移给第三人。

2. 合同义务转移的条件

债务人将债务的全部或者部分转移给第三人的，应当经债权人同意。债务人或者第三人可以催告债权人在合理期限内予以同意，债权人未作表示的，视为不同意。

第三人与债务人约定加入债务并通知债权人，或者第三人向债权人表示愿意加入债务，债权人未在合理期限内明确拒绝的，债权人可以请求第三人在其愿意承担的债务范围内和债务人承担连带债务。

3. 合同义务转移的效力

债务人转移债务的，第三人成为新的债务人承担相应债务，新债务人可以主张原债务人对债权人的抗辩。原债务人对债权人享有债权的，新债务人不得向债权人主张抵销。债务人转移债务的，新债务人应当承担与主债务有关的从债务，但是该从债务专属于原债务人自身的除外。

（三）合同权利和义务一并转让

合同权利和义务一并转让，是指合同一方当事人经对方同意将自己在合同中的权利义务一并转让给第三人的行为。

合同当事人一方经对方同意，可以将自己在合同中的权利和义务一并转让给第三人。合同的权利和义务一并转让的，适用债权转让、债务转移的有关规定。

三、合同的终止

合同的终止，是指依法成立的合同因一定的法律事实引起的合同权利义务关系的消灭。合同终止包括因合同解除引起的合同权利义务关系终止和债权债务终止引起的合同权利义务关系终止。

合同解除的，该合同的权利义务关系终止。

有下列情形之一的，债权债务终止，该合同的权利义务关系相应终止：

（1）债务已经履行；
（2）债务相互抵销；
（3）债务人依法将标的物提存；
（4）债权人免除债务；
（5）债权债务同归于一人；
（6）法律规定或者当事人约定终止的其他情形。

（一）合同解除及其程序与效力

合同解除，是指合同有效成立以后，没有履行或者没有完全履行之前，通过双方当事人协议或者一方行使解除权，使合同权利义务关系终止的法律行为。

1. 合同解除的类型

合同解除有协议解除和法定解除两种类型。

协议解除，是指合同双方当事人自愿达成意思表示的一致而解除合同。当事人协议解除合同包括以下两种情况：

（1）协商解除。指合同生效后，未履行或未完全履行之前，当事人经协商一致，达成解除合同的协议，使合同权利义务关系终止的行为。依法必须经有关机关批准才能解除的合同，还须经有关机关的批准。

（2）约定解除权。指当事人在合同中约定一方解除合同的事由，当该事由发生时，解除权人可以解除合同。

法定解除，是指合同当事人在法律规定的解除事由出现时，行使解除权而使合同关系消灭。有下列情形之一的，当事人可以解除合同：

（1）因不可抗力致使不能实现合同目的；

（2）在履行期限届满前，当事人一方明确表示或者以自己的行为表明不履行主要债务；

（3）当事人一方迟延履行主要债务，经催告后在合理期限内仍未履行；

（4）当事人一方迟延履行债务或者有其他违约行为致使不能实现合同目的；

（5）法律规定的其他情形。

法律规定或者当事人约定解除权行使期限，期限届满当事人不行使的，该权利消灭。法律没有规定或者当事人没有约定解除权行使期限，自解除权人知道或者应当知道解除事由之日起1年内不行使，或者经对方催告后在合理期限内不行使的，该权利消灭。

2. 合同解除的程序

当事人一方依法主张解除合同的，应当通知对方。合同自通知到达对方时解除；通知载明债务人在一定期限内不履行债务则合同自动解除，债务人在该期限内未履行债务的，合同自通知载明的期限届满时解除。对方对解除合同有异议的，任何一方当事人均可以请求人民法院或者仲裁机构确认解除行为的效力。

当事人一方未通知对方，直接以提起诉讼或者申请仲裁的方式依法主张解除合同，人民法院或者仲裁机构确认该主张的，合同自人民法院或者仲裁机构的通知文件送达对方时解除。

3. 合同解除的效力

合同解除后，尚未履行的，终止履行；已经履行的，根据履行情况和合同性质，当事人可以请求恢复原状或者采取其他补救措施，并有权请求赔偿损失。合同因违约解除的，解除权人可以请求违约方承担违约责任，但是当事人另有约定的除外。

主合同解除后，担保人对债务人应当承担的民事责任仍应当承担担保责任，但是担保合同另有约定的除外。

合同的权利义务关系终止，不影响合同中结算和清理条款的效力。

（二）合同债权债务终止的情形

1. 债务已经履行

债务履行是指合同的当事人按照合同约定的内容完成合同义务，使各方的合同权利得以实现的行为。

债务人对同一债权人负担的数项债务种类相同，债务人的给付不足以清偿全部债务的，除当事人另有约定外，由债务人在清偿时指定其履行的债务。债务人未作指定的，应当优先履行已经到期的债务；数项债务均到期的，优先履行对债权人缺乏担保或者担保最少的债务；均无担保或者担保相等的，优先履行债务人负担较重的债务；负担相同的，按照债务到期的先后顺序履行；到期时间相同的，按照债务比例履行。

债务人在履行主债务外还应当支付利息和实现债权的有关费用，其给付不足以清偿全部债务的，除当事人另有约定外，应当按照下列顺序履行：

（1）实现债权的有关费用；

（2）利息；

（3）主债务。

2. 债务相互抵销

债务相互抵销是指双方当事人互负债务，通过相互冲抵，使得双方的互负债务在等额度内消灭的行为。抵销分为法定抵销与约定抵销。

（1）法定抵销。当事人互负债务，该债务的标的物种类、品质相同的，任何一方可以将自己的债务与对方的到期债务抵销。但是，根据债务性质、按照当事人约定或者依照法律规定不得抵销的除外。当事人主张抵销的，应当通知对方。通知自到达对方时生效。抵销不得附条件或者附期限。

（2）协议抵销。当事人互负债务，标的物种类、品质不相同的，经双方协商一致，也可以抵销。但依照法律规定或者按照合同性质不得抵销的除外。

3. 债务人依法将标的物提存

提存是指由于债权人的原因，债务人无法向其履行债务，而依法将债的标的物交付提存机关，从而完成合同义务的行为。

有下列情形之一，难以履行债务的，债务人可以将标的物提存：

（1）债权人无正当理由拒绝受领；

（2）债权人下落不明；

（3）债权人死亡未确定继承人、遗产管理人，或者丧失民事行为能力未确定监护人；

（4）法律规定的其他情形。

债务人将标的物或者将标的物依法拍卖、变卖所得价款交付提存部门时，提存成立。提存成立的，视为债务人在其提存范围内已经交付标的物。标的物提存后，债务人应当及时通知债权人或者债权人的继承人、遗产管理人、监护人、财产代管人。

标的物提存后，毁损、灭失的风险由债权人承担。提存期间，标的物的孳息归债权人所有。提存费用由债权人负担。

债权人可以随时领取提存物。但是，债权人对债务人负有到期债务的，在债权人未履行债务或者提供担保之前，提存部门根据债务人的要求应当拒绝其领取提存物。

债权人领取提存物的权利，自提存之日起5年内不行使而消灭，提存物扣除提存费用后归国家所有。但是，债权人未履行对债务人的到期债务，或者债权人向提存部门书面表示放弃领取提存物权利的，债务人负担提存费用后有权取回提存物。

4. 债权人免除债务

债权人免除债务指合同没有履行或未完全履行，债权人放弃自己的部分或全部债权，从而使债务人债务减轻或终止的行为。债权人免除债务人部分或者全部债务的，债权债务部分或者全部终止，但是债务人在合理期限内拒绝的除外。

5. 债权债务同归于一人

债权债务同归于一人又称债权债务混同，是指合同的债权债务归于同一当事人，合同债权债务终止的情形。

债权和债务同归于一人的，如债权人企业与债务人企业合并、债权人继承债务人的债务或债务人继承债权人的债权、通过合同的转让使债权债务混同等情形，债权债务终止，但是损害第三人利益的除外。

6. 法律规定或者当事人约定终止的其他情形

如委托合同的委托人死亡、终止或者受托人死亡、丧失民事行为能力、终止并符合法律规定的情形的，委托合同当事人的债权债务终止等。

(三) 合同债权债务终止的效力

(1) 债权债务终止时，合同权利义务关系消灭，债权的从权利同时消灭，但是法律另有规定或者当事人另有约定的除外。

(2) 债权债务终止后，当事人应当遵循诚信等原则，根据交易习惯履行通知、协助、保密、旧物回收等义务。

第七节 违约责任

一、违约责任概念

违约责任是指合同当事人不履行合同义务或者履行合同义务不符合约定时，依照法律规定或者合同约定应承担的法律责任。

所谓违约行为主要有以下情形：

(1) 不履行。不履行是指在合同履行期限届至时不履行或不能履行合同义务。

(2) 履行不符合约定。履行不符合约定是指不适当履行或不完全履行。

(3) 预期违约。预期违约又称先期违约，是指在合同履行期限届至前，一方当事人无正当理由明确表示其在履行期限届至后将不履行合同义务或者以其行为表明在履行期限届至后将不可能履行合同义务。

二、承担违约责任的方式

(一) 继续履行

继续履行，是指违约方应根据对方当事人的请求继续履行合同义务的责任形式。当事人一方未支付价款、报酬、租金、利息，或者不履行其他金钱债务的，对方可以请求其支付。当事人一方不履行非金钱债务或者履行非金钱债务不符合约定的，对方可以请求履行，但是有下列情形之一的除外：

(1) 法律上或者事实上不能履行；

(2) 债务的标的不适于强制履行或者履行费用过高；

(3) 债权人在合理期限内未请求履行。

有上述规定的除外情形之一，致使不能实现合同目的的，人民法院或者仲裁机构可以根据当事人的请求终止合同权利义务关系，但是不影响违约责任的承担。

当事人一方不履行债务或者履行债务不符合约定，根据债务的性质不得强制履行的，对方可以请求其负担由第三人替代履行的费用。

(二) 补救措施

当事人履行合同不符合约定的，应当按照当事人的约定承担违约责任。对违约责任没有约定或者约定不明确，受损害方根据标的的性质以及损失的大小，可以合理选择请求对方采取修理、重作、更换、退货、减少价款或者报酬等补救措施承担违约责任。

(三) 赔偿损失

损害赔偿是指违约方以支付货币的方式弥补受损害方因违约行为所造成的经济损失。

当事人一方不履行合同义务或者履行合同义务不符合约定的，在履行义务或者采取补救措施后，对方还有其他损失的，应当赔偿损失。损失赔偿额应当相当于因违约所造成的损失，包括合同履行后可以获得的利益，但是不得超过违约一方订立合同时预见到或者应当预见到的因违约可能造成的损失。

当事人一方违约后，对方应当采取适当措施防止损失的扩大；没有采取适当措施致使损失扩大的，不得就扩大的损失请求赔偿。当事人因防止损失扩大而支出的合理费用，由违约方负担。

（四）支付违约金

违约金是指合同当事人一方由于不履行合同或者履行合同不符合约定时，按照合同的约定或法律的规定，应当向对方支付的一定数额的货币资金。违约金是对违约行为的一种惩罚性质的承担责任方式，原则上不论违约的当事人一方是否已给对方造成损失，都应当支付。

当事人可以约定一方违约时应当根据违约情况向对方支付一定数额的违约金，也可以约定因违约产生的损失赔偿额的计算方法。约定的违约金低于造成的损失的，人民法院或者仲裁机构可以根据当事人的请求予以增加；约定的违约金过分高于造成的损失的，人民法院或者仲裁机构可以根据当事人的请求予以适当减少。

当事人就迟延履行而约定违约金的，违约方支付违约金后，还应当履行债务。

（五）定金

当事人在合同中约定一方向对方给付定金作为债权担保的，适用本章第五节"合同的担保"中定金担保方式的有关规定。

当事人既约定违约金，又约定定金的，一方违约时，对方可以选择适用违约金或者定金条款。定金不足以弥补一方违约造成的损失的，对方可以请求赔偿超过定金数额的损失。

三、违约责任的免除

当事人不履行合同或者履行合同不符合约定的，一般都应当向对方承担违约责任。但是，当事人一方违约有法定的免责情形的，可以根据情况免除或减轻其违约责任。

免责事由主要有不可抗力、债权人过错、免责条款等三类情形。

（一）不可抗力

不可抗力是指不能预见、不能避免并且不能克服的客观情况。不可抗力的来源既有自然现象，如地震、台风、冰雹、洪水等自然灾害；也包括国家征收、计划调整等政府行为；以及战争、社会骚乱等社会异常现象。

当事人一方因不可抗力不能履行合同的，根据不可抗力的影响，部分或者全部免除责任，但是法律另有规定的除外。因不可抗力不能履行合同的，应当及时通知对方，以减轻可能给对方造成的损失，并应当在合理期限内提供证明。

当事人迟延履行后发生不可抗力的，不免除其违约责任。

（二）债权人过错

当事人不履行合同或者履行合同不符合约定是由债权人过错造成的，债务人不承担违约责任。债务人按照约定履行债务，债权人无正当理由拒绝受领的，债务人可以请求债权人赔偿增加的费用。在债权人受领迟延期间，债务人无须支付利息。

当事人各方都违反合同的，应当各自承担相应的责任。当事人一方违约造成对方损失，对方对损失的发生有过错的，可以减少相应的损失赔偿额。

当事人一方因第三人的原因造成违约的，应当依法向对方承担违约责任。当事人一方和第三人之间的纠纷，依照法律规定或者按照约定处理。

（三）免责条款

免责条款是指合同双方当事人在合同中约定，当出现一定的事由时，可免除或减轻当事人未来违约责任的条款。

免责条款必须符合有关法律和行政法规的规定，不能排除当事人的基本合同义务，也不能排除故意或重大过失的违约责任。

习 题

一、单项选择题

1. 下列选项中，属于单务合同的是（   ）。
   A. 买卖合同   B. 赠与合同
   C. 租赁合同   D. 运输合同
2. 下列各项关于要约生效时间的表述，正确的是（   ）。
   A. 自要约人发出要约时生效   B. 自要约到达受要约人时生效
   C. 自受要约人发出承诺时生效   D. 自双方当事人签字或者盖章时生效
3. 甲、乙两公司订立了一份书面合同，甲公司签字盖章后邮寄给乙公司签字盖章。该合同成立的时间是（   ）。
   A. 自甲、乙两公司口头协商一致并签订备忘录时成立
   B. 自甲公司签字盖章时成立
   C. 自甲公司将签字盖章的合同交付邮寄时成立
   D. 自乙公司签字盖章时成立
4. 下列选项中属于无效合同类型的是（   ）。
   A. 因重大误解订立的合同
   B. 法人的法定代表人或者非法人组织的负责人超越权限订立的合同
   C. 无民事行为能力人订立的合同
   D. 限制民事行为能力人订立的纯获利益的合同
5. 无权代理人以被代理人名义订立的合同，属于（   ）。
   A. 有效合同   B. 无效合同
   C. 可撤销的合同   D. 效力待定合同
6. 下列选项中属于债权人可以行使代位权的是（   ）。
   A. 因债务人怠于行使其对相对人的到期债权影响债权人的债权实现的
   B. 债务人以放弃其债权影响债权人的债权实现的
   C. 债务人无偿转让财产影响债权人的债权实现的
   D. 债务人以明显不合理的低价转让财产影响债权人的债权实现的
7. 下列选项中，不得用于合同抵押担保的是（   ）。
   A. 建筑物和其他土地附着物

B. 建设用地使用权

C. 正在建造的建筑物、船舶、航空器

D. 学校、医院等以公益为目的的事业单位的教育、医疗等设施

8. 法律规定，当事人约定的定金数额超过主合同标的额的一定比例的，超过部分无定金的法律效力。下列选项中正确的是（   ）。

A. 定金数额不得超过主合同标的额的 10%

B. 定金数额不得超过主合同标的额的 20%

C. 定金数额不得超过主合同标的额的 30%

D. 定金数额不得超过主合同标的额的 40%

9. 甲公司与乙企业在签订合同时约定，由乙企业将一张 1 万元的国债单据交付甲公司作为合同的担保，该种担保方式在法律上称为（   ）。

A. 抵押   B. 动产质押

C. 留置   D. 权利质押

10. 甲方向乙方订购 100 万元的原材料，合同规定一方违约应当向对方支付 30 万元的违约金。合同履行期满，由于乙方不能交付该批原材料，给甲方造成 50 万元的实际损失。乙方应该承担的违约责任是（   ）。

A. 仅支付 30 万元的违约金

B. 支付 30 万元的违约金后再支付 50 万元的赔偿金

C. 支付 30 万元的违约金后再支付 20 万元的赔偿金

D. 仅支付 20 万元的赔偿金

二、多项选择题

1. 要约失效的情形包括（   ）。

A. 要约被拒绝

B. 要约被依法撤销

C. 承诺期限届满，受要约人未作出承诺

D. 受要约人对要约的内容作出实质性变更

2. 下列选项中当事人提供的格式条款无效的情形包括：（   ）。

A. 造成对方人身损害的、因故意或者重大过失造成对方财产损失的

B. 不合理地免除或者减轻其责任、加重对方责任、限制对方主要权利

C. 排除对方主要权利

D. 对格式条款有两种以上解释的

3. 有效合同应当具备的有效要件有（   ）。

A. 当事人具有相应的民事权利能力和民事行为能力

B. 当事人意思表示真实

C. 必须采用书面形式并经各方签字盖章

D. 不违反法律或社会公共利益

4. 当事人在订立合同过程中应当承担缔约过失责任的情形包括（   ）。

A. 假借订立合同，恶意进行磋商

B. 故意隐瞒与订立合同有关的重要事实或者提供虚假情况

C. 泄露或者不正当地使用在订立合同过程中知悉的商业秘密

D. 其他违背诚实信用原则的行为

5. 甲公司与乙公司签订了一份买卖合同，合同标的产品按规定须执行国家定价。在乙公司逾期交货的情况下，该产品价格的执行规则有（　　）。

A. 遇有价格上涨时，按原价格执行

B. 遇有价格上涨时，按新价格执行

C. 遇有价格下降时，按新价格执行

D. 遇有价格下降时，按原价格执行

6. 甲乙双方在合同中约定，甲方先交货，乙方在收到货物三天后付款。甲公司在约定交货期前了解到，有确切证据证明乙方经营状况严重恶化而不可能按时付款。甲公司遂决定拒绝向乙公司交货。对甲公司的行为表述不正确的选项是（　　）。

A. 属于违约行为　　　　　　　　B. 行使同时履行抗辩权

C. 行使后履行抗辩权　　　　　　D. 行使不安抗辩权

7. 在保证担保法律关系中，可以作保证人的有（　　）。

A. 有代为清偿债务能力的企业法人

B. 有代为清偿债务能力的公民

C. 机关法人

D. 以公益为目的的非营利法人、非法人组织

8. 采用抵押担保方式，应当办理抵押登记的抵押标的有（　　）。

A. 建筑物和其他土地附着物　　　B. 建设用地使用权

C. 海域使用权　　　　　　　　　D. 正在建造的建筑物

9. 下列选项中，符合法定解除合同情形的包括（　　）。

A. 因不可抗力致使不能实现合同目的

B. 在履行期限届满前，当事人一方明确表示不履行主要债务

C. 当事人一方迟延履行主要债务，经催告后在合理期限内仍未履行

D. 当事人一方迟延履行债务或者有其他违约行为致使不能实现合同目的

10. 合同当事人一方违约，但可以免除其违约责任的法定事由包括（　　）。

A. 因不可抗力不能履行合同

B. 因债权人过错不能履行合同

C. 因第三人过错不能履行合同

D. 合同免责条款中约定的合法免责事由出现

三、判断题

1. 诺成合同是在当事人意思表示一致后，仍须实际交付标的物的才能成立的合同。（　　）

2. 受要约人对要约的内容作出实质性变更的，应视为新要约，无承诺的效力。（　　）

3. 当事人采用合同书、确认书形式订立合同的，双方当事人签字或者盖章的地点为合同成立的地点。（　　）

4. 无权代理人以被代理人名义订立的合同，属于可撤销的合同。（　　）

5. 在合同无效、被撤销或者终止的情况下，合同中有关争议的解决方法的条款仍然有

效。（ ）

6. 合同履行地点不明确，给付货币的，在接受货币一方所在地履行。（ ）
7. 债务人只能部分履行债务的，债权人不得拒绝。（ ）
8. 同一动产上已经设立抵押权，该动产又被留置的，留置权人优先受偿。（ ）
9. 当事人对保证方式没有约定或者约定不明确的，按照一般保证承担保证责任。（ ）
10. 违约金是对违约行为的一种惩罚性质的承担责任方式，原则上不论违约的当事人一方是否已给对方造成损失，都应当支付。（ ）

四、案例分析题

1. 2015年4月3日，春兰空调机厂给宝厉商场发函询问其是否愿意以每台3700元的价格购买该厂库存的500台A型空调机，限期七天内答复。宝利商场在收函的第二天即4月4号复电称愿意购买500台A型空调机，价格每台3500元并要求送货上门。空调机厂接到宝利商场的复电后，当天回函称愿意接受宝力商场提出的价格条件，但因生产任务繁忙，无法送货上门，要求宝力商场承担运费自提货物，并要求立即答复。宝力商场接到回函后，因故将该函搁置。直到2015年5月下旬，空调机值销售旺季，价格上涨。5月25日，宝利商场派车辆到空调厂提货，要求空调机厂按每台3500元供应A型空调机500台。而此时，空调机厂因A型空调机已全部售出而拒绝交货。宝利商场为此诉至法院，要求空调机厂履行合同，并赔偿损失。试分析回答：

（1）空调机厂和宝利商场的合同是否已经成立？为什么？
（2）该合同纠纷应该该如何处理？

2. 甲工厂与乙公司双方签定了一项买卖合同，约定甲工厂向乙公司购买一批化工原料，总价款200万元。双方约定，甲工厂向乙公司支付定金50万元，自合同订立之日起3个月内供货，供货后付清货款。合同签定3个月后，乙公司未能供货，甲工厂多次催告未果。经查乙公司已将该批货物卖给他人。由于乙公司未能按时供货，造成甲工厂经济损失60万元。甲工厂诉诸人民法院，请求依法维护自己的合法权益。试分析回答：

（1）应如何确定该合同纠纷的违约责任？
（2）该合同的定金应如何处理？
（3）甲工厂所受到的60万元经济损失应如何处理？

第六章

工业产权法律制度

案 例

6 000万美元"iPad"商标案

2001年,深圳唯冠公司在中国注册了"iPad"商标。2009年3月,一个自称"乔纳森·哈格里夫斯"(Jonathan Hargreaves)的人向唯冠英国子公司发出邮件,要求收购唯冠所持有的iPad商标。2009年底唯冠法务部处长麦世宏在台北代表台湾唯冠以3.5万英镑的价格向IP公司转让了iPad商标。2010年4月,IP公司将从台湾唯冠手中取得的全部iPad商标权益悉数转让给了苹果。2010年2月,苹果突然发现转让协议的签约方台湾唯冠并非商标所有者,它们属于深圳唯冠。苹果万万没想到发生了这种情况。它马上同深圳唯冠联系,要求补签协议,未果,苹果决定诉诸司法。2010年4月19日,苹果公司、IP公司以深圳唯冠公司为被告,向广东省深圳市中级人民法院提起诉讼,请求根据台湾唯冠公司与IP公司签订的商标转让协议,判令深圳唯冠公司在中国拥有的涉案两"iPad"商标归其所有。

广东省深圳市中级人民法院经过审理认为商标转让协议是台湾唯冠公司签订的,对深圳唯冠公司没有约束力,判决驳回了苹果公司等的诉讼请求。苹果公司、IP公司不服向广东省高级人民法院提起上诉。在二审期间,广东省高级人民法院经多次调解,双方于2012年6月达成调解协议,由苹果公司支付6 000万美元,唯冠公司将涉案"iPad"商标过户给苹果公司。该调解协议已经执行。

第一节 知识产权与工业产权概述

工业产权法

一、知识产权的概念、特征及范围

(一) 知识产权的概念

知识产权是指公民、法人或其他组织对科学技术领域或文化艺术领域的创造性智力成果及商业标记依法享有的支配权。

（二）知识产权的特征

知识产权是一种独立的民事权利，与其他民事权利相比，具有以下法律特征：

1. 知识产权客体的独创性

知识产权客体的独创性是指知识产权的客体必须是具有创造性的、独一无二的、其他主体所不同时拥有的智力成果或商业标志。也就是说，不允许有两个或两个以上的主体同时对同一属性的智力成果或商业标志享有知识产权。

2. 知识产权的地域性

知识产权的地域性是指知识产权只在授予其权利的国家或确认其权利的国家发生法律效力并受法律保护。即除签有国际公约或双边互惠协定外，经一国法律所保护的某项知识产权只在该国范围内发生法律效力，而其他国家则对其没有给予法律保护的义务。

3. 知识产权的时间性

知识产权的时间性是指知识产权只在法律规定的期限内受到法律保护，一旦超过法律规定的时间限制，该权利就自行消灭，其客体就成为整个社会的共同财富。

（三）知识产权的范围

知识产权的范围有广义和狭义之分。

1. 广义的知识产权范围

目前两个主要的知识产权国际公约对知识产权范围作出了界定。

《世界知识产权组织公约》中知识产权的保护范围：

（1）关于文学、艺术和科学作品的权利。这主要指著作权（或称版权）。

（2）关于表演艺术家的演出、录音和广播的权利。这主要指与著作权相关的邻接权。

（3）关于人类在一切领域内的发明的权利。这主要指发明、实用新型专利权及专有权。

（4）关于科学发现享有的权利。

（5）关于工业品外观设计的权利。

（6）关于商品商标、服务标志、商号及其他商业标记的权利。

（7）关于制止不正当竞争的权利。

（8）其他一切来自工业、科学及文学、艺术领域的智力创作活动所产生的权利。

世界贸易组织的《与贸易有关的知识产权协议》中知识产权的保护范围：

（1）著作权与邻接权。

（2）商标权。

（3）地理标志权。

（4）工业品外观设计权。

（5）专利权。

（6）集成电路布图设计权。

（7）未公开的信息专有权（主要是商业秘密）。

（8）对许可合同中限制竞争行为的控制。

2. 狭义的知识产权范围

它是指传统意义上的知识产权，也是我国知识产权立法上所称的知识产权，包括专利权、商标权、著作权和其他知识产权。其中主要是指专利权、商标权和著作权三个部分。

二、工业产权的概念

工业产权是指商品生产经营者对其生产技术领域的创造性智力成果及经营标志依法享有的支配权。在我国,工业产权通常是指专利权和商标权的合称。

三、我国工业产权法的国内立法状况

工业产权法是指调整在工业产权的取得、使用、转让和保护过程中产生的社会关系的法律规范的总称。

我国自20世纪80年代以后开始全面建设包括工业产权法律制度在内的知识产权法律制度,特别是中国加入世界贸易组织(WTO)前后,我国立法部门根据加入世界贸易组织的有关承诺,对知识产权,特别是工业产权的有关法律、法规以及规章进行了修订和完善。目前,我国已经初步建立起了一套完整的工业产权法律制度。

1982年8月全国人民代表大会常务委员会审议通过了《中华人民共和国商标法》,该法分别于1993年2月、2001年10月和2013年8月作了三次修正;根据上述法律,国务院分别制定了一系列的相关配套的法规,如《中华人民共和国商标法实施条例》《中华人民共和国专利法实施细则》等。

此外,我国还加入了一系列有关保护知识产权方面的国际公约,如《建立世界知识产权组织公约》《保护工业产权巴黎公约》《商标国际注册马德里协定》《专利合作条约》等。不过就法律适用而言,国际公约的规定并不是由我国的司法和行政执法机关直接适用的,而是根据国际公约的要求修改或制定国内法并在我国实施。在保护外国知识产权的情况下,若我国法律没有规定或规定与国际公约冲突时,可直接适用国际公约的规定。

第二节 专 利 法

一、专利法概述

(一) 专利权的概念

专利权又简称为专利,是指国家专利管理机关对提出专利申请的发明创造,经依法审查合格后,向专利申请人授予的在规定时间内对该项发明创造所享有的专有权。

《大国崛起》——
工业先声

专利法的
相关知识

职业学院学生
发明专利年
入百万

中华人民共和国
专利法

(二) 专利法的概念

专利法是调整在专利权的确认、保护和行使过程中产生的社会关系的法律规范的总称。

专利法有广义和狭义之分。狭义的专利法仅指全国人民代表大会常务委员会通过的《中华人民共和国专利法》(以下简称《专利法》)。广义的专利法除狭义的专利法外,还包括国家有关法律、行政法规和规章中关于专利的法律规范，如《中华人民共和国专利法实施细则》《中华人民共和国专利代理条例》等。我国参加缔结的有关专利权国际保护方面的条约、协定，经批准公布具有国内法律效力的，也属于广义的专利法范畴。

二、专利权的主体

专利权的主体是指具体参加特定的专利法律关系并享有专利权的人。根据我国《专利法》的规定，发明人或设计人、职务发明创造的单位、外国人和外国企业或外国其他组织都可以成为专利权的原始主体。

（一）发明人或设计人

发明人或设计人是指对发明创造的实质特点作出创造性贡献的人。一般将发明的完成人称为发明人，实用新型和外观设计的完成人称为设计人。

发明人或设计人一般具有以下特征：

（1）发明人或设计人为自然人。

（2）对其的认定不受民事行为能力的限制。不论从事发明创造的人作为法律上的主体是否具备完全行为能力，只要其完成了发明创造，都可以被认定为发明人或设计人。

（3）必须是对发明创造的实质性特点作出创造性贡献的人。在完成发明创造过程中，只负责组织工作的人、为物质技术条件的利用提供方便的人或从事其他辅助工作的人，不是发明人或设计人。

（二）职务发明创造的单位

职务发明创造是指发明人或设计人执行本单位的任务，或主要利用本单位的物质技术条件完成的发明创造。不能证明为职务发明创造的，为非职务发明创造。

凡是符合下列条件之一的，均属于职务发明创造：

（1）在本职工作中作出的发明创造。这里所称本职工作，是指发明人或设计人的职务范围，即工作责任的范围。

（2）履行本单位交付的本职工作之外的任务所作出的发明创造。所谓本职工作之外的任务，主要是工作人员根据单位领导的要求承担的短期或临时的任务。

（3）退职、退休或调动工作后1年内作出的，与其在原单位承担的本职工作或原单位分配的任务有关的发明创造。

（4）主要利用本单位的物质技术条件完成的发明创造。这里所称本单位的物质技术条件，是指本单位的资金、设备、零部件、原材料或不对外公开的技术资料等。

职务发明创造申请专利的权利属于单位，申请被批准后，该单位为专利权人。非职务发明创造申请专利的权利属于发明人或设计人，申请被批准后，该发明人或设计人为专利权人。利用本单位的物质技术条件所完成的发明创造，单位与发明人或设计人有合同作出约定的，从其约定。

（三）外国人、外国企业或外国其他组织

（1）在中国有经常居所或营业场所的外国人、外国企业或外国其他组织在中国申请专利的，根据《保护工业产权巴黎公约》的规定和国际惯例，享有与中国国民同等的待遇。

（2）在中国没有经常居所或营业场所的外国人、外国企业或外国其他组织在中国申请专利的,依照其所属国同中国签订的协议或共同参加的国际条约,或依照互惠原则,根据我国《专利法》办理。

(3) 在中国没有经常居所或营业场所的外国人、外国企业或外国其他组织在中国申请专利和办理其他专利事务的,应当委托国务院专利管理机关指定的专利代理机构办理。

三、专利权的客体

专利权的客体,也称专利法的保护对象,是指可以依据专利法授予其专利权的发明创造。我国专利权的客体主要是发明、实用新型和外观设计。

(一) 发明

发明是指对产品、方法或其改进所提出的新的技术方案。发明具有以下特征:

(1) 发明必须是利用自然规律而进行的创造。发明与发现不同,发现是对自然规律本身的新的认识,并不是利用,因此发现不能称为发明。

(2) 发明必须是一种新的技术方案。发明应能够解决特定的技术难题,必须产生积极的技术效果。

我国《专利法》规定,下列各项不授予专利权:

(1) 科学发现。

(2) 智力活动的规则和方法。

(3) 疾病的诊断和治疗方法。

(4) 动物和植物品种。

(5) 用原子核变换方法获得的物质。

(6) 对平面印刷品的图案、色彩或二者的结合作出的主要起标识作用的设计。

对上述第四项所列产品的生产方法,可以依照《专利法》的规定授予专利权。

我国《专利法》还规定,对违反法律、社会公德或妨害公共利益的发明创造,不授予专利权;对违反法律、行政法规的规定获取或利用遗传资源,并依赖该遗传资源完成的发明创造,不授予专利权。

(二) 实用新型

实用新型,是指对产品的形状、构造或其结合所提出的适于实用的新的技术方案。实用新型具有以下特征:

(1) 实用新型是一种新的技术方案。

(2) 实用新型仅限于产品,不包括方法。

(3) 实用新型要求产品必须具有固定的形状、构造。

(三) 外观设计

外观设计,是指对产品的形状、图案或其结合以及色彩与形状、图案的结合所作出的富有美感并适于工业应用的新设计。外观设计具有以下特征:

(1) 必须与产品相结合。

(2) 必须能在产业上应用。

(3) 富有美感。

知识拓展

1. 发明和实用新型的区别

（1）两者保护的范围不同。发明专利保护的范围宽于实用新型专利。

（2）两者对创造性要求不同。发明专利要求的创造性高于实用新型专利。

（3）两者的审查程序不同。发明专利既要对发明专利申请进行形式审查，还要对发明专利的内容进行实质审查；而实用新型专利采用形式审查制度。

（4）两者的保护期限不同。《专利法》规定，发明专利的保护期限为 20 年；而实用新型专利的保护期限为 10 年。

2. 外观设计同发明、实用新型的区别

它只涉及美化产品的外表和形状，而不涉及产品的制造和设计技术。外观设计专利所保护的是外表的美观，而发明专利或实用新型专利所保护的是造成这些外观效果的技术。

四、授予专利权的条件

（一）授予发明、实用新型专利的条件

授予专利权的发明和实用新型，应当具备新颖性、创造性和实用性三个条件。

1. 新颖性

新颖性是指该发明或实用新型不属于现有技术，也没有任何单位或个人就同样的发明或实用新型在申请日以前向国务院专利行政部门提出过申请，并记载在申请日以后公布的专利申请文件或公告的专利文件中。

我国《专利法》规定，申请专利的发明创造在申请日以前 6 个月内，有下列情形之一的，不丧失新颖性：

（1）在中国政府主办或承认的国际展览会上首次展出的。

（2）在规定的学术会议或技术会议上首次发表的。

（3）他人未经申请人同意而泄露其内容的。

2. 创造性

创造性是指与现有技术相比，该发明具有突出的实质性特点和显著的进步，该实用新型具有实质性特点和进步。

所谓现有技术，是指申请日以前在国内外为公众所知的技术。我国《专利法》对发明和实用新型的创造性要求是不同的。对于实用新型而言，只要具有实质性特点和进步就具有创造性，而对于发明，必须具有突出的实质性特点和显著的进步才算具有创造性。

3. 实用性

实用性是指该发明或实用新型能够制造或使用，并且能够产生积极效果。

一项技术方案，虽然是新颖的和有创造性的，但在生产中不能应用，是不能授予专利权的。在生产中不能直接应用的发现、科学原理等不能获得专利权，只提出设想而没有提出解决问题的方案，也不能获得专利权。

（二）授予外观设计专利的条件

授予专利权的外观设计，应当不属于现有设计；也没有任何单位或个人就同样的外观设计在申请日以前向国务院专利行政部门提出过申请，并记载在申请日以后公告的专利文件中。所谓现有设计，是指申请日以前在国内外为公众所知的设计。

授予专利权的外观设计与现有设计或现有设计特征的组合相比，应当具有明显区别；并不得与他人在申请日以前已经取得的合法权利相冲突。

对外观设计授予专利权，除应具有上述新颖性、创造性以外，还应能够应用于工业产品的生产上，也要求具有实用性。

五、专利的申请和审查

（一）专利的申请

申请发明或实用新型专利的，应当提交请求书、说明书及其摘要和权利要求书等文件。

申请外观设计专利的，应当提交请求书、该外观设计的图片或照片以及对该外观设计的简要说明等文件。

国务院专利行政部门收到专利申请文件之日为申请日。如果申请文件是邮寄的，以寄出的邮戳日为申请日。

申请人自发明或实用新型在外国第一次提出专利申请之日起12个月内，或自外观设计在外国第一次提出专利申请之日起6个月内，又在中国就相同主题提出专利申请的，依照该外国同中国签订的协议或共同参加的国际条约，或依照相互承认优先权的原则，可以享有优先权。

申请人自发明或实用新型在中国第一次提出专利申请之日起12个月内，又向国务院专利行政部门就相同主题提出专利申请的，可以享有优先权。

任何单位或个人将在中国完成的发明或实用新型向外国申请专利的，应当事先报经国务院专利行政部门进行保密审查。保密审查的程序、期限等按照国务院的规定执行。对违反《专利法》规定向外国申请专利的发明或实用新型，在中国申请专利的，不授予专利权。

一件发明或实用新型专利申请应当限于一项发明或实用新型。属于一个总的发明构思的两项以上的发明或实用新型，可以作为一件申请提出。

一件外观设计专利申请应当限于一项外观设计。同一产品两项以上的相似外观设计，或用于同一类别并且成套出售或使用的产品的两项以上外观设计，可以作为一件申请。

由于专利申请的复杂性，发明人一般都委托专利律师或专利代理人代为申请。代理申请的，申请时应提交专利代理委托书。

（二）专利申请的审查和批准

国务院专利行政部门收到发明专利申请后，经初步审查认为符合本法要求的，自申请日起满18个月，即行公布。国务院专利行政部门可以根据申请人的请求早日公布其申请。

发明专利申请自申请日起3年内，国务院专利行政部门可以根据申请人随时提出的请求，对其申请进行实质审查；申请人无正当理由逾期不请求实质审查的，该申请即被视为撤回。国务院专利行政部门认为必要的时候，可以自行对发明专利申请进行实质审查。所谓实质审查，即审查其是否符合新颖性、创造性、实用性。

国务院专利行政部门对发明专利申请进行实质审查后，认为不符合专利法规定的，应当通知申请人，要求其在指定的期限内陈述意见，或对其申请进行修改；无正当理由逾期不答复的，该申请即被视为撤回。

发明专利申请经申请人陈述意见或进行修改后，国务院专利行政部门仍然认为不符合

《专利法》规定的，应当予以驳回。

发明专利申请经实质审查没有发现驳回理由的，由国务院专利行政部门作出授予发明专利权的决定，发给发明专利证书，同时予以登记和公告。发明专利权自公告之日起生效。

实用新型和外观设计专利申请经初步审查没有发现驳回理由的，由国务院专利行政部门作出授予实用新型专利权或外观设计专利权的决定，发给相应的专利证书，同时予以登记和公告。实用新型专利权和外观设计专利权自公告之日起生效。

六、专利权的期限、终止和无效

专利权的期限是指专利权的时间效力。只有在法定的有效期限内，专利权才受到法律保护；过了这个期限，这项发明就成为社会公共财产，谁都可以无偿使用。

我国《专利法》规定发明专利的期限为20年，实用新型专利权和外观设计专利权的期限为10年，均自申请日起计算。专利权人应当自被授予专利权的当年开始缴纳年费。

专利权的终止有两种情况：一是期限届满终止；二是期限届满以前终止。

我国《专利法》规定，有下列情形之一的，专利权在期限届满前终止：

（1）没有按照规定缴纳年费的。

（2）专利权人以书面声明放弃专利权的。

专利权在期限届满前终止的，由国务院专利行政部门登记和公告。

自国务院专利行政部门公告授予专利权之日起，任何单位或个人认为该专利权的授予不符合《专利法》有关规定的，可以请求专利复审委员会宣告该专利权无效。

专利复审委员会对宣告专利权无效的请求应当及时审查和作出决定，并通知请求人和专利权人。宣告专利权无效的决定，由国务院专利行政部门登记和公告。

对专利复审委员会宣告专利权无效或维持专利权的决定不服的，可以自收到通知之日起3个月内向人民法院起诉。人民法院应当通知无效宣告请求程序的对方当事人作为第三人参加诉讼。

宣告无效的专利权视为自始即不存在。宣告专利权无效的决定，对在宣告专利权无效前人民法院作出并已执行的专利侵权的判决、裁定，已经履行或强制执行的专利侵权纠纷处理决定，以及已经履行的专利实施许可合同和专利权转让合同，不具有追溯力。但是因专利权人的恶意给他人造成的损失，应当给予赔偿。

专利权被宣告无效，已经履行的专利实施许可合同和专利权转让合同，专利权人或专利权转让人不必向被许可实施专利人或专利权受让人返还专利使用费或专利权转让费，明显违反公平原则，专利权人或专利权转让人应当向被许可实施专利人或专利权受让人返还全部或部分专利使用费或专利权转让费。

七、专利权的内容

（一）独占实施权

独占实施权包括两方面内容：

（1）专利权人自己实施其专利的权利。专利权人享有对其专利技术及产品依法进行使用、制造、销售、允许销售的专有权利。

（2）专利权人禁止他人实施其专利的权利。发明或实用新型专利权被授予后，任何单位或个人未经专利权人许可，都不得实施其专利，即不得为生产经营目的而进行制造、使用、许诺销售、销售、进口其专利产品，或使用专利方法以及使用、许诺销售、销售、进口依照该专利方法直接获得的产品。外观设计专利权被授予后，任何单位和个人未经专利权人许可，都不得实施其专利，即不得为生产经营目的而进行制造、销售、进口其外观设计专利产品。

（二）转让权

转让是指专利权人将其专利权转移给他人所有。专利权转让的方式有出卖、赠予、投资入股等。转让专利权的，当事人应当订立书面合同，并向国务院专利行政部门登记，由国务院专利行政部门予以公告。专利权的转让自登记之日起生效。

中国单位或个人向外国人、外国企业或外国其他组织转让专利申请权或专利权的，应当依照有关法律、行政法规的规定办理手续。

（三）实施许可权

实施许可权是指专利权人可以许可他人实施其专利并收取专利使用费的权利。许可他人实施专利的，应当由双方订立书面合同。

（四）标记权

标记权即专利权人有权自行决定是否在其专利产品上或该产品的包装上标明专利标记和专利号。

（五）放弃权

专利权人可以在专利权保护期限届满前的任何时候，以书面形式声明或以不缴纳年费的方式自动放弃其专利权。专利权人提出放弃专利权声明后，经国务院专利行政部门登记和公告，其专利权即可终止。放弃专利权时需要注意：一是在专利权由两个以上单位或个人共有时，必须经全体专利权人同意才能放弃；二是专利权人在已经与他人签订了专利实施许可合同许可他人实施其专利的情况下，放弃专利权时应当事先得到被许可人的同意，并且还要根据合同的约定，赔偿被许可人由此造成的损失，否则专利权人不得随意放弃专利权。

专利申请权或专利权的共有人对权利的行使有约定的，从其约定；没有约定的，共有人可以单独实施或以普通许可方式许可他人实施该专利；许可他人实施该专利的，收取的使用费应当在共有人之间分配。行使共有的专利申请权或专利权应当取得全体共有人的同意。

八、专利实施的强制许可

我国《专利法》规定，具备实施条件的单位以合理的条件请求发明或实用新型专利权人许可实施其专利，而未能在合理长的时间内获得这种许可时，国务院专利行政部门根据该单位的申请，可以给予实施该发明专利或实用新型专利的强制许可。

有下列情形之一的，国务院专利行政部门根据具备实施条件的单位或个人的申请，可以给予实施发明专利或实用新型专利的强制许可：

（1）专利权人自专利权被授予之日起满3年，且自提出专利申请之日起满4年，无正当理由未实施或未充分实施其专利的。

（2）专利权人行使专利权的行为被依法认定为垄断行为，为消除或者减少该行为对竞争产生的不利影响的。

（3）在国家出现紧急状态或非常情况时，或为了公共利益，国务院专利行政部门可以给予实施发明专利或实用新型专利的强制许可。

（4）为了公共健康，对取得专利权的药品，国务院专利行政部门可以给予制造并将其出口到符合中华人民共和国参加的有关国际条约规定的国家或地区的强制许可。

（5）一项取得专利权的发明或实用新型比以前已经取得专利权的发明或实用新型具有显著经济意义的重大技术进步，其实施又有赖于前一发明或实用新型的实施的，国务院专利行政部门根据后一专利权人的申请，可以给予实施前一发明或实用新型的强制许可；根据前一专利权人的申请，也可以给予实施后一发明或实用新型的强制许可。

申请强制许可的单位或个人应当提供证据，证明其以合理的条件请求专利权人许可其实施专利，但未能在合理的时间内获得许可。

国务院专利行政部门作出的给予实施强制许可的决定，应当及时通知专利权人，并予以登记和公告。

给予实施强制许可的决定，应当根据强制许可的理由规定实施的范围和时间。强制许可的理由消除并不再发生时，国务院专利行政部门应当根据专利权人的请求，经审查后作出终止实施强制许可的决定。

取得实施强制许可的单位或个人不享有独占的实施权，并且无权允许他人实施。

取得实施强制许可的单位或个人应当付给专利权人合理的使用费，其数额由双方协商；双方不能达成协议的，由国务院专利行政部门裁决。

知识拓展

采取专利实施的强制许可的目的是防止专利权的滥用。某些发达国家的企业，往往利用其在经济和技术上的优势，把它们的发明在某些发展中国家申请专利，但又不在这些国家实施，而是从本国大量输出这种专利产品，以达到限制他国技术发展、垄断他国市场、获取高额利润的目的。因此，许多发展中国家在其专利法中一般都规定，专利发明必须在授予国当地实施，如在法律规定的期限内不予实施、政府有关部门有权颁发强制使用许可证，甚至在某些情况下有权撤销或征用该专利。

九、专利权的保护

（一）专利权的保护范围

专利权的保护范围，是指专利权效力所及的发明创造的技术特征和技术幅度。因此，专利权的范围即专利权的保护范围。

发明或实用新型专利权的保护范围以其权利要求的内容为准。外观设计专利权的保护范围以表示在图片或照片中的该产品的外观设计为准。

"笔"外观设计
侵权案

（二）侵害专利权的行为

侵害专利权的行为主要包括以下几种：

1. 未经专利权人许可，实施其专利的行为

（1）未经专利权人许可，为生产经营目的而进行制造、使用、许诺销售、销售、进口其专利产品，或使用其专利方法以及使用、许诺销售、销售、进口依照该专利方法直接获得的产品。

（2）未经专利权人许可，为生产经营目的而进行制造、许诺销售、销售、进口其外观设计专利产品等。

2. 假冒他人专利的行为

（1）未经许可，在其制造或销售的产品、产品的包装上标注他人的专利号。

（2）未经许可，在广告或其他宣传材料中使用他人的专利号，使人将所涉及的技术误认为是他人的专利技术。

（3）未经许可，在合同中使用他人的专利号，使人将合同涉及的技术误认为是他人的专利技术。

（4）伪造或变造他人的专利证书、专利文件或专利申请文件等。

专利权终止前依法在专利产品、依照专利方法直接获得的产品或其包装上标注专利标识，在专利权终止后许诺销售、销售该产品的，不属于假冒专利行为。

3. 以非专利产品冒充专利产品、以非专利方法冒充专利方法的行为

（1）制造或销售标有专利标志的非专利产品。

（2）专利权被宣告无效后，继续在制造或销售的产品上标注专利标记。

（3）在广告或其他宣传材料中将非专利技术称为专利技术。

（4）在合同中将非专利技术称为专利技术。

（5）伪造或变造专利证书、专利文件或专利申请文件等。

4. 侵夺发明人或设计人的非职务发明创造专利申请权以及其他权益的行为

（三）正常使用专利权的行为

有下列情形之一的，不视为侵犯专利权：

（1）专利产品或依照专利方法直接获得的产品，由专利权人或经其许可的单位、个人售出后，使用、许诺销售、销售、进口该产品的。

（2）在专利申请日前已经制造相同产品、使用相同方法或已经作好制造、使用的必要准备，并且仅在原有范围内继续制造、使用的。

（3）临时通过中国领陆、领水、领空的外国运输工具，依照其所属国同中国签订的协议或共同参加的国际条约，或依照互惠原则，为运输工具自身需要而在其装置和设备中使用有关专利的。

（4）专为科学研究和实验而使用有关专利的。

（5）为提供行政审批所需要的信息，制造、使用、进口专利药品或专利医疗器械的，以及专门为其制造、进口专利药品或专利医疗器械的。

为生产经营目的而进行使用、许诺销售或销售不知道是未经专利权人许可而制造并售出的专利侵权产品，能证明该产品合法来源的，不承担赔偿责任。

第三节　商　标　法

一、商标法概述

（一）商标的概念和种类

商标，是经营者在其商品或服务项目上使用的用以区别于其他的商品或服务的由文字、图形、字母、数字、三维标志、颜色组合和声音等以及上述

商标的力量

中华人民共和国商标法
（2013年修正）

要素的组合，构成的品牌标志。

商标可以作如下分类：

（1）根据商标的使用对象，可将商标分为商品商标和服务商标。商品商标是用于生产销售的商品上的标记。服务商标是用于服务行业，以便与其他服务行业相区别的标记。

（2）根据商标的作用和功能，可将商标分为营业商标、集体商标和证明商标。营业商标即上述商品商标和服务商标。集体商标是指以团体、协会等组织名义注册、供该组织成员在经营活动中使用，以表明使用者在该组织中的成员资格的标志（如使用于中国银行卡联合组织的"银联"商标等）。证明商标是指由对某种商品或服务有监督职能的组织进行注册、控制，由其生产经营者使用，以证明该商品或服务的特定品质的标志（如绿色食品标志、纯羊毛标志等）。

（3）根据商标是否经过注册，分为注册商标和未注册商标。注册商标是指经过商标注册机构核准注册的商标，是我国商标法保护的对象。未注册商标是指未经商标注册机构核准注册的商标，一般不受法律保护。

（4）根据商标的知名度，可将商标分为驰名商标、著名商标、知名商标和普通商标。驰名商标是指由国家市场监督管理部门认定的为全国相关公众所熟知并享有较高声誉的商标。著名商标是指由省级市场监督管理部门认定的，在该行政区划范围内具有市场知名度和较高声誉的商标。知名商标是指由地市级市场监督管理部门认可的，在该行政区划范围内具有市场知名度和较高声誉的商标。普通商标则是指除上述商标之外的大多数未受到特别法律保护的商标。

（二）商标法

商标法，是指调整商标在注册、使用、管理和商标专用权的保护等过程中发生的社会关系的法律规范的总称。

狭义的商标法仅指全国人民代表大会常务委员会通过的《中华人民共和国商标法》（以下简称《商标法》）。该法于1982年8月23日由第五届全国人民代表大会常务委员会第二十四次会议通过，并于1993年2月、2001年10月和2013年8月作了三次修正。最新修正的《商标法》自2014年5月1日起施行。

广义的商标法还包括国家有关法律、行政法规和规章中关于商标的法律规范，如《中华人民共和国商标法实施条例》《中华人民共和国驰名商标认定和管理暂行规定》等。我国参加和缔结的有关商标权国际保护方面的条约、协定，经批准公布具有国内法律效力的，也属于广义的商标法的范畴。

二、商标注册

商标注册，就是对商标权的确认，是指商标使用人将其商标依照法定的条件和程序向商标管理机关提出注册申请，经商标管理机关依法审核批准予以注册，发给商标注册证，以授予注册人以商标专用权的法律活动。

经过商标局核准注册并刊登在商标公告上的商标称为注册商标，注册商标的所有人依法享有商标权。

（一）商标注册申请的原则

1. 申请在先原则

两个或两个以上申请人在同种或类似商品上以相同或近似的商标申请注册时，商标管理机关初步审定并公告申请在先的商标;在同一天申请注册的,初步审定并公告使用在先的商标。但申请商标注册不得损害他人现有的在先权利,也不得以不正当手段抢先注册他人已经使用并有一定影响的商标。

2. 自愿注册与强制注册相结合的原则

在通常情况下,商标使用人可自行决定其使用的商标是否申请注册。需要取得商标专用权的应将商标申请注册。但不注册的商标可以使用,只是不享有专用权,也不得与他人的注册商标相冲突。

国家规定必须使用注册商标的商品,必须申请商标注册,未经核准注册的,不得在市场上销售。这一规定体现了对少数特殊商品商标实行强制注册的原则。目前,我国对于人用药品和烟草制品的商标实行强制注册。

3. 一商标多类别原则

商标注册申请人应当按规定的商品分类表填报使用商标的商品类别和商品名称,提出注册申请。

商标注册申请人可以通过一份申请就多个类别的商品申请注册同一商标。

4. 优先权原则

商标注册申请人自其商标在外国第一次提出商标注册申请之日起6个月内,又在中国就相同商品以同一商标提出商标注册申请的,依照该外国同中国签订的协议或共同参加的国际条约,或按照相互承认优先权的原则,可以享有优先权。要求该项优先权的,应当在提出商标注册申请的时候提出书面声明,并且在3个月内提交第一次提出的商标注册申请文件的副本。

商标在中国政府主办的或承认的国际展览会展出的商品上首次使用的,自该商品展出之日起6个月内,该商标的注册申请人可以享有优先权。要求该项优先权的,应当在提出商标注册申请的时候提出书面声明,并且在3个月内提交展出其商品的展览会名称、在展出商品上使用该商标的证据、展出日期等证明文件。

(二) 商标注册的条件和禁用标志

1. 申请注册商标的法定条件

申请注册的商标必须具备以下法定条件:

(1) 申请注册的商标必须具有显著特征,便于识别。商品或服务的通用名称、图形或直接表示商品质量、主要原料、功能、用途、重量、数量及其他特点的文字、图形不得用作商标。以三维标志申请注册商标的,仅由商品自身的性质产生的形状、为获得技术效果而需有的商品形状或使商品具有实质性价值的形状,不得注册。

就相同或类似商品申请注册的商标是复制、模仿或翻译他人未在中国注册的驰名商标,容易导致混淆的,不予注册并禁止使用。就不相同或不相类似商品申请注册的商标是复制、模仿或翻译他人已经在中国注册的驰名商标,误导公众,致使该驰名商标注册人的利益可能受到损害的,不予注册并禁止使用。

(2) 商标应当符合可视听性要求。任何能够将自然人、法人或者其他组织的商品与他人的商品区别开的视觉、听觉标志,包括文字、图形、字母、数字、三维标志、颜色组合和声音等以及上述要素的组合,均可以作为商标申请注册;而气味等标志不能成为注册商标。

2. 商标禁用的情形

下列标志不得作为商标使用:

（1）同中华人民共和国的国家名称、国旗、国徽、国歌、军旗、军徽、军歌、勋章等相同或者近似的，以及同中央国家机关的名称、标志、所在地特定地点的名称或者标志性建筑物的名称、图形相同的。

（2）同外国的国家名称、国旗、国徽、军旗等相同或者近似的，但经该国政府同意的除外。

（3）同政府间国际组织的名称、旗帜、徽记等相同或者近似的，但经该组织同意或者不易误导公众的除外。

（4）与表明实施控制、予以保证的官方标志、检验印记相同或者近似的，但经授权的除外。

（5）同"红十字""红新月"的名称、标志相同或者近似的。

（6）带有民族歧视性的。

（7）带有欺骗性，容易使公众对商品的质量等特点或者产地产生误认的。

（8）有害于社会主义道德风尚或者有其他不良影响的。

（9）县级以上行政区划的地名或者公众知晓的外国地名。但是，地名具有其他含义或者作为集体商标、证明商标组成部分的除外；已经注册的使用地名的商标继续有效。

（三）商标注册的审查与核准

对申请注册的商标，商标局应当自收到商标注册申请文件之日起9个月内审查完毕，符合《商标法》有关规定的，予以初步审定公告。凡不符合《商标法》有关规定或者同他人在同一种商品或者类似商品上已经注册的或者初步审定的商标相同或者近似的，由商标局驳回申请，不予公告。

对初步审定公告的商标，自公告之日起3个月内，在先权利人、利害关系人或者任何人认为违反《商标法》有关规定的，可以向商标局提出异议。公告期满无异议的，予以核准注册，发给商标注册证，并予公告。

外国人或外国企业在中国申请商标注册的，应当按其所属国和中华人民共和国签订的协议或共同参加的国际条约办理，或按对等原则办理。在中国没有经常居所或营业所的外国人或外国企业在中国申请商标注册和办理其他商标事宜的，应当委托国家认可的具有商标代理资格的组织代理。

三、注册商标的续展、转让和使用许可

（一）注册商标的有效期和续展

我国《商标法》规定，注册商标的有效期为10年，自核准注册之日起计算。

加多宝大战王老吉——中国商标第一案

注册商标的续展，是指在注册商标有效期届满前后的一定时间内，依法办理一定手续延长商标专用权有效期的制度。我国注册商标每次续展的期限为10年，续展的次数法律不作限制。注册商标的续展申请，应当在注册商标有效期满前的6个月内提出，如果因故不能在规定期限内提出，可以给予6个月的宽展期。如果超过6个月的宽展期仍未提出续展申请的，注销其注册商标，商标专用权即告丧失。

（二）注册商标的转让

注册商标的转让，是指商标注册人按法律规定的条件和程序将注册商标的专用权转让给

其他人的行为。

转让注册商标的，转让人和受让人应当签订转让协议，并共同向商标局提出申请。受让人应当保证使用该注册商标的商品质量。转让注册商标经核准后，予以公告。商标局核准转让注册商标申请后，发给受让人相应证明，并予以公告。受让人自公告之日起享有商标专用权。

（三）注册商标的使用许可

商标注册人可以通过签订商标使用许可合同，许可他人使用其注册商标。许可人应当监督被许可人使用其注册商标的商品质量。被许可人应当保证使用该注册商标的商品质量。

经许可使用他人注册商标的，必须在使用该注册商标的商品上标明被许可人的名称和商品产地。商标使用许可合同应当报商标局备案。

四、注册商标争议的裁定

已经注册的商标，违反《商标法》关于不得作为商标使用的标志、不得作为商标注册的标志等规定，或是以欺骗手段或其他不正当手段取得注册的，由商标局撤销该注册商标；其他单位或个人可以请求商标评审委员会裁定撤销该注册商标。

已经注册的商标，违反《商标法》有关不予注册并禁止使用规定的，或违反《商标法》有关申请商标注册不得损害他人现有的在先权利、不得以不正当手段抢先注册他人已经使用并有一定影响的商标规定的，自商标注册之日起5年内，商标所有人或利害关系人可以请示商标评审委员会裁定撤销该注册商标。对恶意注册商标的，驰名商标所有人不受5年的时间限制。

除上述两种规定的情形外，对已经注册的商标有争议的，可以自该商标经核准注册之日起5年内，向商标评审委员会申请裁定。商标评审委员会收到裁定申请后，应当通知有关当事人，并限期提出答辩。

对核准注册前已经提出异议并经裁定的商标，不得再以相同的事实和理由申请裁定。

商标评审委员会做出维持或撤销注册商标的裁定后，应当书面通知有关当事人。

当事人对商标评审委员会的裁定不服的，可以自收到通知之日起30日内向人民法院提起诉讼。人民法院应当通知商标裁定程序的对方当事人作为第三人参加诉讼。

五、商标使用的管理

（一）对注册商标使用的管理

"乔丹"系列
商标行政案

使用注册商标，有下列行为之一的，由商标局责令限期改正或撤销其注册商标：

(1) 自行改变注册商标的。
(2) 自行改变注册商标的注册人名义、地址或其他注册事项的。
(3) 自行转让注册商标的。
(4) 连续3年停止使用的。

使用注册商标，其商品粗制滥造，以次充好，欺骗消费者的，由各级市场监督管理部门分别不同情况，责令限期改正，并可以予以通报或处以罚款，或由商标局撤销其注册商标。

注册商标被撤销的或期满不再续展的，自撤销或注销之日起1年内，商标局对与该商标相同或近似的商标注册申请，不予核准。

国家规定必须使用注册商标的商品，而未申请注册的，由地方市场监督管理部门责令限期申请注册，可以并处罚款。

（二）对未注册商标使用的管理

使用未注册商标，有下列行为之一的，由地方市场监督管理部门予以制止，限期改正，并可以予以通报或处以罚款：

（1）冒充注册商标的。

（2）违反不得作为商标使用的标志的。

（3）粗制滥造，以次充好，欺骗消费者的。

对商标局撤销注册商标的决定，当事人不服的，可以自收到通知之日起15日内向商标评审委员会申请复审，由商标评审委员会做出决定，并书面通知申请人。当事人对商标评审委员会决定不服的，可以自收到通知之日起30日内向人民法院提起诉讼。

对市场监督管理部门根据《商标法》关于商标使用管理的规定做出的罚款决定，当事人不服的，可以自收到通知之日起15日内，向人民法院起诉；期满不起诉又不履行的，由有关市场监督管理部门申请人民法院强制执行。

伪造或变造"商标注册证"的，依照刑法关于伪造、变造国家机关证件罪或其他罪的规定，依法追究刑事责任。

六、注册商标专用权的保护

（一）侵犯商标专用权的行为

根据《商标法》的规定，有下列行为之一的，均属侵犯注册商标专用权：

（1）未经商标注册人的许可，在同一种商品上使用与其注册商标相同的商标的。

（2）未经商标注册人的许可，在同一种商品上使用与其注册商标近似的商标，或者在类似商品上使用与其注册商标相同或者近似的商标，容易导致混淆的。

（3）销售侵犯注册商标专用权的商品的。

（4）伪造、擅自制造他人注册商标标识或者销售伪造、擅自制造的注册商标标识的。

（5）未经商标注册人同意，更换其注册商标并将该更换商标的商品又投入市场的。

（6）故意为侵犯他人商标专用权行为提供便利条件，帮助他人实施侵犯商标专用权行为的。

（7）给他人的注册商标专用权造成其他损害的。

（二）侵犯注册商标专用权的法律责任

销售不知道是侵犯注册商标专用权的商品，能证明该商品是自己合法取得的并说明提供者的，不承担赔偿责任。

因侵犯注册商标专用权行为引起纠纷的，由当事人协商解决；不愿协商或者协商不成的，商标注册人或者利害关系人可以向人民法院起诉，也可以请求市场监督管理部门处理。市场监督管理部门处理时，认定侵权行为成立的，责令立即停止侵权行为，没收、销毁侵权商品和专门用于制造侵权商品、伪造注册商标标识的工具，并可处以罚款。

进行处理的市场监督管理部门根据当事人的请求，可以就侵犯商标专用权的赔偿数额进行调解；调解不成的，当事人可以向人民法院起诉。侵犯商标专用权的赔偿数额，按照权利人因被侵权所受到的实际损失确定；实际损失难以确定的，可以按照侵权人因侵权所获得的利益确定；权利人的损失或者侵权人获得的利益难以确定的，参照该商标许可使用费的倍数合理确定。对恶意侵犯商标专用权，情节严重的，可以在按照上述方法确定数额的一倍以上三倍以下确定赔偿数额。赔偿数额应当包括权利人为制止侵权行为所支付的合理开支。

权利人因被侵权所受到的实际损失、侵权人因侵权所获得的利益、注册商标许可使用费难以确定的，由人民法院根据侵权行为的情节判决给予 300 万元以下的赔偿。

将他人注册商标、未注册的驰名商标作为企业名称中的字号使用，误导公众，构成不正当竞争行为的，依照《反不正当竞争法》处理。

商标注册人或者利害关系人有证据证明他人正在实施或者即将实施侵犯其注册商标专用权的行为，如不及时制止，将会使其合法权益受到难以弥补的损害的，可以在起诉前向人民法院申请采取责令停止有关行为和财产保全的措施。

未经商标注册人许可，在同一种商品上使用与其注册商标相同的商标的、伪造与擅自制造他人注册商标标识或者销售伪造与擅自制造的注册商标标识、销售明知是假冒注册商标的商品，构成犯罪的，除赔偿被侵权人的损失外，依法追究刑事责任。

习 题

一、单项选择题

1. 根据我国《知识产权法》的有关规定，下列表述中错误的选项是（　　）。
   A. 我国立法上所称的知识产权，包括专利权、商标权、著作权和其他知识产权
   B. 知识产权只在法律规定的期限内有效，超过了法定时间，该权利就自行消灭
   C. 在我国，工业产权通常是指专利权和商标权的合称
   D. 我国加入的有关保护知识产权的国际公约，在我国的司法中直接适用

2. 依据《专利法》的规定，发明人或者设计人具有的以下特征中错误的是（　　）。
   A. 发明人或者设计人为自然人
   B. 发明人或者设计人必须具有完全行为能力
   C. 对发明人或者设计人的认定不受民事行为能力的限制
   D. 必须是对发明创造的实质性特点作出创造性贡献的人

3. 根据《专利法》的规定，不属于授予发明、实用新型专利权的实质条件的是（　　）。
   A. 可靠性　　　　B. 新颖性　　　　C. 创造性　　　　D. 实用性

4. 依据我国《专利法》的有关规定，下列选项中可以授予专利权的是（　　）。
   A. 甲发明了仿真伪钞印刷机
   B. 乙发明了对糖尿病特有的治疗方法
   C. 丙发现了某植物新品种
   D. 丁发明了某植物新品种的生产方法

5. 下列关于我国专利权的期限的表述中，正确的选项是（　　）。
   A. 发明专利权、实用新型专利权和外观设计专利权的期限皆为 20 年
   B. 发明专利权的期限为 30 年，实用新型专利权和外观设计专利权的期限为 20 年
   C. 发明专利权的期限为 20 年，实用新型专利权和外观设计专利权的期限为 10 年

D. 发明专利权的期限为10年，实用新型专利权和外观设计专利权的期限为5年

6. 按我国商标分类，"绿色食品标志"属于（　　）。
   A. 营业商标　　　B. 集体商标　　　C. 证明商标　　　D. 驰名商标

7. 由国家市场监督管理部门认定的为全国相关公众所熟知并享有较高声誉的商标是（　　）。
   A. 驰名商标　　　B. 著名商标　　　C. 知名商标　　　D. 普通商标

8. 我国《商标法》规定，注册商标的有效期限为（　　）。
   A. 30年　　　B. 20年　　　C. 10年　　　D. 5年

二、多项选择题

1. 依据《专利法》的规定，下列属于职务发明创造的情形有（　　）。
   A. 在本职工作中作出的发明创造
   B. 履行本单位交付的本职工作之外的任务中所作出的发明创造
   C. 退职、退休或者调动工作后1年内作出的，与其在原单位承担的本职工作或者原单位分配的任务有关的发明创造
   D. 主要利用本单位的物质技术条件完成的发明创造

2. 我国《专利法》规定，专利权的内容应包括（　　）。
   A. 独占实施权　　　　　　　　　B. 转让权与实施许可权
   C. 标记权　　　　　　　　　　　D. 放弃权

3. 甲公司2014年取得一项产品发明专利，乙、丙、丁、戊四公司未经甲公司许可实施其专利。根据专利法律制度的规定，下列实施行为并未侵犯甲公司专利权的是（　　）。
   A. 乙公司购买了该专利产品，经研究产品的原理后批量仿造该产品并进行销售
   B. 丙公司在甲公司申请专利前已经制造相同产品，并且仅在原有范围内继续制造
   C. 丁公司为科学实验而使用该专利产品
   D. 戊公司取得强制许可后制造该专利产品

4. 下列选项中，属于假冒他人专利行为的有（　　）。
   A. 未经许可，在其制造或者销售的产品、产品的包装上标注他人的专利号
   B. 伪造或者变造他人的专利证书、专利文件或者专利申请文件
   C. 未经专利权人许可，为生产经营目的制造销售其专利产品
   D. 在广告或者其他宣传材料中将非专利技术称为专利技术

5. 根据我国《商标法》的规定，商标不得采用的标志有（　　）。
   A. 中国国旗、国徽　　　　　　　B. 美国国旗、国徽
   C. 红十字标志　　　　　　　　　D. 红新月标志

6. 根据《商标法》的规定，转让注册商标应符合的条件和程序包括（　　）。
   A. 由转让人向商标局提出申请
   B. 由受让人向商标局提出申请
   C. 转让人和受让人应当共同向商标局提出申请
   D. 受让人应当保证使用该注册商标的商品质量

7. 下列选项中，商标局应责令限期改正或者撤销其注册商标的情形有（　　）。
   A. 自行改变注册商标的
   B. 自行改变注册商标的注册人名义、地址或者其他注册事项的
   C. 自行转让注册商标的

D. 连续3年停止使用的

8. 根据《商标法》的规定，侵犯注册商标专用权的行为主要有（　　）。

A. 未经商标注册人的许可，在同一种商品或者类似商品上使用与其注册商标相同或者近似的商标的

B. 销售侵犯注册商标专用权的商品的

C. 伪造、擅自制造他人注册商标标识或者销售伪造、擅自制造的注册商标标识的

D. 未经商标注册人同意，更换其注册商标并将该更换商标的商品又投入市场的

三、判断题

1. 在保护外国知识产权的情况下，若我国法律没有规定或者规定与国际公约冲突时，可直接适用国际公约的规定。（　　）

2. 对实用新型授予专利权的范围，既包括产品，也包括生产方法。（　　）

3. 申请专利的发明创造在申请日以前6个月内在规定的学术会议或者技术会议上首次发表的，不丧失新颖性。（　　）

4. 专利权人自专利权被授予满3年，且提出专利申请满4年，无正当理由未实施或者未充分实施其专利的，国务院专利行政部门可以给予实施该专利的强制许可。（　　）

5. 著名商标是指由国家市场监督管理部门认定的为全国相关公众所熟知并享有较高声誉的商标。（　　）

6. 《商标法》规定，我国对于人用药品和烟草制品的商标实行自愿注册。（　　）

7. 注册商标被撤销的或者期满不再续展的，自撤销或者注销之日起1年内，商标局对与该商标相同或近似的商标注册申请，不予核准。（　　）

8. 销售不知道是侵犯注册商标专用权的商品，能证明该商品是自己合法取得的并说明提供者的，不承担赔偿责任。（　　）

四、案例分析题

1. 甲公司与业余发明人乙订立了一份技术开发合同，约定由乙为甲公司开发完成一项电冰箱温控装置技术，由甲为乙提供技术开发资金、设备、资料等，并支付报酬。在约定的时间内乙完成了合同约定的任务，并按约定将全部技术资料和权利都交给了甲公司。此外，乙在完成开发任务的过程中，还开发出了一项空调节电技术，并以自己的名义申请专利。甲公司知道此事后，认为该空调节电技术的专利申请权应归甲公司所有，因此，甲、乙双方就该空调节电技术的专利申请权归属发生争议。根据专利法有关规定，试分析回答：

（1）该空调节电技术的专利申请权应归谁所有？为什么？

（2）该纠纷可通过哪些途径解决？

2. 甲服装厂自2004年起在其生产的衬衫上使用"红叶"商标。2006年，乙服装厂也开始使用"红叶"商标。2008年3月，乙厂的"红叶"商标经申请由国家商标局核准注册，其核定使用的商品为乙厂生产的服装。2009年1月，乙厂发现甲厂仍在衬衫上使用"红叶"商标，很容易引起消费者的误认，因此甲、乙双方发生注册商标争议。根据商标法有关规定，试分析回答：

（1）甲、乙两个企业谁构成侵权？为什么？

（2）侵权方如何才能继续使用"红叶"商标？

第七章

竞争与消费者保护法律制度

案 例

反不正当竞争

竞争无处不在。竞争能给经济带来活力，不正当的竞争会给经济带来灾难。

长沙鼓风机厂是国家大型骨干企业，该厂生产的"长风"牌鼓风机不仅在国内市场竞争中处于领先地位，而且远销20多个国家和地区。

然而，不法厂商对"长风"品牌的侵权行为十分猖獗，"长风"长期受到不正当竞争的大肆蚕食。有的企业公然在自己的产品上擅自使用"长风"的商标；有的冒用长沙鼓风机厂的厂名，公然以"长风"自居进行经营活动；有的私刻该厂合同公章，擅印该厂的订货合同书；有的盗用该厂的产品说明书；有的厂家为了"证明"自己的生产能力，竟然把长风厂的照片堂而皇之地印在自己产品的样本上；有的雇人明目张胆地打着长沙鼓风机厂的牌子，在车站拦截长风厂的客户；有的甚至跑到长风厂招待所蒙骗客户；有的以长风厂名义向各地用户发订货函；有的个体户把回收的废旧鼓风机刷上新漆假冒"长风"出售。这些令人触目惊心的卑劣手段使无数用户上当受骗，以至不少当地人都认为炒股票都不如炒"长风"鼓风机。假冒不正当竞争行为对"长风"品牌的蚕食，给长风厂造成近亿元的损失，使长风厂的市场占有率从40%下降到28%，长沙鼓风机厂在市场竞争中的优势地位不断削弱。

第一节 反不正当竞争法

一、反不正当竞争法概述

为促进社会主义市场经济健康发展，鼓励和保护公平竞争，制止不正当竞争行为，保护经营者和消费者的合法权益，我国于1993年9月2日颁布了《中华人民共和国反不正当竞争法》（以下简称《反不正当竞争法》），自1993年12月1日起施行。2017年11月

奇虎360诉腾讯垄断案终审宣判

中华人民共和国反不正当竞争法

4 日该法通过修订,自 2018 年 1 月 1 日起施行。

(一) 市场竞争的的概念和作用

我国《反不正当竞争法》中所谓的竞争是指经营者在生产经营活动中,为了实现自己的利益最大化,以其他经营者为对手而进行的争取交易机会和占有市场优势的行为。

市场竞争的方式可以有多种多样,如产品质量竞争、广告营销竞争、价格竞争、产品性能和式样花色竞争等,也就是所谓的市场竞争策略。市场机制正是通过竞争实现优胜劣汰,迫使企业降低成本、提高质量、改善管理、积极创新、提高效率,从而起到优化资源配置、促进经济发展、保障消费者根本利益的作用。

在规范的市场经济体制条件下,经营者在生产经营活动中,应当遵循自愿、平等、公平、诚信的原则,遵守法律和商业道德,否则就会形成不正当竞争。

(二) 不正当竞争的概念和特征

所谓不正当竞争,是指经营者在生产经营活动中,违反法律规定,损害其他经营者或者消费者的合法权益,扰乱社会经济秩序的行为。不正当竞争行为有以下特征:

(1) 不正当竞争行为的主体是经营者。所谓经营者,是指从事商品生产、经营或者提供服务的法人、其他经济组织和个人。

(2) 不正当竞争行为是违法行为。不正当竞争行为的违法性主要表现在违反了《反不正当竞争法》的规定。经营者的某些行为虽然表面上难以确认为不正当竞争行为,但是只要违反了自愿、平等、公平、诚实信用原则或违反了公认的商业道德,损害了其他经营者的合法权益,扰乱了社会经济秩序,也应认定为不正当竞争行为。

(3) 不正当竞争行为是一种侵权行为。这是指不正当竞争行为损害了或者可能损害其他经营者的合法权益。不正当竞争行为采用不正当的手段破坏市场竞争秩序、损害其他经营者的合法权益,使守法的经营者蒙受损害。同时,不正当竞争行为也会损害消费者的利益。

(4) 不正当竞争行为具有社会危害性。不正当竞争行为不仅直接或者间接地损害了其他经营者和消费者的利益,并且与一般侵权行为相比,还阻碍了市场竞争机制的正常运行,扰乱了社会经济秩序,给社会经济发展造成了危害。

二、不正当竞争行为

我国《反不正当竞争法》列举了以下不正当竞争行为:

(一) 混淆行为

混淆行为,是指经营者在经营活动中,采用虚假手段,对自己的商品或服务作虚假的标示、说明或承诺,引人误认为是他人商品或者与他人存在特定联系,从而获得交易机会,损害其他经营者利益及消费者利益的行为。具体有以下几类:

(1) 擅自使用与他人有一定影响的商品名称、包装、装潢等相同或者近似的标识。

(2) 擅自使用他人有一定影响的企业名称(包括简称、字号等)、社会组织名称(包括简称等)、姓名(包括笔名、艺名、译名等)。

(3) 擅自使用他人有一定影响的域名主体部分、网站名称、网页等。

(4) 其他足以引人误认为是他人商品或者与他人存在特定联系的混淆行为。

(二) 贿赂行为

贿赂行为是指经营者采用财物或其他手段对交易相对方的工作人员、受交易相对方委托办理相关事务的单位或者个人以及其他利用职权或者影响力影响交易的单位或者个人进行贿赂,以谋取交易机会或者竞争优势的行为。

经营者在交易活动中,可以以明示方式向交易相对方支付折扣,或者向中间人支付佣金。经营者向交易相对方支付折扣、向中间人支付佣金的,应当如实入账。接受折扣、佣金的经营者也应当如实入账。

经营者的工作人员进行贿赂的,应当认定为经营者的行为;但是,经营者有证据证明该工作人员的行为与为经营者谋取交易机会或者竞争优势无关的除外。

(三)虚假宣传行为

虚假宣传行为指经营者对其商品的性能、功能、质量、销售状况、用户评价、曾获荣誉等作虚假或者引人误解的商业宣传,欺骗、误导消费者。经营者也不得通过组织虚假交易等方式,帮助其他经营者进行虚假或者引人误解的商业宣传。

经营者具有下列行为之一,足以造成相关公众误解的,可以认定为引人误解的虚假宣传行为:

(1)对商品作片面的宣传或者对比的。
(2)将科学上未定论的观点、现象等当作定论的事实用于商品宣传的。
(3)以歧义性语言或者其他引人误解的方式进行商品宣传的。

彭某侵犯商业秘密罪案

(四)侵犯商业秘密行为

侵犯商业秘密行为是指经营者采用非法手段获取、披露或使用以及允许他人使用其他经营者商业秘密的行为。

所谓商业秘密,是指不为公众所知悉、具有商业价值并经权利人采取相应保密措施的技术信息和经营信息。其中技术信息包括工艺流程、技术秘诀、设计图纸、配方等;经营信息包括管理方法、产销策略、客户名单、货源情报等。

经营者不得实施下列侵犯商业秘密的行为:

(1)以盗窃、贿赂、欺诈、胁迫或者其他不正当手段获取权利人的商业秘密。
(2)披露、使用或者允许他人使用以前项手段获取的权利人的商业秘密。
(3)违反约定或者违反权利人有关保守商业秘密的要求,披露、使用或者允许他人使用其所掌握的商业秘密。

第三人明知或者应知商业秘密权利人的员工、前员工或者其他单位、个人实施前款所列违法行为,仍获取、披露、使用或者允许他人使用该商业秘密的,视为侵犯商业秘密。

(五)不正当有奖销售行为

不正当有奖销售行为,是指经营者违反法律规定,利用物质、金钱或者其他经济利益引诱用户和消费者购买其商品,排挤竞争对手的不正当竞争行为。

经营者进行有奖销售不得存在下列情形:

(1)所设奖的种类、兑奖条件、奖金金额或者奖品等有奖销售信息不明确,影响兑奖。
(2)采用谎称有奖或者故意让内定人员中奖的欺骗方式进行有奖销售。
(3)抽奖式的有奖销售,最高奖的金额超过五万元。

(六)诋毁他人商业信誉行为

诋毁他人商业信誉行为是指经营者编造、传播虚假信息或者误导性信息,损害竞争对手的商业信誉、商品声誉的行为。

诋毁他人商业信誉以贬低特定竞争对手为目的，意在使竞争对手削弱或丧失竞争力。其散布虚伪事实的途径可以是经营者亲自实施，也可以是串通宣传媒介等他人实施。其他非经营者实施的侵害他人商业信誉的行为，不构成不正当竞争行为，但可构成共同侵权。

（七）不正当网络经营行为

不正当网络经营行为是指使用互联网从事生产经营的经营者，利用技术手段，通过影响用户选择或者其他方式，实施妨碍、破坏其他经营者合法提供的网络产品或者服务正常运行的行为。

"金山毒霸"不正当竞争纠纷案

经营者不得实施下列不正当网络经营行为：

（1）未经其他经营者同意，在其合法提供的网络产品或者服务中，插入链接、强制进行目标跳转。

（2）误导、欺骗、强迫用户修改、关闭、卸载其他经营者合法提供的网络产品或者服务。

（3）恶意对其他经营者合法提供的网络产品或者服务实施不兼容。

（4）其他妨碍、破坏其他经营者合法提供的网络产品或者服务正常运行的行为。

三、对不正当竞争行为的监督检查

对不正当竞争行为的监督检查包括政府专门机构的监督检查以及其他组织和个人的社会监督。

（一）政府对涉嫌不正当竞争行为的调查

我国《反不正当竞争法》规定：各级人民政府应当采取措施，制止不正当竞争行为，为公平竞争创造良好的环境和条件。

国务院建立反不正当竞争工作协调机制，研究决定反不正当竞争重大政策，协调处理维护市场竞争秩序的重大问题。

县级以上人民政府履行市场监督管理职责的部门对不正当竞争行为进行查处；法律、行政法规规定由其他部门查处的，依照其规定。

监督检查部门调查涉嫌不正当竞争行为，可以采取下列措施：

（1）进入涉嫌不正当竞争行为的经营场所进行检查。

（2）询问被调查的经营者、利害关系人及其他有关单位、个人，要求其说明有关情况或者提供与被调查行为有关的其他资料。

（3）查询、复制与涉嫌不正当竞争行为有关的协议、账簿、单据、文件、记录、业务函电和其他资料。

（4）查封、扣押与涉嫌不正当竞争行为有关的财物。

（5）查询涉嫌不正当竞争行为的经营者的银行账户。

采取上述措施，应当依本法规定向有关部门及其主要负责人书面报告，并经批准。

监督检查部门调查涉嫌不正当竞争行为，应当遵守《中华人民共和国行政强制法》和其他有关法律、行政法规的规定，并应当将查处结果及时向社会公开。

监督检查部门调查涉嫌不正当竞争行为，被调查的经营者、利害关系人及其他有关单位、个人应当如实提供有关资料或者情况。

监督检查部门及其工作人员对调查过程中知悉的商业秘密负有保密义务。

(二) 不正当竞争行为的社会监督

国家鼓励、支持和保护一切组织和个人对不正当竞争行为进行社会监督。对涉嫌不正当竞争行为，任何单位和个人有权向监督检查部门举报，监督检查部门接到举报后应当依法及时处理。监督检查部门应当向社会公开受理举报的电话、信箱或者电子邮件地址，并为举报人保密。对实名举报并提供相关事实和证据的，监督检查部门应当将处理结果告知举报人。

国家机关及其工作人员不得支持、包庇不正当竞争行为。

行业组织应当加强行业自律，引导、规范会员依法竞争，维护市场竞争秩序。

(三) 不正当竞争行为的法律责任

经营者违反《反不正当竞争法》规定，给他人造成损害的，应当依法承担民事责任。

经营者的合法权益受到不正当竞争行为损害的，可以向人民法院提起诉讼。因不正当竞争行为受到损害的经营者的赔偿数额，按照其因被侵权所受到的实际损失确定；实际损失难以计算的，按照侵权人因侵权所获得的利益确定。赔偿数额还应当包括经营者为制止侵权行为所支付的合理开支。

对经营者违反《反不正当竞争法》规定实施的不正当竞争行为，由监督检查部门责令停止违法行为，并按违法经营额处以罚款；情节严重的，吊销营业执照；构成犯罪的，依法追究刑事责任。

第二节 消费者权益保护法

一、消费者权益保护法概述

(一) 消费者权益保护法的概念

消费者权益保护法是指调整在保护消费者权益过程中发生的各种社会关系的法律规范的总称。

贴心的法律——消费者
权益保护法

职业打假人王海

中华人民共和国消费者
权益保护法

狭义的消费者权益保护法是指我国现行的《中华人民共和国消费者权益保护法》（以下简称《消费者权益保护法》）。该法于1993年由全国人民代表大会常务委员会通过，1994年1月1日开始施行。该法于2009年8月由全国人民代表大会常务委员会进行了第一次修正；2013年10月进行了第二次修正，自2014年3月15日起施行。

广义的消费者权益保护法还包括与该法相配套的《中国消费者协会受理消费者投诉规定》《关于实施〈消费者权益保护法〉的若干意见》《欺诈消费者行为处罚办法》等政府部门规章，以及《中华人民共和国民法典》《反不正当竞争法》《中华人民共和国产品质量法》《中华人民共和国食品卫生法》《中华人民共和国刑法》等法律中保护消费者权益的有关规定。

(二) 消费者权益保护法的调整对象

我国《消费者权益保护法》的调整对象是消费者的个人消费,即消费者个人以生活消费为直接目的而购买或使用商品和服务的行为。生产消费不属于《消费者权益保护法》的调整对象。但农民购买、使用直接用于生产的生产资料,参照《消费者权益保护法》调整执行。

所谓消费者,是指《消费者权益保护法》中规定的为生活消费需要购买、使用商品或接受服务的自然人。消费者有以下特征:

(1) 消费者一般为自然人。

(2) 消费目的必须是为生活的需要而消费,为生产需要而购买、使用商品的人不是消费者,法律另有规定的除外。

(3) 消费者的消费方式为购买、使用商品或接受服务。

(三) 消费者权益保护法的基本原则

消费者权益保护法的基本原则是指国家保护消费者权益的指导思想和根本宗旨。我国《消费者权益保护法》规定的基本原则有:

1. 自愿、平等、公平、诚实信用原则

经营者与消费者进行交易时,应当尊重消费者的意愿,平等协商,价格合理,诚实守信,严格履行法定的和约定的各项义务。

2. 国家对消费者特别保护原则

由于消费者处于个体分散状态,且经济实力、技术鉴别能力和自我保护手段处于弱势,国家对其合法权益进行特别保护,如扩大消费者的权利范围、加重经营者的义务和限制,在消费纠纷的处理中倾向于保护消费者的利益等。

3. 国家保护与社会监督相结合的原则

由于消费者在市场经济体系中是一个最广大的群体,对其权益的保护仅凭有关国家机关的工作是难以胜任的,必须依靠全社会的力量,建立起消费者权益的保护机制,使消费者的合法权益得到最充分、最有效的保护。保护消费者的合法权益是全社会的共同责任,国家鼓励、支持一切组织和个人对损害消费者合法权益的行为进行社会监督。

二、消费者的权利

消费者的权利是消费者在消费行为中所享有的权利,是消费者利益在法律上的表现。我国《消费者权益保护法》规定消费者享有以下九项权利:

公司法概述

(一) 安全权

安全权,是指消费者的生命安全、身体健康和财产安全不受损害的权利,具体包括消费者生命安全权、健康安全权、财产安全权、消费场所安全权等。侵害消费者安全权的表现形式多为经营者提供的商品或服务不符合国家有关保障人身和财产安全的标准或规定,致使消费者的人身、财产受到损害。具体表现形式主要有:在生产和销售的商品中含有对人体有害的物质或存在其他安全隐患;制造销售伪劣的或过期变质的食品和药品;提供的商品包装不安全;提供的营业场所存在安全隐患等。

(二) 知情权

知情权，是指消费者享有知悉其购买、使用的商品或接受的服务的真实情况的权利。消费者有权根据商品或服务性质的不同，要求经营者提供商品的价格、产地、生产者、用途、性能、规格、等级、主要成分、生产日期、有效期限、检验合格证明、使用方法说明、售后服务等；或所提供服务的内容、规格、费用等有关情况。

自主选择权

(三) 自主选择权

自主选择权，是指消费者根据自己的消费要求、意向和兴趣，自主选择购买自己满意的商品或接受自己满意的服务的权利。其包括自主选择经营者；自主选择商品品种或服务方式；在自主选择过程中有权对不同的商品或服务进行比较、鉴别和挑选。

知识链接

许多酒店、餐馆有"禁带酒水"的规定。其实是否自带酒水进酒店、餐馆消费，是消费者的权利，经营者不得进行限制。这些酒店、餐馆单方自主约定禁带酒水，也就使前来消费的消费者的自主选择权受到了限制。同时，这也是一种强制交易行为。

(四) 公平交易权

公平交易权，是指消费者在购买商品或接受服务时，有权获得质量保障、价格合理、计量正确等公平交易条件，有权拒绝经营者的强制交易行为。交易双方应遵守自由公平、诚实信用、遵守法律、不得违反公认的商业道德的市场交易规则。

知识链接

"打折商品"是经营者常用的价格促销手段。某些商品一旦过了适销季节，商家便会设法将积压商品以较低的价格卖出去，以达到加速资金周转的目的。但经营者降价的原因与产品应具备的质量、功能无关，所以经营者不能因此影响消费者获得商品质量保障的权利。因此，经营者作出的"打折商品概不退还"的规定是不合法的、无效的。

(五) 赔偿请求权

赔偿请求权，是指消费者因购买、使用商品或接受服务受到人身、财产损害的，享有依法获得赔偿的权利。享有求偿权的主体主要是因购买、使用商品或接受服务而受到人身、财产损害的消费者，也包括因为偶然原因而在事故现场受到损害的其他人。

(六) 结社权

结社权，是指消费者享有依法成立维护自身合法权益的社会组织的权利。消费者结成自己的维权组织，可以通过集体的力量改变自己的弱者地位，从而与强势的经营者相抗衡，以维护自己的合法权益。目前我国消费者组织包括中国消费者协会和地方各级消费者协会以及各种类型的群众性基层组织。

（七）求知权

求知权，是指消费者有获得与有关商品或服务相关的知识和消费者权益保护方面的知识的权利。具体包括有关消费方面的知识，如消费观念知识、商品和服务知识、市场行情知识等；有关消费者权益保护方面的知识，如有关消费者权益保护的法律法规和政策以及保护机构和争议解决途径等方面的知识。

（八）获得尊重权

获得尊重权，是指消费者在购买、使用商品和接受服务时，享有其人格尊严得到尊重和民族风俗习惯得到尊重的权利；享有个人信息依法得到保护的权利。人格尊严受尊重权，是指消费者的姓名权、名誉权、荣誉权、肖像权等应受尊重的权利。民族风俗习惯受尊重权，是指消费者在饮食、服饰、居住、婚葬、节庆、娱乐、礼节、禁忌等方面应受尊重的权利。侵犯人格尊严的形式通常表现为人格侮辱、人身伤害、名誉诋毁、非法限制人身自由、非法搜身等情形。个人信息保护权是指经营者收集、使用消费者个人信息，应当遵循合法、正当、必要的原则，明示收集、使用信息的目的、方式和范围，并经消费者同意。

（九）监督权

监督权，是指消费者享有对商品和服务以及保护消费者权利工作进行监督的权利。消费者有权检举、控告侵害消费者权益的行为和国家机关及其工作人员在保护消费者权益工作中的违法失职行为，有权对保护消费者权益工作提出批评、建议。

三、经营者的义务

经营者的义务是指为保障消费者的合法权益的实现，经营者必须作为或禁止作为的法律规定。我国《消费者权益保护法》规定的经营者的义务有以下十项：

（一）依法定或约定履行经营义务

经营者向消费者提供商品或者服务，应当依照《消费者权益保护法》和有关法律、法规的规定履行义务。经营者和消费者有约定的，应当按照约定履行义务，但双方的约定不得违背法律、法规的规定。

经营者向消费者提供商品或者服务，应当恪守社会公德，诚信经营，保障消费者的合法权益；不得设定不公平、不合理的交易条件，不得强制交易。

（二）接受消费者监督的义务

经营者应当听取消费者对其提供的商品或服务的意见，接受消费者的监督。

（三）保障消费者安全的义务

经营者应当保证其提供的商品或者服务符合保障人身、财产安全的要求。对可能危及人身、财产安全的商品和服务，应当向消费者作出真实的说明和明确的警示，并说明和标明正确使用商品或者接受服务的方法以及防止危害发生的方法。

宾馆、商场、餐馆、银行、机场、车站、港口、影剧院等经营场所的经营者，应当对消费者尽到安全保障义务。

经营者发现其提供的商品或者服务存在缺陷，有危及人身、财产安全危险的，应当立即向有关行政部门报告和告知消费者，并采取停止销售、警示、召回、无害化处理、销毁、停止生产或者服务等措施。采取召回措施的，经营者应当承担消费者因商品被召回支出的必要费用。

知识链接

最高人民法院公布的人身损害赔偿司法解释明确规定：从事住宿、餐饮、娱乐等经营活动或者其他社会活动的自然人、法人、其他组织，未尽合理限度范围内的安全保障义务致使他人遭受人身损害，赔偿权利人请求其承担相应赔偿责任的，人民法院应予以支持。

（四）提供真实信息的义务

经营者向消费者提供有关商品或者服务的质量、性能、用途、有效期限等信息，应当真实、全面，不得作虚假或者引人误解的宣传。

经营者对消费者就其提供的商品或者服务的质量和使用方法等问题提出的询问，应当作出真实、明确的答复。

经营者提供商品或者服务应当明码标价。

（五）标明经营者真实身份的义务

经营者在交易中只能使用自己真实的名称或营业标记。租赁他人柜台或场地的经营者，也应当标明其真实名称和标记。

（六）出具凭证或单据的义务

经营者提供商品或者服务，应当按照国家有关规定或者商业惯例向消费者出具发票等购货凭证或者服务单据；消费者索要发票等购货凭证或者服务单据的，经营者必须出具。

（七）保证质量的义务

经营者应当保证在正常使用商品或者接受服务的情况下其提供的商品或者服务应当具有的质量、性能、用途和有效期限；但消费者在购买该商品或者接受该服务前已经知道其存在瑕疵，且存在该瑕疵不违反法律强制性规定的除外。经营者以广告、产品说明、实物样品或者其他方式表明商品或者服务的质量状况的，应当保证其提供的商品或者服务的实际质量与表明的质量状况相符。

经营者提供的机动车、计算机、电视机、电冰箱、空调器、洗衣机等耐用商品或者装饰装修等服务，消费者自接受商品或者服务之日起6个月内发现瑕疵，发生争议的，由经营者承担有关瑕疵的举证责任。

（八）履行"三包"义务

经营者提供的商品或者服务不符合质量要求的，消费者可以依照国家规定、当事人约定退货，或者要求经营者履行更换、修理等义务。没有国家规定和当事人约定的，消费者可以自收到商品之日起7日内退货；7日后符合法定解除合同条件的，消费者可以及时退货，不符合法定解除合同条件的，可以要求经营者履行更换、修理等义务。

依照前款规定进行退货、更换、修理的，经营者应当承担运输等必要费用。

"霸王条款"何时休

公平合理交易的义务

（九）公平、合理交易的义务

经营者在经营活动中使用格式条款的，应当以显著方式提请消费者注意商品或者服务的数量和质量、价款或者费用、履行期限和方式、安全注意事项和风险警示、售后服务、民事责任等与消费者有重大利害关系的内容，并按照消费者的要求予以说明。

经营者不得以格式条款、通知、声明、店堂告示等方式，作出排除或者限制消费者权利、减轻或者免除经营者责任、加重消费者责任等对消费者不公平、不合理的规定，不得利用格式条款并借助技术手段强制交易。

（十）尊重消费者人格权的义务

经营者不得对消费者进行侮辱、诽谤，不得搜查消费者的身体及其携带的物品，不得侵犯消费者的人身自由；不得非法收集、泄露、出售或者非法向他人提供消费者个人信息。经营者未经消费者同意或者请求，或者消费者明确表示拒绝的，不得向其发送商业性信息。

四、消费者权益的保护

（一）消费者权益的国家保护

我国《消费者权益保护法》规定了国家应通过立法机关、行政机关和司法机关的各种职能活动，实现对消费者合法权益的保护。

1. 立法保护

消费者权益立法是消费者对抗经营者不法行为的有力武器，国家在进行相关立法时必须考虑消费者的根本利益，因此国家制定有关消费者权益的法律、法规、规章和强制性标准，应当听取消费者和消费者协会等组织的意见。

2. 行政保护

各级人民政府应当加强领导，组织、协调、督促有关行政部门做好保护消费者合法权益的工作，落实保护消费者合法权益的职责。各级人民政府应当加强监督，预防危害消费者人身、财产安全行为的发生，及时制止危害消费者人身、财产安全的行为。

各级人民政府市场监督管理部门和其他有关行政部门应当依照法律、法规的规定，在各自的职责范围内，采取措施，保护消费者的合法权益。

有关行政部门应当听取消费者和消费者协会等组织对经营者交易行为、商品和服务质量问题的意见，及时调查处理。

有关行政部门在各自的职责范围内，应当定期或者不定期对经营者提供的商品和服务进行抽查检验，并及时向社会公布抽查检验结果。

有关行政部门发现并认定经营者提供的商品或者服务存在缺陷，有危及人身、财产安全危险的，应当立即责令经营者采取停止销售、警示、召回、无害化处理、销毁、停止生产或者服务等措施。

3. 司法保护

有关国家司法机关应当依照法律、法规的规定，惩处经营者在提供商品和服务时侵害消费者合法权益的违法行为。人民法院应当采取措施，方便消费者提起诉讼，对符合起诉条件的消费者权益争议，必须受理，及时审理。

（二）消费者权益的社会保护

消费者权益的社会保护，主要指通过消费者组织对消费者权益的保护。

中国消费者协会和地方各级消费者协会，是依法成立的，对经营者提供的商品和服务进行社会监督，保护消费者合法权益的社会组织，是我国保护消费者合法权益的主要社会组织。各级人民政府对消费者协会履行职能应当予以支持。

消费者协会履行下列公益性职责：

（1）向消费者提供消费信息和咨询服务，提高消费者维护自身合法权益的能力，引导文明、健康、节约资源和保护环境的消费方式。

（2）参与制定有关消费者权益的法律、法规、规章和强制性标准。

（3）参与有关行政部门对商品和服务的监督、检查。

（4）就有关消费者合法权益的问题，向有关部门反映、查询，提出建议。

（5）受理消费者的投诉，并对投诉事项进行调查、调解。

（6）投诉事项涉及商品和服务质量问题的，可以委托具备资格的鉴定人鉴定，鉴定人应当告知鉴定意见。

（7）就损害消费者合法权益的行为，支持受损害的消费者提起诉讼。

（8）对损害消费者合法权益的行为，通过大众传播媒介予以揭露、批评。

各级人民政府对消费者协会履行职责应当予以必要的经费等支持。

消费者协会应当认真履行保护消费者合法权益的职责，听取消费者的意见和建议，接受社会监督。消费者组织不得从事商品经营和营利性服务，不得以收取费用或者其他牟取利益的方式向消费者推荐商品和服务。

依法成立的其他消费者组织依照法律、法规及其章程的规定，开展保护消费者合法权益的活动。

五、消费者权益争议的解决及法律责任

（一）消费者权益争议的解决途径

消费者和经营者发生消费者权益争议的，可以通过下列途径解决：

（1）与经营者协商和解。

（2）请求消费者协会或者依法成立的其他调解组织调解。

（3）向有关行政部门投诉。

（4）根据与经营者达成的仲裁协议提请仲裁机构仲裁。

（5）向人民法院提起诉讼。

（二）消费者权益争议中赔偿主体的确定

为了避免商品的生产者与经营者相互推诿，逃避承担法律责任，我国《消费者权益保护法》规定了有利于消费者的求偿原则，并根据侵害情况，分别确定赔偿主体：

（1）消费者在购买、使用商品时，其合法权益受到损害的，可以向销售者要求赔偿，销售者赔偿后，属于生产者的责任或属于其他有关责任人的责任的，销售者有权向生产者或其他有关责任人追偿。消费者或其他受害人因商品缺陷造成人身、财产损害的，可以向销售者要求赔偿，也可以向生产者要求赔偿；属于生产者责任的，销售者赔偿后，有权向生产者追偿；属于销售者责任的，生产者赔偿后，有权向销售者追偿。消费者接受服务时，其权益受到损害的，有权向服务的提供者要求赔偿。

（2）消费者在购买、使用商品或接受服务时，其合法权益受到损害，原企业分立、合并的，可以向变更后承受该企业权利义务的企业要求赔偿。

（3）使用他人营业执照的违法经营者提供商品或服务，损害消费者合法权益的，消费

者可以向其要求赔偿，也可以向营业执照的持有人要求赔偿。

（4）消费者在展销会、租赁柜台购买商品或接受服务，其合法权益受到损害的，可以向销售者或服务者要求赔偿；展销会结束或柜台租赁期满后，也可以向展销会的举办者、柜台的出租者要求赔偿；展销会的举办者、柜台的出租者赔偿后，有权向销售者或服务者追偿。

网购电购商品，7日内可无理由退货

（5）消费者通过网络交易平台购买商品或者接受服务，其合法权益受到损害的，可以向销售者或者服务者要求赔偿。网络交易平台提供者不能提供销售者或者服务者的真实名称、地址和有效联系方式的，消费者也可以向网络交易平台提供者要求赔偿；网络交易平台提供者作出更有利于消费者的承诺的，应当履行承诺。网络交易平台提供者赔偿后，有权向销售者或者服务者追偿。

（6）消费者因经营者利用虚假广告或者其他虚假宣传方式提供商品或者服务，其合法权益受到损害的，可以向经营者要求赔偿。广告经营者、发布者发布虚假广告的，消费者可以请求行政主管部门予以惩处。广告经营者、发布者不能提供经营者的真实名称、地址和有效联系方式的，应当承担赔偿责任。

（三）经营者的民事责任

1. 侵犯消费者合法权益的民事责任

经营者提供商品或者服务有下列情形之一的，除《消费者权益保护法》另有规定外，应当依照其他有关法律、法规的规定，承担民事责任。

（1）商品存在缺陷的。

（2）不具备商品应当具备的使用性能而出售时未作说明的。

（3）不符合在商品或其包装上注明采用的商品标准的。

（4）不符合商品说明、实物样品等方式表明的质量状况的。

（5）生产国家明令淘汰的商品或销售失效、变质的商品的。

（6）销售的商品数量不足的。

（7）服务的内容和费用违反约定的。

（8）对消费者提出的修理、重作、更换、退货、补足商品数量、退还货款和服务费用或赔偿损失的要求，故意拖延或无理拒绝的。

（9）法律、法规规定的其他损害消费者权益的情形。

经营者对消费者未尽到安全保障义务，造成消费者损害的，应当承担侵权责任。

2. 人身损害的民事责任

经营者提供的商品或者服务，造成消费者或者其他受害人人身伤害的，应当赔偿医疗费、护理费、交通费等为治疗和康复支出的合理费用，以及因误工减少的收入。造成残疾的，还应当赔偿残疾生活辅助具费和残疾赔偿金。造成死亡的，还应当赔偿丧葬费和死亡赔偿金。经营者侵害消费者的人格尊严、侵犯消费者人身自由或者侵害消费者个人信息依法得到保护的权利的，应当停止侵害、恢复名誉、消除影响、赔礼道歉，并赔偿损失。经营者有侮辱诽谤、搜查身体、侵犯人身自由等侵害消费者或者其他受害人人身权益的行为，造成严重精神损害的，受害人可以要求精神损害赔偿。

3. 财产损害的民事责任

经营者提供商品或者服务，造成消费者财产损害的，应当依照法律规定或者当事人约定承担修理、重作、更换、退货、补足商品数量、退还货款和服务费用或者赔偿损失等民事责任。

4. 特殊情况下经营者的赔偿责任

（1）经营者以邮购方式提供商品的，应当按照约定提供。未按照约定提供的，应当按照消费者的要求履行约定或退回货款，并应当承担消费者必须支付的合理费用。

（2）经营者以预收款方式提供商品或服务的，应当按照约定提供；未按照约定提供的，应当按照消费者的要求履行约定或退回预付款，并承担预付款的利息和消费者必须支付的合理费用。

（3）依法经有关行政部门认定为不合格的产品，消费者要求退货的，经营者应当负责退货。

5. 惩罚性赔偿责任

经营者提供的商品或者服务有欺诈行为的，应当按照消费者的要求增加赔偿其受到的损失，增加赔偿的金额为消费者购买商品的价款或者接受服务的费用的三倍；增加赔偿的金额不足五百元的，为五百元。法律另有规定的，依照其规定。

经营者明知商品或者服务存在缺陷，仍然向消费者提供，造成消费者或者其他受害人死亡或者健康严重损害的，受害人有权要求经营者按法律规定赔偿损失，并有权要求所受损失二倍以下的惩罚性赔偿。

（四）行政责任

经营者有下列情形之一，有关法律、法规对处罚机关和处罚方式有规定的，依照法律、法规的规定执行；法律、法规未作规定的，由市场监督管理部门或者其他有关行政部门责令改正，可以根据情节单处或者并处警告、没收违法所得、处以违法所得一倍以上十倍以下的罚款，没有违法所得的，处以五十万元以下的罚款；情节严重的，责令停业整顿、吊销营业执照：

（1）提供的商品或者服务不符合保障人身、财产安全要求的。

（2）在商品中掺杂、掺假，以假充真，以次充好，或者以不合格商品冒充合格商品的。

（3）生产国家明令淘汰的商品或者销售失效、变质的商品的。

（4）伪造商品的产地，伪造或者冒用他人的厂名、厂址，篡改生产日期，伪造或者冒用认证标志等质量标志的。

（5）销售的商品应当检验、检疫而未检验、检疫或者伪造检验、检疫结果的。

（6）对商品或者服务作虚假或者引人误解的宣传的。

（7）拒绝或者拖延有关行政部门责令对缺陷商品或者服务采取停止销售、警示、召回、无害化处理、销毁、停止生产或者服务等措施的。

（8）对消费者提出的修理、重做、更换、退货、补足商品数量、退还货款和服务费用或者赔偿损失的要求，故意拖延或者无理拒绝的。

（9）侵害消费者人格尊严、侵犯消费者人身自由或者侵害消费者个人信息依法得到保护的权利的。

（10）法律、法规规定的对损害消费者权益应当予以处罚的其他情形。

经营者有上述规定情形的，除依照法律、法规规定予以处罚外，处罚机关应当记入信用档案，向社会公布。

（五）刑事责任

经营者有下列情形之一的，应负刑事责任：

（1）经营者提供商品或服务，造成消费者或其他人人身伤害、死亡，构成犯罪的。

（2）以暴力、威胁等方法阻碍有关行政部门工作人员依法执行职务的，构成犯罪的。

（3）国家机关工作人员玩忽职守或包庇经营者侵害消费者合法权益的行为，情节严重，构成犯罪的。

习 题

一、单项选择题

1. 根据反不正当竞争法律制度的规定，下列行为中，属于不正当竞争行为的是（　　）。

 A. 刘某因所居住小区内的超市影响其休息，遂捏造该超市出售伪劣商品的事实并进行散布，导致该超市营业额下降

 B. 某制药厂销售人员向某医院院长行贿，高价销售给该医院低成本药品

 C. 某歌厅见与其相邻的另一家歌厅价格低、客源多，遂雇用打手上门寻衅滋事

 D. 某酒厂将其产品的获奖证书印刷在其产品的包装上

2. 某电器销售连锁店在本市一家主要媒体上刊登广告称：为回报消费者，本店商品全场降价10%。但执法人员检查发现，该店事先已将商品原价格悄然上调了10%，实际上等于没降价。该行为属于（　　）。

 A. 混淆行为　　　B. 贿赂行为　　　C. 虚假宣传行为　　　D. 合法经营行为

3. 属于不正当有奖销售行为的抽奖式有奖销售，其最高奖的金额为（　　）。

 A. 5 000元以上　　B. 10 000元以上　　C. 50 000元以上　　D. 100 000元以上

4. 下列行为中属于不正当竞争行为的是（　　）。

 A. 某企业明知是他人窃取的商业秘密而有偿取得并使用

 B. 某人骗取了权利人的技术，以欲泄露给他人为要挟向权利人勒索钱财

 C. 某企业获取了权利人并未采取保密措施的技术并使用

 D. 某企业窃取并使用的他人技术是早已公诸于世的技术

5. 根据《消费者权益保护法》的规定，下列属于侵犯了消费者自主选择权的行为是（　　）。

 A. 经营者生产和销售的商品含有对人体有害的物质或存在其他安全隐患

 B. 经营者向购买者隐瞒商品的产地、生产日期、有效期限等

 C. 酒店、餐馆单方规定"禁止消费者自带酒水"

 D. 商店单方规定"打折商品概不退货"

6. 关于消费者享有的公平交易权的内容，错误的选项有（　　）。

 A. 消费者在购买商品或者接受服务时，有权获得质量保障、价格合理、计量正确等公平交易条件

 B. 消费者有权拒绝经营者的强制交易行为

 C. 交易双方应遵守"自由公平、诚实信用、遵守法律、不得违反公认的商业道德"的市场交易规则

D. 消费者有权获得与有关商品或服务相关的知识和消费者权益保护方面的知识

7. 甲工厂生产一种易拉罐装饮料，消费者刘某从乙商场购买这种饮料后，在开启时被罐内强烈气流炸伤眼部。在刘某选择赔偿主体时，正确的说法有（   ）。

    A. 刘某只能向乙商场索赔

    B. 刘某只能向甲工厂索赔

    C. 刘某只能向消费者协会投诉，请其帮助索赔

    D. 刘某可向甲工厂、乙商场中的任何一个索赔

8. 经营者提供商品或者服务有欺诈行为的，应当按照消费者的要求增加赔偿其受到的损失，增加赔偿的金额为消费者购买商品的价款或接受服务的费用的（   ）。

    A. 一倍　　　　　　B. 二倍　　　　　　C. 三倍　　　　　　D. 四倍

二、多项选择题

1. 我国《反不正当竞争法》规定，不正当竞争行为的特征有（   ）。

    A. 不正当竞争行为的主体是经营者

    B. 不正当竞争行为是违法行为

    C. 不正当竞争行为是一种侵权行为

    D. 不正当竞争行为具有社会危害性

2. 下列属于《反不正当竞争法》所指的混淆行为的有（   ）。

    A. 擅自使用与他人有一定影响的商品名称、包装、装潢等相同或者近似的标识

    B. 擅自使用他人有一定影响的企业名称、社会组织名称、姓名

    C. 擅自使用他人有一定影响的域名主体部分、网站名称、网页

    D. 故意引人误认为其商品与他人有一定影响的商品存在特定联系

3. 下列选项中，属于诋毁他人商业信誉的行为有（   ）。

    A. 甲灯具厂为了争夺客户，捏造乙灯具厂偷工减料的虚假事实并向客户传播

    B. 甲厂因产品质量问题受到工商局的查处，乙厂在拓展业务时一直向客户传播该事实

    C. 某电视台受他人唆使播出了本地某食品厂生产的产品含有致癌物质的假新闻

    D. 甲糕点生产企业在广告宣传中宣称在本市范围内只有甲企业生产的糕点不含防腐剂，致使该市的乙、丙等糕点生产企业购买客户锐减

4. 下列选项中属于不正当网络经营行为的有（   ）。

    A. 未经其他经营者同意，在其合法提供的网络产品或者服务中，插入链接、强制进行目标跳转

    B. 误导、欺骗、强迫用户修改、关闭、卸载其他经营者合法提供的网络产品或者服务

    C. 恶意对其他经营者合法提供的网络产品或者服务实施不兼容

    D. 实施妨碍、破坏其他经营者合法提供的网络产品或者服务正常运行的行为

5. 《消费者权益保护法》中所指的消费者的特征包括（   ）。

    A. 消费者一般为自然人

    B. 消费目的必须是为生活的需要而消费

    C. 消费者的消费方式为购买、使用商品或接受服务

    D. 企事业单位购买、使用生活消费品时也是消费者

6. 消费者在购买、使用商品和接受服务时享有的"获得尊重权"应包括（　　）。
   A. 享有其人格尊严得到尊重和民族风俗习惯得到尊重的权利
   B. 享有个人信息依法得到保护的权利
   C. 享有生命安全、身体健康和财产安全不受损害的权利
   D. 享有知悉其购买、使用的商品或者接受的服务的真实情况的权利
7. 经营者履行"三包"义务，其内容应当包括（　　）。
   A. 经营者提供的商品或者服务不符合质量要求的，消费者可以依照国家规定、当事人约定退货，或者要求经营者履行更换、修理等义务
   B. 没有国家规定和当事人约定的，消费者可以自收到商品之日起 7 日内退货
   C. 7 日后符合法定解除合同条件的，消费者可以及时退货，不符合法定解除合同条件的，可以要求经营者履行更换、修理等义务
   D. 进行退货、更换、修理的，消费者应当自己承担运输等必要费用
8. 下列选项中，不属于"消费者协会"对消费者权益保护职责的有（　　）。
   A. 立法保护　　　B. 行政保护　　　C. 司法保护　　　D. 社会保护

三、判断题

1. 不正当竞争行为只是损害了其他经营者的利益，不会损害消费者的利益。（　　）
2. 经营者的工作人员进行贿赂的，应当认定为经营者的行为。（　　）
3. 第三人明知商业秘密权利人的员工非法获取、披露、使用其所掌握的商业秘密，仍获取、披露、使用该商业秘密的，不视为侵犯商业秘密。（　　）
4. 消费者侵害经营者商业信誉的，也构成诋毁他人商业信誉的不正当竞争行为。（　　）
5. 农民购买、使用直接用于生产的生产资料，属于《消费者权益保护法》的调整范围。（　　）
6. 租赁他人柜台或者场地的经营者，也应当标明其真实名称和标记。（　　）
7. 经营者提供的机动车、计算机、电视机、电冰箱、空调器、洗衣机等耐用商品或者装饰装修等服务，消费者自接受商品或者服务之日起 6 个月内发现瑕疵，发生争议的，由消费者承担有关瑕疵的举证责任。（　　）
8. 经营者和消费者没有约定实行三包的，经营者提供的商品不符合质量要求的可以不实行三包。（　　）

四、案例分析题

1. 甲、乙两厂均为某市生产橙汁保健饮料的企业，由于乙厂的该种饮料品质优良、价格合理，销量很大，导致甲厂的经济效益下降，甲厂为在竞争中取胜，在该市电视台加大广告宣传力度，广告词中称：甲厂是本市唯一止宗的橙汁保健饮料生产企业，目前本市某些厂家生产的同类产品，系甲厂产品的仿制品，其产品质量与本厂产品有本质差别，唯有甲厂生产的 A 牌橙汁保健饮料不含有害添加剂，特提请广大消费者认准 A 牌商标，谨防上当受骗。甲厂的广告在该市电视台播出后，许多经营乙厂产品的客户纷纷要求退货，致使乙厂产品销售量大幅下降，造成巨大的经济损失。于是，乙厂向市场监督管理机关提出申诉，要求依法处理。试分析回答：

   (1) 甲厂行为属于什么性质的行为？为什么？

(2) 市场监督管理机关应如何处理此纠纷？

2. 刘先生在本市某商场买了一双皮鞋，价格1 900元。刘先生穿了该皮鞋不到一星期，发现鞋底断裂，刘先生遂找到该商场要求退货。商场认可该皮鞋质量不合格，但以当时没有承诺实行"三包"为由，拒绝退货，只同意调换。由于该商场此种皮鞋已无现货，商场表示待与厂家联系后予以调换。一个月后，刘先生再次找到商场，商场仍说没有与厂家联系上，需再等候。刘先生见状再次要求退货，商场则答复，皮鞋质量问题是生产厂家的责任，要退货需刘先生自己找生产厂家协商。试分析回答：

(1) 商场的行为是否违反了法律规定？为什么？

(2) 刘先生应如何维护自己的合法权益？

第八章

证券法

案例

青岛海尔股份有限公司于中欧所D股市场成功挂牌上市

全球大型家电第一品牌,并已在上海证券交易所(A股)上市的青岛海尔股份有限公司于2018年10月24日正式登陆中欧国际交易所股份有限公司D股市场,通过法兰克福证券交易所的准入并挂牌交易实现上市,成为第一家于中欧所D股市场上市的公司。当日,青岛海尔股票第一口成交价格为1.06欧元,较定价1.05欧元为高。一如预期,青岛海尔成功发售304 750 000股D股予投资者,总募资净额为2.78亿欧元(相等于人民币22.12亿元)。

进入欧洲资本市场是青岛海尔全球化战略的重要一环。通过在德国上市,青岛海尔计划利用中欧两地的资本市场实现资金来源多元化,优化资本结构,扩大投资者基础。青岛海尔也希望利用德国上市来提升其全球品牌知名度,并支持其业务战略和全球部署。

随着青岛海尔成功登陆欧洲资本市场,中欧所D股市场正式开启,中国在欧洲的离岸蓝筹市场建设取得零的突破。

第一节 证券法概述

一、证券与证券市场

(一)证券的概念与特征

证券是证明特定经济权利的凭证。从非证券法意义上来讲,证券有广义和狭义之分。广义的证券既包括有价证券,也包括无价证券。

有价证券是指设定并证明持券人享有直接取得一定财产权利的书面凭证,包括资本证券、货币证券和商品证券。资本证券是证明持有人享有所有权或债权的书面凭证,如股票、债券等;货币证券是证明持券人享有货币请求权的书面凭证,汇票、本票、支票等;商品证券是证明持券人享有商品请求权的书面凭证，如提货单、货运单等。

无价证券又称为凭证证券，是指在特定历史条件下，政府分配供应特定商品使用的代表分配限额的凭证。如我国在计划经济时期使用的粮票、油票、布票等。无价证券本身不具有财产或资金性质，也不能流通。

我国证券法上所称的证券是指狭义的证券，即有价证券中的资本证券，包括股票、公司债券、存托凭证和国务院依法认定的其他证券。其中，国务院依法认定的其他证券指政府债券、证券投资基金份额等。政府债券、证券投资基金份额的上市交易，适用我国证券法；其发行等方面由其他法律、行政法规另行规定。

证券具有以下几个方面的特征：

（1）证券是一种投资凭证。投资者通过取得证券以作为其履行投资义务的证明。

（2）证券是一种权益凭证。证券代表投资者所享有的一定的权利。如股票体现的是股权，债券则代表着债权。

（3）证券是一种可转让的凭证。证券持有者可以通过证券市场的证券交易转让所持证券。

（二）证券市场

证券市场是指证券发行与交易的场所。证券市场的参与主体包括证券发行人、证券投资者、证券交易场所、证券公司、证券登记结算机构、证券服务机构以及证券行业自律性组织（证券业协会）和证券监督管理机构等；证券市场的经营对象包括股票、公司债券、存托凭证、政府债券、投资基金份额等。

1. 证券市场的主体

（1）证券发行人。证券发行人是指为筹集资金而发行股票、债券等证券的公司企业。证券发行一般由证券发行人委托证券公司进行。

（2）证券投资者。证券投资者是指在证券市场上购买股票、公司债券等证券的机构和个人。通过众多投资者不断的证券投资交易，为发行人筹集资金提供了资金来源，也保证了证券市场的活跃性和持续性。

（3）证券交易场所。证券交易场所是为证券集中交易提供场所和设施，组织和监督证券交易的法人组织，包括证券交易所和国务院批准的其他全国性证券交易场所。目前我国证券交易所有上海证券交易所、深圳证券交易所、香港联合交易所和台湾证券交易所。

（4）证券公司。证券公司是指依照《公司法》和《证券法》的规定设立并经国务院证券监督管理机构批准设立的专门经营证券业务的有限责任公司或者股份有限公司。证券公司可以部分经营或者全部经营的证券业务包括：证券经纪、证券投资咨询、与证券交易和证券投资活动有关的财务顾问、证券承销与保荐、证券融资融券、证券做市交易、证券自营以及其他证券业务。

（5）证券登记结算机构。证券登记结算机构是指为证券交易提供集中登记、存管与结算服务的非营利性法人组织。中国证券登记结算有限责任公司是我国目前唯一的证券登记结算机构，在上海和深圳两地各设一个分公司，分别对上海证券交易所和深圳证券交易所的上市证券交易提供登记结算服务。

（6）证券服务机构。证券服务机构是指为证券的发行和上市提供专业服务的法人组织。

主要包括会计师事务所、律师事务所、资产评估机构、证券投资咨询机构、信用评级机构、证券信息服务机构等。

（7）证券业协会。证券业协会是证券业的自律性组织，是社会团体法人。证券公司应当加入证券业协会。证券业协会的权力机构为全体会员组成的会员大会，执行机构为全体会员选举产生的理事会。

（8）证券监督管理机构。国务院证券监督管理机构依法对证券市场实行集中统一监督管理，维护证券市场公开、公平、公正，防范系统性风险，维护投资者合法权益，促进证券市场健康发展。

2. 证券市场的分类

（1）证券发行市场又称一级市场，是发行新证券的市场，证券发行人通过证券发行市场将已获准公开发行的证券第一次销售给投资者，以筹集所需的经营资金。

（2）证券流通市场又称二级市场，是对已发行的证券进行流通转让的交易场所。

投资者在一级市场取得的证券可以在二级市场进行交易。

二、我国证券法的立法概况

证券法是调整证券发行、交易及监管活动过程中所发生的社会关系的法律规范。

狭义的证券法指《中华人民共和国证券法》（以下简称《证券法》）。该法于 1998 年 12 月 29 日由第九届全国人大常委会第六次会议通过并于 1999 年 7 月 1 日起实施。2005 年 10 月 27 日全国人大常委会对《证券法》进行了第一次修订，并于 2006 年 1 月 1 日起施行。2019 年 12 月 28 日第十三届全国人民代表大会常务委员会第十五次会议第二次修订《证券法》，新《证券法》于 2020 年 3 月 1 日实施。

广义的证券法还包括《公司法》等其他法律中有关证券的规定，以及国务院颁发的有关证券管理的行政法规、证券监督管理部门发布的部门规章等，如《证券公司监督管理条例》《上市公司证券发行管理办法》《证券发行与承销管理办法》《上市公司信息披露管理办法》《上市公司收购管理办法》等。

三、证券法的基本原则

我国《证券法》规定，在证券发行、证券交易和证券监管中必须遵循如下原则：

（一）公开、公平、公正原则

公开原则是指有关证券发行、交易的信息要公开，以便投资者在充分了解真实情况的基础上自行作出投资决策。公开的信息必须真实、准确、完整，不得有虚假记载、误导性陈述或者重大遗漏。公开的形式包括将有关信息在报纸、刊物或网络上向社会公告；将有关资料置备于有关场所，供公众随时查阅等。

公平原则是指所有证券市场参与者都具有平等的地位，其合法权益都应受到公平的保护。贯彻公平原则的基本要求是，投资者能够公平地参与竞争、公平地面对市场机会和风险。

公正原则是指证券的发行、交易活动要执行统一的规则，对所有证券市场参与者都要予以公正的对待。贯彻公正原则的基本要求是，证券市场参与者的合法权益受法律保护，违法行为同样受法律制裁。

（二）自愿、有偿、诚实信用原则

自愿原则，是指当事人有权按照自己的意愿参与证券发行与证券交易活动，任何机构、组织或个人都不得非法干预，任何一方都不得把自己的意志强加给对方。

有偿原则，是指证券发行和交易活动应当按一定的的市场价格进行，一方当事人不得无偿占有他方当事人的证券和资金。

诚实信用原则，是指证券发行和交易的各方当事人应当自觉遵守社会公德，履行义务要客观真实、信守承诺。

（三）守法原则

证券的发行、交易活动，必须遵守法律、行政法规；禁止欺诈、内幕交易和操纵证券市场的行为。

（四）保护投资者的合法权益原则

保护投资者的合法权益是证券法的立法宗旨之一，也是证券监督管理的首要目标。

（五）证券业与其他金融业分业经营、分业管理原则

证券业和银行业、信托业、保险业分业经营、分业管理。证券公司与银行、信托、保险业务机构分别设立。国家另有规定的除外。

（六）政府统一监管与行业自律相结合原则

国务院证券监督管理机构依法对全国证券市场实行集中统一监督管理。国务院证券监督管理机构根据需要可以设立派出机构，按照授权履行监督管理职责。国家审计机关依法对证券交易所、证券公司、证券登记结算机构、证券监督管理机构依法进行审计监督。在国家对证券发行、交易活动实行集中统一监督管理的前提下，依法设立证券业协会，实行自律性管理。

第二节　证券发行

公开发行与
非公开发行

一、证券发行概述

证券发行是指发行人或其承销商以筹集资金为目的，依照法律规定的程序向公众投资者出售证券的行为。证券发行人可以委托证券承销机构发行证券；也可以不通过证券承销机构，自行办理发行事宜。证券发行本质上是一种直接融资方式，与通过银行等金融机构进行的间接融资方式相对应。

根据证券发行的对象不同，证券发行可以分为公开发行和非公开发行。

1. 公开发行证券

公开发行证券，是指发行人面向不特定的社会公众投资者进行的证券发行。有下列情形之一的，为公开发行：

（1）向不特定对象发行证券；

（2）向特定对象发行证券累计超过 200 人，但依法实施员工持股计划的员工人数不计

算在内；

(3) 法律、行政法规规定的其他发行行为。

公开发行证券，必须符合法律、行政法规规定的条件，并依法报经国务院证券监督管理机构或者国务院授权的部门注册。未经依法注册，任何单位和个人不得公开发行证券。证券发行注册制的具体范围、实施步骤，由国务院规定。

2. 非公开发行证券

非公开发行证券，是指向少数特定的投资者进行的证券发行。即向累计不超过200人的特定对象（依法实施员工持股计划的员工人数不受此限）发行证券。非公开发行证券，不得采用广告、公开劝诱和变相公开方式。

二、证券发行的条件

（一）股票发行的条件

股票是股份有限公司签发的证明股东所持股份的证券。根据股票发行的目的不同，股票发行可以分为设立发行和增资发行。设立发行又称为首次发行，是指发行人为设立股份有限公司而初次发行股票；增资发行是指已成立的股份有限公司为增加资本金而再次发行股票。

1. 首次公开发行股票的条件

设立股份有限公司公开发行股票，应当符合《证券法》《公司法》规定的下列条件：

(1) 发起人符合法定人数；

(2) 发起人认购和募集的股本达到法定资本最低限额；

(3) 股份发行、筹办事项符合法律规定；

(4) 发起人制定公司章程，采用募集方式设立的经创立大会通过；

(5) 有公司名称，建立符合股份有限公司要求的组织机构；

(6) 有公司住所。

首次公开发行股票，应当向国务院证券监督管理机构报送募股申请和下列文件：① 公司章程；② 发起人协议；③ 发起人姓名或者名称，发起人认购的股份数、出资种类及验资证明；④ 招股说明书；⑤ 代收股款银行的名称及地址；⑥ 承销机构名称及有关的协议。

依照证券法规定聘请保荐人的，还应当报送保荐人出具的发行保荐书。法律、行政法规规定设立公司必须报经批准的，还应当提交相应的批准文件。

2. 公开发行新股的条件

股份有限公司首次公开发行新股，应当具备以下条件：

(1) 具备健全且运行良好的组织机构；

(2) 具有持续盈利能力；

(3) 最近3年财务会计报告被出具无保留意见审计报告；

(4) 发行人及其控股股东、实际控制人最近3年不存在贪污、贿赂、侵占财产、挪用财产或者破坏社会主义市场经济秩序的刑事犯罪；

(5) 经国务院批准的国务院证券监督管理机构规定的其他条件。

上市公司发行新股，应当符合经国务院批准的国务院证券监督管理机构规定的条件，具体管理办法由国务院证券监督管理机构规定。

公开发行存托凭证的，应当符合首次公开发行新股的条件以及国务院证券监督管理机构规定的其他条件。

公司公开发行新股,应当向国务院证券监督管理机构报送募股申请和下列文件:① 公司营业执照;②公司章程;③ 股东大会决议;④ 招股说明书;⑤ 财务会计报告;⑥ 代收股款银行的名称及地址;⑦ 承销机构名称及有关的协议。依照证券法规定聘请保荐人的,还应当报送保荐人出具的发行保荐书。依照证券法规定实行承销的,还应当报送承销机构名称及有关的协议。

公司对公开发行股票所募集资金,必须按照招股说明书或者其他公开发行募集文件所列资金用途使用;改变资金用途,必须经股东大会作出决议。擅自改变用途,未作纠正的,或者未经股东大会认可的,不得公开发行新股。

(二) 公司债券发行的条件

1. 公开发行公司债券的条件

(1) 具备健全且运行良好的组织机构;
(2) 最近3年平均可分配利润足以支付公司债券1年的利息;
(3) 国务院规定的其他条件。

公开发行公司债券筹集的资金,必须按照公司债券募集办法所列资金用途使用;改变资金用途,必须经债券持有人会议作出决议。公开发行公司债券筹集的资金,不得用于弥补亏损和非生产性支出。

上市公司发行可转换为股票的公司债券,除应当符合证券法规定的公开发行公司债券的条件外,还应当遵守证券法关于公开发行股票的条件。但是,按照公司债券募集办法,上市公司通过收购本公司股份的方式进行公司债券转换的除外。

申请公开发行公司债券,应当向国务院授权的部门或者国务院证券监督管理机构报送下列文件:① 公司营业执照;② 公司章程;③ 公司债券募集办法;④国务院授权的部门或者国务院证券监督管理机构规定的其他文件。依照《证券法》规定聘请保荐人的,还应当报送保荐人出具的发行保荐书。

2. 不得再次公开发行公司债券的情形

有下列情形之一的,不得再次公开发行公司债券:
(1) 对已公开发行的公司债券或者其他债务有违约或者延迟支付本息的事实,仍处于继续状态;
(2) 违反证券法规定,改变公开发行公司债券所募资金的用途。

三、证券发行的程序

(一) 证券发行的注册

发行人报送的证券发行申请文件,应当充分披露投资者作出价值判断和投资决策所必需的信息,内容应当真实、准确、完整。为证券发行出具有关文件的证券服务机构和人员,必须严格履行法定职责,保证所出具文件的真实性、准确性和完整性。

国务院证券监督管理机构或者国务院授权的部门依照法定条件负责证券发行申请的注册。证券公开发行注册的具体办法由国务院规定。国务院证券监督管理机构或者国务院授权的部门应当自受理证券发行申请文件之日起3个月内,依照法定条件和法定程序作出予以注册或者不予注册的决定,发行人根据要求补充、修改发行申请文件的时间不计算在内。不予注册的，应当说明理由。

国务院证券监督管理机构或者国务院授权的部门对已作出的证券发行注册的决定，发现不符合法定条件或者法定程序，尚未发行证券的，应当予以撤销，停止发行。已经发行尚未上市的，撤销发行注册决定，发行人应当按照发行价并加算银行同期存款利息返还证券持有人；发行人的控股股东、实际控制人以及保荐人，应当与发行人承担连带责任，但是能够证明自己没有过错的除外。

（二）证券的承销

1. 证券承销的概念

证券承销，是指经证券发行人的委托，证券经营机构依照协议包销或者代销发行人向社会公开发行的证券的行为。发行人向不特定对象公开发行的证券，法律、行政法规规定应当由证券公司承销的，发行人应当同证券公司签订承销协议。公开发行证券的发行人有权依法自主选择承销的证券公司。

证券公司承销证券，应当对公开发行募集文件的真实性、准确性、完整性进行核查。发现有虚假记载、误导性陈述或者重大遗漏的，不得进行销售活动；已经销售的，必须立即停止销售活动，并采取纠正措施。

证券公司承销证券，不得有下列行为：

（1）进行虚假的或者误导投资者的广告宣传或者其他宣传推介活动；

（2）以不正当竞争手段招揽承销业务；

（3）其他违反证券承销业务规定的行为。

证券公司有上述行为，给其他证券承销机构或者投资者造成损失的，应当依法承担赔偿责任。

2. 证券承销的方式

证券承销业务可采取代销或者包销方式：

（1）证券代销，是指证券公司代发行人发售证券，在承销期结束时，将未售出的证券全部退还给发行人的承销方式；

（2）证券包销，是指证券公司将发行人的证券按照协议全部购入或者在承销期结束时将售后剩余证券全部自行购入的承销方式。

3. 证券承销协议

证券公司承销证券，应当同发行人签订代销或者包销协议，承销协议应载明下列事项：

（1）当事人的名称、住所及法定代表人姓名；

（2）代销、包销证券的种类、数量、金额及发行价格；

（3）代销、包销的期限及起止日期；

（4）代销、包销的付款方式及日期；

（5）代销、包销的费用和结算办法；

（6）违约责任；

（7）国务院证券监督管理机构规定的其他事项。

4. 承销团承销证券

向不特定对象发行证券可聘请承销团承销。承销团应当由主承销和参与承销的证券公司组成。主承销商可以通过竞标的方式产生，也可以由证券公司之间协商确定。主承销商一般负责组建承销团、代表承销团与证券发行者签订承销协议和有关文件等事项。作为主承销商的证券公司与参与承销的证券公司之间应签订承销团协议,确定承销证券的具体方式、承销工作的分工、报酬、承销期限等。

5. 证券承销的期限

证券的代销、包销期限最长不得超过 90 日。证券公司在代销、包销期内,对所代销、包销的证券应当保证先行出售给认购人,证券公司不得为本公司预留所代销的证券和预先购入并留存所包销的证券。

股票发行采用代销方式,代销期限届满,向投资者出售的股票数量未达到拟公开发行股票数量的 70% 的,为发行失败。发行人应当按照发行价并加算银行同期存款利息返还股票认购人。

公开发行股票,代销、包销期限届满,发行人应当在规定的期限内将股票发行情况报国务院证券监督管理机构备案。

第三节 证券交易

一、证券交易的概念与方式

证券交易,是指证券持有人依照证券交易规则,将已依法发行的证券转让给其他证券投资者的行为。证券交易当事人依法买卖的证券,必须是依法发行并交付的证券。非依法发行的证券,不得买卖。证券交易当事人买卖的证券可以采用纸面形式或者国务院证券监督管理机构规定的其他形式。

公开发行的证券,应当在依法设立的证券交易所上市交易或者在国务院批准的其他全国性证券交易场所交易。非公开发行的证券,可以在证券交易所、国务院批准的其他全国性证券交易场所、按照国务院规定设立的区域性股权市场转让。

证券交易的方式可以分为集中竞价交易和非集中竞价交易两种。证券在证券交易所上市交易,应当采用公开的集中交易方式或者国务院证券监督管理机构批准的其他方式。

集中竞价交易,是指所有参加某一证券交易的买方和卖方集中在证券交易所公开申报交易价格,按价格优先、时间优先的原则,当某一买者提出的最高价和某一卖者提出的最低价相一致时,证券交易即可成交的证券交易方式。

非集中竞价交易方式是指证券场外交易采用的交易程序相对简单的其他方式。

知识链接 **证券交易的类型**

根据证券交易形式不同,证券交易可以分为现货交易、期货交易、信用交易和期权交易。

(1) 现货交易,是指证券交易双方在成交后即时清算交割证券和价款的交易形式。现货交易是证券交易的基本形式。

(2) 期货交易,是指证券交易双方在期货交易所集中交易标准化期货合约的交易形式。期货交易对象是期货合约,是指由期货交易所统一制定的、规定在将来某一特定的时间和地点交割一定数量的商品或金融产品的标准化合约。

（3）信用交易，又称保证金交易，是指证券投资者按照法律规定，在买卖证券时只向证券公司交付一定的保证金，由证券公司进行融资或融券进行交易的交易形式。

（4）期权交易，是指证券交易双方在期货交易所集中交易标准化期权合约的交易形式。期权交易是当事人为获得证券市场价格波动带来的利益，约定在一定时间内，以特定价格买进或卖出指定证券，或者放弃买进或卖出指定证券的交易。期权交易的对象是期权合约，是指由期货交易所统一制定的、规定买方有权在将来某一时间以特定价格买入或者卖出约定标的物的标准化合约。

二、证券上市

证券上市，是指某种已发行的证券获准成为证券交易所的交易对象的过程。证券一旦获准在证券交易所上市交易，即为上市证券。证券上市的主要目的是筛选出符合证券交易所特定的上市条件的证券，并为其提供实现证券流通的场所。国家鼓励符合产业政策并符合上市条件的证券上市交易。

奇虎360借壳上市

申请证券上市交易，应当向证券交易所提出申请，由证券交易所依法审核同意，并由双方签订上市协议。证券交易所根据国务院授权的部门的决定安排政府债券上市交易。

申请证券上市交易，应当符合证券交易所上市规则规定的上市条件。证券交易所上市规则规定的上市条件，应当对发行人的经营年限、财务状况、最低公开发行比例和公司治理、诚信记录等提出要求。

上市交易的证券，有证券交易所规定的终止上市情形的，由证券交易所按照业务规则终止其上市交易。证券交易所决定终止证券上市交易的，应当及时公告，并报国务院证券监督管理机构备案。对证券交易所作出的不予上市交易、终止上市交易决定不服的，可以向证券交易所设立的复核机构申请复核。

三、限制的交易行为

（1）依法发行的证券，我国《公司法》和其他法律对其转让期限有限制性规定的，在限定的期限内不得转让。上市公司持有5%以上股份的股东、实际控制人、董事、监事、高级管理人员，以及其他持有发行人首次公开发行前发行的股份或者上市公司向特定对象发行的股份的股东，转让其持有的本公司股份的，不得违反法律、行政法规和国务院证券监督管理机构关于持有期限、卖出时间、卖出数量、卖出方式、信息披露等规定，并应当遵守证券交易所的业务规则。

（2）证券交易场所、证券公司和证券登记结算机构的从业人员，证券监督管理机构的工作人员以及法律、行政法规规定禁止参与股票交易的其他人员，在任期或者法定限期内，不得直接或者以化名、借他人名义持有、买卖股票或者其他具有股权性质的证券，也不得收受他人赠送的股票或者其他具有股权性质的证券。任何人在成为上述所列人员时，其原已持有的股票或者其他具有股权性质的证券，必须依法转让。

实施股权激励计划或者员工持股计划的证券公司的从业人员，可以按照国务院证券监督管理机构的规定持有、卖出本公司股票或者其他具有股权性质的证券。

（3）为证券发行出具审计报告或者法律意见书等文件的证券服务机构和人员，在该证券承销期内和期满后6个月内，不得买卖该证券。除上述规定外，为发行人及其控股股东、实际控制人，或者收购人、重大资产交易方出具审计报告或者法律意见书等文件的证券服务机构和人员，自接受委托之日起至上述文件公开后5日内，不得买卖该证券。实际开展上述有关工作之日早于接受委托之日的，自实际开展上述有关工作之日起至上述文件公开后5日内，不得买卖该证券。

（4）上市公司、股票在国务院批准的其他全国性证券交易场所交易的公司持有5%以上股份的股东、董事、监事、高级管理人员，以及上述人员其配偶、父母、子女持有的及利用他人账户持有的股票或者其他具有股权性质的证券，在买入后6个月内卖出，或者在卖出后6个月内又买入，由此所得收益归该公司所有，公司董事会应当收回其所得收益。但是，证券公司因购入包销售后剩余股票而持有5%以上股份，以及有国务院证券监督管理机构规定的其他情形的除外。

四、禁止的交易行为

（一）内幕交易行为

1. 内幕交易的概念

内幕交易是指证券交易内幕信息的知情人员利用内幕信息进行证券交易的行为。

证券交易内幕信息的知情人和非法获取内幕信息的人，在内幕信息公开前，不得买卖该公司的证券，或者泄露该信息，或者建议他人买卖该证券。内幕交易行为给投资者造成损失的，应当依法承担赔偿责任。

2. 内幕人员的范围

证券交易内幕信息的知情人员包括：

（1）发行人的董事、监事、高级管理人员；

（2）持有公司5%以上股份的股东及其董事、监事、高级管理人员，公司的实际控制人及其董事、监事、高级管理人员；

（3）发行人控股或者实际控制的公司及其董事、监事、高级管理人员；

（4）由于所任公司职务或者因与公司业务往来可以获取公司有关内幕信息的人员；

（5）上市公司收购人或者重大资产交易方及其控股股东、实际控制人、董事、监事和高级管理人员；

（6）因职务、工作可以获取内幕信息的证券交易场所、证券公司、证券登记结算机构、证券服务机构的有关人员；

（7）因职责、工作可以获取内幕信息的证券监督管理机构工作人员；

（8）因法定职责对证券的发行、交易或者对上市公司及其收购、重大资产交易进行管理可以获取内幕信息的有关主管部门、监管机构的工作人员；

（9）国务院证券监督管理机构规定的可以获取内幕信息的其他人员。

3. 内幕信息的范围

证券交易活动中，涉及发行人的经营、财务或者对该发行人证券的市场价格有重大影响的尚未公开的信息，为内幕信息。

内幕信息包括股票交易的内幕信息和公司债券交易的内幕信息。我国《证券法》信息

黄光裕内幕交易案

披露制度规定，上市公司、公司债券上市交易的公司、股票在国务院批准的其他全国性证券交易场所交易的公司，发生可能对证券交易价格产生较大影响的重大事件，投资者尚未得知时，公司应当立即将有关该重大事件的情况向国务院证券监督管理机构和证券交易场所报送临时报告，并予公告。其中，可能对上市公司、股票在国务院批准的其他全国性证券交易场所交易的公司的股票交易价格产生较大影响的12项重大事件和可能对上市交易公司债券的交易价格产生较大影响的11项重大事件，在信息披露前，均为内幕信息。

（二）操纵市场行为

操纵市场是指单位或个人以获取利益或者减少损失为目的，利用其资金、信息等优势或者滥用职权，制造证券市场假象，诱导或者致使投资者在不了解事实真相的情况下作出买卖证券的决定，影响或者意图影响证券交易价格或者证券交易量，扰乱证券市场秩序的行为。

徐翔操作市场案

操纵市场行为主要有以下情形：

（1）单独或者通过合谋，集中资金优势、持股优势或者利用信息优势联合或者连续买卖；

（2）与他人串通，以事先约定的时间、价格和方式相互进行证券交易；

（3）在自己实际控制的账户之间进行证券交易；

（4）不以成交为目的，频繁或者大量申报并撤销申报；

（5）利用虚假或者不确定的重大信息，诱导投资者进行证券交易；

（6）对证券、发行人公开作出评价、预测或者投资建议，并进行反向证券交易；

（7）利用在其他相关市场的活动操纵证券市场；

（8）操纵证券市场的其他手段。

操纵证券市场行为给投资者造成损失的，应当依法承担赔偿责任。

（三）制造虚假信息行为

制造虚假信息行为是指证券交易场所、证券公司、证券登记结算机构、证券服务机构及其从业人员、证券业协会、证券监督管理机构及其工作人员以及各种传播媒介，在证券交易活动或传播证券市场信息活动中作出虚假陈述或者信息误导。

赵薇夫妇收购万家文化案

我国《证券法》禁止任何单位和个人编造、传播虚假信息或者误导性信息，扰乱证券市场。禁止证券交易场所、证券公司、证券登记结算机构、证券服务机构及其从业人员，证券业协会、证券监督管理机构及其工作人员，在证券交易活动中作出虚假陈述或者信息误导。

各种传播媒介传播证券市场信息必须真实、客观，禁止误导。传播媒介及其从事证券市场信息报道的工作人员不得从事与其工作职责发生利益冲突的证券买卖。

编造、传播虚假信息或者误导性信息，扰乱证券市场，给投资者造成损失的，应当依法承担赔偿责任。

（四）欺诈客户行为

欺诈客户，是指证券公司及其从业人员在证券交易及相关活动中违背客户的真实意愿，损害客户利益的行为。下列行为为欺诈客户行为：

证券公司欺诈客户案

（1）违背客户的委托为其买卖证券；

(2) 不在规定时间内向客户提供交易的确认文件；

(3) 未经客户的委托，擅自为客户买卖证券，或者假借客户的名义买卖证券；

(4) 为牟取佣金收入，诱使客户进行不必要的证券买卖；

(5) 其他违背客户真实意思表示，损害客户利益的行为。

欺诈客户行为给客户造成损失的，应当依法承担赔偿责任。

（五）其他禁止的交易行为

(1) 任何单位和个人不得违反规定，出借自己的证券账户或者借用他人的证券账户从事证券交易。

(2) 依法拓宽资金入市渠道，禁止资金违规流入股市。

(3) 禁止投资者违规利用财政资金、银行信贷资金买卖证券。

(4) 国有独资企业、国有独资公司、国有资本控股公司买卖上市交易的股票，必须遵守国家有关规定。

证券交易场所、证券公司、证券登记结算机构、证券服务机构及其从业人员对证券交易中发现的禁止的交易行为，应当及时向证券监督管理机构报告。

第四节 信息披露制度

信息披露制度，是上市公司、公司债券上市交易的公司、股票在国务院批准的其他全国性证券交易场所交易的公司，按照法律规定的方式，将证券发行、交易及与之有关的重大信息予以披露的一种法律制度。信息披露制度对保护证券投资者合法权益、保障证券市场的健康发展具有重要意义。

发行人及法律、行政法规和国务院证券监督管理机构规定的其他信息披露义务人，应当及时依法履行信息披露义务。信息披露义务人披露的信息，应当真实、准确、完整，简明清晰，通俗易懂，不得有虚假记载、误导性陈述或者重大遗漏。

证券同时在境内境外公开发行、交易的，其信息披露义务人在境外披露的信息，应当在境内同时披露。

一、定期报告

上市公司、公司债券上市交易的公司、股票在国务院批准的其他全国性证券交易场所交易的公司，应当按照国务院证券监督管理机构和证券交易场所规定的内容和格式编制定期报告，并按照以下规定向国务院证券监督管理机构和证券交易场所报送和公告：

1. 年度报告

上市公司、公司债券上市交易的公司、股票在国务院批准的其他全国性证券交易场所交易的公司，应当在每一会计年度结束之日起 4 个月内，报送并公告年度报告，其中的年度财务会计报告应当依法经会计师事务所审计。

2. 中期报告

中期报告又称半年报。上市公司、公司债券上市交易的公司、股票在国务院批准的其他全国性证券交易场所交易的公司，应当在每一会计年度的上半年结束之日起 2 个月内，报送

银广夏造假案——上市公司虚假信息披露

并公告中期报告。

二、临时报告

发生可能对上市公司、公司债券上市交易的公司、股票在国务院批准的其他全国性证券交易场所交易的公司的证券交易价格产生较大影响的重大事件，投资者尚未得知时，公司应当立即将有关该重大事件的情况向国务院证券监督管理机构和证券交易场所报送临时报告，并予公告，说明事件的起因、目前的状态和可能产生的法律后果。

1. 股票交易中的重大事件

（1）公司的经营方针和经营范围的重大变化；

（2）公司的重大投资行为，公司在一年内购买、出售重大资产超过公司资产总额30%，或者公司营业用主要资产的抵押、质押、出售或者报废一次超过该资产的30%；

（3）公司订立重要合同、提供重大担保或者从事关联交易，可能对公司的资产、负债、权益和经营成果产生重要影响；

（4）公司发生重大债务和未能清偿到期重大债务的违约情况；

（5）公司发生重大亏损或者重大损失；

（6）公司生产经营的外部条件发生的重大变化；

（7）公司的董事、三分之一以上监事或者经理发生变动，董事长或者经理无法履行职责；

（8）持有公司5%以上股份的股东或者实际控制人持有股份或者控制公司的情况发生较大变化，公司的实际控制人及其控制的其他企业从事与公司相同或者相似业务的情况发生较大变化；

（9）公司分配股利、增资的计划，公司股权结构的重要变化，公司减资、合并、分立、解散及申请破产的决定，或者依法进入破产程序、被责令关闭；

（10）涉及公司的重大诉讼、仲裁，股东大会、董事会决议被依法撤销或者宣告无效；

（11）公司涉嫌犯罪被依法立案调查，公司的控股股东、实际控制人、董事、监事、高级管理人员涉嫌犯罪被依法采取强制措施；

（12）国务院证券监督管理机构规定的其他事项。

2. 债券交易中的重大事件

（1）公司股权结构或者生产经营状况发生重大变化；

（2）公司债券信用评级发生变化；

（3）公司重大资产抵押、质押、出售、转让、报废；

（4）公司发生未能清偿到期债务的情况；

（5）公司新增借款或者对外提供担保超过上年末净资产的20%；

（6）公司放弃债权或者财产超过上年末净资产的10%；

（7）公司发生超过上年末净资产10%的重大损失；

（8）公司分配股利，作出减资、合并、分立、解散及申请破产的决定，或者依法进入破产程序、被责令关闭；

（9）涉及公司的重大诉讼、仲裁；

（10）公司涉嫌犯罪被依法立案调查，公司的控股股东、实际控制人、董事、监事、高

级管理人员涉嫌犯罪被依法采取强制措施;

(11) 国务院证券监督管理机构规定的其他事项。

四、信息披露的监督与法律责任

1. 发行人的董事、高级管理人员应当对证券发行文件和定期报告签署书面确认意见。发行人的监事会应当对董事会编制的证券发行文件和定期报告进行审核并提出书面审核意见。监事应当签署书面确认意见。发行人的董事、监事和高级管理人员应当保证发行人及时、公平地披露信息,所披露的信息真实、准确、完整。

2. 信息披露义务人披露的信息应当同时向所有投资者披露,不得提前向任何单位和个人泄露。但是,法律、行政法规另有规定的除外。

任何单位和个人不得非法要求信息披露义务人提供依法需要披露但尚未披露的信息。任何单位和个人提前获知的前述信息,在依法披露前应当保密。

3. 发行人及其控股股东、实际控制人、董事、监事、高级管理人员等作出公开承诺的,应当披露。不履行承诺给投资者造成损失的,应当依法承担赔偿责任。

4. 信息披露义务人未按照规定披露信息,或者公告的证券发行文件、定期报告、临时报告及其他信息披露资料存在虚假记载、误导性陈述或者重大遗漏,致使投资者在证券交易中遭受损失的,信息披露义务人应当承担赔偿责任;发行人的控股股东、实际控制人、董事、监事、高级管理人员和其他直接责任人员以及保荐人、承销的证券公司及其直接责任人员,应当与发行人承担连带赔偿责任,但是能够证明自己没有过错的除外。

5. 国务院证券监督管理机构对信息披露义务人的信息披露行为进行监督管理。证券交易场所应当对其组织交易的证券的信息披露义务人的信息披露行为进行监督,督促其依法及时、准确地披露信息。

第五节 上市公司收购

一、上市公司收购的概念与方式

上市公司收购是指投资者通过证券交易场所的证券交易等方式,收购某一上市公司的股份达到一定比例,以求获得对该上市公司控股或实现对该上市公司兼并的行为。

"宝万之争"的法律逻辑

宝万之争事件始末

我国《证券法》规定上市公司收购制度的目的是为了规范上市公司的收购及相关股份权益变动活动,保护上市公司和投资者的合法权益,维护证券市场秩序和社会公共利益,促进证券市场资源的优化配置。

上市公司收购的方式可以分为要约收购、协议收购及其他收购方式。

(1) 要约收购,是指投资者向目标公司的所有股东发出要约,表明愿意以要约中的条件购买目标公司的股票,以期达到对目标公司控制权的获得或巩固。

(2) 协议收购,是指投资者在证券交易所外与目标公司的股东,主要是持股比例较高的国家股、法人股等大股东就股票的价格、数量等方面进行私下协商,购买目标公司的股票,以期达到对目标公司控制权的获得或巩固。

(3) 其他收购方式，是指法律、行政法规规定的其他方式。

二、要约收购的规则

通过证券交易所的证券交易，投资者持有或者通过协议、其他安排与他人共同持有一个上市公司已发行的有表决权股份达到30%时，继续进行收购的，应当依法向该上市公司所有股东发出收购上市公司全部或者部分股份的要约。收购上市公司部分股份的要约应当约定，被收购公司股东承诺出售的股份数额超过预定收购的股份数额的，收购人按比例进行收购。

依照规定发出收购要约，收购人必须公告上市公司收购报告书。

收购要约约定的收购期限不得少于30日，并不得超过60日。在收购要约确定的承诺期限内，收购人不得撤销其收购要约。收购人需要变更收购要约的，应当及时公告，载明具体变更事项，且不得存在降低收购价格、减少预定收购股份数额、缩短收购期限等情形。

收购要约提出的各项收购条件，适用于被收购公司的所有股东。采取要约收购方式的，收购人在收购期限内，不得卖出被收购公司的股票，也不得采取要约规定以外的形式和超出要约的条件买入被收购公司的股票。

三、协议收购的规则

采取协议收购方式的，收购人可以依照法律、行政法规的规定同被收购公司的股东以协议方式进行股份转让。达成协议后，收购人必须在3日内将该收购协议向国务院证券监督管理机构及证券交易所作出书面报告，并予公告。在公告前不得履行收购协议。

采取协议收购方式的，协议双方可以临时委托证券登记结算机构保管协议转让的股票，并将资金存放于指定的银行。

采取协议收购方式的，收购人收购或者通过协议、其他安排与他人共同收购一个上市公司已发行的有表决权股份达到30%时，继续进行收购的，应当依法按照要约收购的规则进行。但按照国务院证券监督管理机构的规定免除发出要约的除外。

四、上市公司收购的权益披露

投资者收购上市公司，可能会对上市公司股票价格产生重大影响。为维护广大中小股东的合法权益，《证券法》规定了收购人信息披露的义务。

上市公司收购中的权益披露

（1）通过证券交易所的证券交易，投资者持有或者通过协议、其他安排与他人共同持有一个上市公司已发行的有表决权股份达到5%时，应当在该事实发生之日起3日内，向国务院证券监督管理机构、证券交易所作出书面报告，通知该上市公司，并予公告，在上述期限内不得再行买卖该上市公司的股票，但国务院证券监督管理机构规定的情形除外。

（2）投资者持有或者通过协议、其他安排与他人共同持有一个上市公司已发行的有表决权股份达到5%后，其所持该上市公司已发行的有表决权股份比例每增加或者减少5%，应当依照上述规定进行报告和公告，在该事实发生之日起至公告后3日内，不得再行买卖该上市公司的股票，但国务院证券监督管理机构规定的情形除外。

（3）投资者持有或者通过协议、其他安排与他人共同持有一个上市公司已发行的有表决权股份达到5%后，其所持该上市公司已发行的有表决权股份比例每增加或者减少1%，应当在该事实发生的次日通知该上市公司，并予公告。

（4）收购行为完成后，收购人应当在15日内将收购情况报告国务院证券监督管理机构和证券交易所，并予公告。

五、上市公司收购后的事项处理

收购期限届满，被收购公司股权分布不符合证券交易所规定的上市交易要求的，该上市公司的股票应当由证券交易所依法终止上市交易；其余仍持有被收购公司股票的股东，有权向收购人以收购要约的同等条件出售其股票，收购人应当收购。收购行为完成后，被收购公司不再具备股份有限公司条件的，应当依法变更企业形式。收购行为完成后，收购人与被收购公司合并，并将该公司解散的，被解散公司的原有股票由收购人依法更换。

在上市公司收购中，收购人持有的被收购的上市公司的股票，在收购行为完成后的18个月内不得转让。

第六节 投资者保护

一、证券公司对投资者的保护责任

证券公司向投资者销售证券、提供服务时，应当按照规定充分了解投资者的基本情况、财产状况、金融资产状况、投资知识和经验、专业能力等相关信息；如实说明证券、服务的重要内容，充分揭示投资风险；销售、提供与投资者上述状况相匹配的证券、服务。证券公司违反上述规定导致投资者损失的，应当承担相应的赔偿责任。投资者在购买证券或者接受服务时，应当按照证券公司明示的要求提供前款所列真实信息。拒绝提供或者未按照要求提供信息的，证券公司应当告知其后果，并按照规定拒绝向其销售证券、提供服务。

根据财产状况、金融资产状况、投资知识和经验、专业能力等因素，投资者可以分为普通投资者和专业投资者。专业投资者的标准由国务院证券监督管理机构规定。普通投资者与证券公司发生纠纷的，证券公司应当证明其行为符合法律、行政法规以及国务院证券监督管理机构的规定，不存在误导、欺诈等情形。证券公司不能证明的，应当承担相应的赔偿责任。

二、股东权征集制度

为了促进上市公司广大中小股东有效行使股东权，《证券法》规定了股东权征集制度。

上市公司董事会、独立董事、持有1%以上有表决权股份的股东或者依照法律、行政法规或者国务院证券监督管理机构的规定设立的投资者保护机构，可以作为征集人，自行或者委托证券公司、证券服务机构，公开请求上市公司股东委托其代为出席股东大会，并代为行使提案权、表决权等股东权利。征集人应当披露征集文件，上市公司应当予以配合。

禁止以有偿或者变相有偿的方式公开征集股东权利。公开征集股东权利违反法律、行政法规或者国务院证券监督管理机构有关规定，导致上市公司或者其股东遭受损失的，应当依法承担赔偿责任。

三、股东现金股利分配权保护

上市公司应当在章程中明确分配现金股利的具体安排和决策程序，依法保障股东的资产收益权。上市公司当年税后利润，在弥补亏损及提取法定公积金后有盈余的，应当按照公司章程的规定分配现金股利。

四、公司债券持有人权利保护

公开发行公司债券的，应当设立债券持有人会议，并应当在募集说明书中说明债券持有人会议的召集程序、会议规则和其他重要事项。

公开发行公司债券的，发行人应当为债券持有人聘请债券受托管理人，并订立债券受托管理协议。受托管理人应当由本次发行的承销机构或者其他经国务院证券监督管理机构认可的机构担任，债券持有人会议可以决议变更债券受托管理人。债券受托管理人应当勤勉尽责，公正履行受托管理职责，不得损害债券持有人利益。

债券发行人未能按期兑付债券本息的，债券受托管理人可以接受全部或者部分债券持有人的委托，以自己名义代表债券持有人提起、参加民事诉讼或者清算程序。

五、投资者损失先行赔付制度

发行人因欺诈发行、虚假陈述或者其他重大违法行为给投资者造成损失的，发行人的控股股东、实际控制人、相关的证券公司可以委托投资者保护机构，就赔偿事宜与受到损失的投资者达成协议，予以先行赔付。先行赔付后，可以依法向发行人以及其他连带责任人追偿。

六、证券纠纷的调解和诉讼

投资者与发行人、证券公司等发生纠纷的，双方可以向投资者保护机构申请调解。普通投资者与证券公司发生证券业务纠纷，普通投资者提出调解请求的，证券公司不得拒绝。投资者保护机构对损害投资者利益的行为，可以依法支持投资者向人民法院提起诉讼。

投资者提起虚假陈述等证券民事赔偿诉讼时，诉讼标的是同一种类，且当事人一方人数众多的，可以依法推选代表人进行诉讼。对可能存在有相同诉讼请求的其他众多投资者的，人民法院可以发出公告，说明该诉讼请求的案件情况，通知投资者在一定期间向人民法院登记。人民法院作出的判决、裁定，对参加登记的投资者发生效力。投资者保护机构受 50 名以上投资者委托，可以作为代表人参加诉讼。

习 题

一、单项选择题

1. 我国证券法上所称的证券是指（　　）。
   A. 货币证券　　　　　　　　B. 商品证券
   C. 资本证券　　　　　　　　D. 有价证券
2. 非公开发行证券，一般是指（　　）。
   A. 向累计不超过 50 人的特定对象发行证券

B. 向累计不超过 100 人的特定对象发行证券

C. 向累计不超过 200 人的特定对象发行证券

D. 向累计不超过 500 人的特定对象发行证券

3. 证券承销的代销、包销期限最长不得超过（   ）。

A. 30 日　　　　B. 60 日　　　　C. 90 日　　　　D. 120 日

4. 下列选项中，不属于证券交易内幕信息知情人员的是（   ）。

A. 发行人的董事、监事、高级管理人员

B. 持有公司 1% 股份的股东及其董事、监事、高级管理人员

C. 发行人控股或者实际控制的公司及其董事、监事、高级管理人员

D. 由于所任公司职务或者因与公司业务往来可以获取公司有关内幕信息的人员

5. 投资者在自己实际控制的账户之间进行证券交易属于（   ）。

A. 内幕交易行为　　　　　　　　B. 操纵市场行为

C. 制造虚假信息行为　　　　　　D. 欺诈客户行为

6. 在上市公司收购中，收购人持有的被收购的上市公司的股票（   ）。

A. 在收购行为完成后的 3 个月内不得转让

B. 在收购行为完成后的 6 个月内不得转让

C. 在收购行为完成后的 12 个月内不得转让

D. 在收购行为完成后的 18 个月内不得转让

二、多项选择题

1. 股份有限公司首次公开发行新股，应当具备的条件主要有（   ）。

A. 具备健全且运行良好的组织机构

B. 具有持续盈利能力

C. 最近 3 年财务会计报告被出具无保留意见审计报告

D. 发行人及其控股股东、实际控制人最近 3 年不存在贪污、贿赂、侵占财产、挪用财产或者破坏社会主义市场经济秩序的刑事犯罪

2. 根据证券法的规定，不得再次公开发行公司债券的情形有（   ）。

A. 对已公开发行的公司债券或者其他债务有违约或者延迟支付本息的事实，仍处于继续状态

B. 违反证券法规定，改变公开发行公司债券所募资金的用途

C. 前一次公开发行公司债券募集的资金尚未使用

D. 距前一次公开发行公司债券的时间不足十二个月

3. 证券交易内幕信息的知情人员利用内幕信息进行证券交易的行为包括（   ）。

A. 在内幕信息公开前，买卖该公司的证券

B. 在内幕信息公开前，泄露该内幕信息

C. 在内幕信息公开前，建议他人买卖该证券

D. 在内幕信息公开后，建议他人买卖该证券

4. 下列选项中，属于证券公司及其从业人员欺诈客户行为的包括（   ）。

A. 违背客户的委托为其买卖证券

B. 不在规定时间内向客户提供交易的确认文件

C. 未经客户的委托，擅自为客户买卖证券，或者假借客户的名义买卖证券

D. 为牟取佣金收入，诱使客户进行不必要的证券买卖

5. 下列选项中，属于上市公司应当报送临时报告的重大事件有（　　）。

A. 公司的经营方针和经营范围的重大变化

B. 公司的重大投资行为，公司在一年内购买、出售重大资产超过公司资产总额30%，或者公司营业用主要资产的抵押、质押、出售或者报废一次超过该资产的30%

C. 公司订立重要合同、提供重大担保或者从事关联交易，可能对公司的资产、负债、权益和经营成果产生重要影响

D. 公司发生重大债务和未能清偿到期重大债务的违约情况

6. 《证券法》规定，可以作为上市公司股东权征集人的有（　　）。

A. 上市公司董事会

B. 上市公司独立董事

C. 持有1%以上有表决权股份的股东

D. 依法设立的投资者保护机构

三、判断题

1. 非公开发行证券，也可以采用广告方式进行宣传。（　　）

2. 股票发行采用代销方式，代销期限届满，向投资者出售的股票数量未达到拟公开发行股票数量的70%的，为发行失败。（　　）

3. 为证券发行出具审计报告或者法律意见书等文件的证券服务机构和人员，在该证券承销期满后即可买卖该证券。（　　）

4. 法人单位可以出借自己的证券账户或者借用他人的证券账户从事证券交易。（　　）

5. 上市公司、公司债券上市交易的公司应当在每一会计年度的上半年结束之日起4个月内，报送并公告中期报告。（　　）

6. 投资者保护机构受50名以上投资者委托，可以作为代表人参加诉讼。（　　）

四、案例分析题

A国有独资公司为扩大生产经营拟于2020年4月首次向不特定对象公开发行公司债券。该公司向国务院证监委报送的有关文件中显示：

（1）A公司组织机构健全且运行良好；截止2019年12月31日，公司资产总额26 000万元，负债总额8 000万元；2017年度至2019年度的可分配利润分别为400万元、600万元和800万元。

（2）A公司拟发行公司债券7 000万元，募集资金中的1 000万元用于修建职工文体活动中心，其余部分用于生产经营；公司债券年利率为4%，期限为3年。

（3）公司债券拟由B证券有限公司包销，承销期限为120天。

根据证券法的有关规定，试分析回答：

（1）A公司是否具备发行公司债券的条件？

（2）A公司募集资金的用途是否符合证券法的规定？

（3）A公司发行公司债券的承销是否符合证券法的规定？

第九章

票 据 法

案 例

39亿"票据变报纸"——中国农业银行39亿票据案

2016年1月22日中国农业银行晚间发布公告,农业银行北京分行票据买入返售业务发生重大风险事件,涉及风险金额为39.15亿元。据查,中国农业银行北京分行与某银行进行银行承兑汇票转贴现业务,在回购到期前,银票应存放在北京分行的保险柜里,不得转出。但实际情况是,银票在回购到期前,就被票据中介提前取出,与另外一家银行进行了回购贴现交易,而资金并未回到农行北京分行的账上,却进入了股市。保险柜中的票据,则被换成了报纸。票据中介打算票据到期前将票据回购替换回报纸,但因投资不当,资金产生巨额亏损而无法回购,最终导致案发。

第一节 票据法概述

一、票据和票据法

(一)票据的概念与特征

广义的票据与证券是近义概念,泛指所有代表一定权利义务关系的书面凭证。例如,股票、债券、汇票、本票、支票、发票、提单、仓单等。

农行曝39亿
巨额票据案

票据和票据法

票据的前世今生

狭义票据,即我国票据法所称的票据,是指出票人依法签发的,约定自己或委托付款人在见票时或指定的日期向收款人或持票人无条件支付一定金额并可转让的债权凭证,包括汇票、本票和支票。

票据具有以下特征：

1. 票据的货币证券性

票据是以一定金额的货币给付为目的而创设的证券，以非货币的财物或其他权利为给付标的的有价证券及无价证券，不属于票据。

2. 票据的要式性

票据的制作格式和记载事项都必须严格依照票据法所规定的形式要件进行，票据的签发、转让、承兑、付款、追索等行为，也必须严格按照票据法规定的程序和方式进行。否则该票据不产生票据法上的效力。

3. 票据的文义性

票据所创设的权利义务内容，完全依票据上所载文义而定，而不能任意解释或根据票据以外的任何其他文件确定。即使票据上记载的文义有错，也要以该文义为准。

4. 票据的无因性

票据上的法律关系只是单纯的资金支付关系，权利人只要持有票据即享有票据权利，而无须证明其取得票据的原因。即使取得票据的基础关系无效，对票据关系也不发生影响。

5. 票据的流通性

票据可以作为有价证券自由流通转让，而不须经付款人同意。其中，无记名票据可直接交付转让；记名票据，应通过背书形式转让。

（二）票据的功能

票据具有以下功能：

1. 支付结算功能

票据可以代替现金作为交易结算手段，比现金支付更加安全便利。

2. 汇兑功能

票据可用于交易双方在异地之间进行交易结算。使用票据进行异地结算尤其是大额交易结算，可以避免现金结算在安全性、准确性和便捷性方面的风险和缺陷。

3. 信用融资功能

市场交易的买方可以凭借自己的信誉签发远期票据代替货币给付以解决当前的资金不足；而远期票据的持有人可以通过票据的贴现提前获得自己所需的资金。

（三）票据法的概念

广义的票据法是指调整票据法律关系的法律规范的总称。狭义的票据法则是指规定票据的种类、形式、内容以及各当事人之间权利、义务关系的《中华人民共和国票据法》。

中华人民共和国票据法（2004年）

《中华人民共和国票据法》（以下简称《票据法》）于1995年5月10日由第八届全国人民代表大会常务委员会第十三次会议通过，于1996年1月1日起施行，并于2004年8月28日由第十届全国人民代表大会常务委员会第十一次会议进行了修订。经国务院批准，中国人民银行于1997年8月21日发布的《中华人民共和国票据管理实施办法》和于1997年9月19日发布的《中华人民共和国支付结算办法》等，也是我国票据法律制度的重要组成部分。

二、票据法律关系

(一) 票据法律关系的概念

票据法律关系是指票据当事人之间在票据的签发和转让等过程中发生的权利、义务关系。票据法律关系可分为票据关系和票据法上的非票据关系。

1. 票据关系

票据关系是指当事人之间基于票据行为而发生的债权债务关系,如出票人与受款人之间的关系,受款人与付款人之间的关系,背书人与被背书人之间的关系等。票据关系是票据当事人之间的基本法律关系。

2. 票据法上的非票据关系

票据法上的非票据关系则是指由《票据法》所规定的,不是基于票据行为直接发生的但对票据关系发生有一定影响的其他法律关系。如票据权利人对于恶意取得票据的人行使票据返还请求权而发生的关系,因手续欠缺而丧失票据上权利的持票人对于出票人或承兑人行使利益偿还请求权而发生的关系,票据付款人付款后请求持票人交还票据的关系等。

票据关系产生的直接原因是基于票据的授受行为,而当事人之间为何授受票据,则是基于一定的非票据原因或前提,即票据的基础关系。如授受票据往往是基于市场交易关系和债权债务关系等,这种市场交易关系和债权债务关系即票据的基础关系。但是,票据关系一经合法形成,就与基础关系相分离,基础关系是否存在、是否有效,对票据关系都不起影响作用。

(二) 票据当事人

当事人,是指在票据法律关系中,享有票据权利、承担票据义务的主体,也就是票据行为的参与者。票据当事人分为基本当事人和非基本当事人。

1. 基本当事人

基本当事人,是指在票据作成和交付时就已经存在的当事人,包括出票人、收款人和付款人三种。

(1) 出票人,是指依法定方式签发票据并将票据交付给收款人的人。银行汇票的出票人为银行;商业汇票的出票人为银行以外的企业和其他组织;银行本票的出票人为出票银行;支票的出票人为在银行开立支票存款账户的企业、其他组织和个人。

(2) 收款人,是指票据正面记载的到期后有权收取票据所载金额的人。

(3) 付款人,是指由出票人委托付款或自行承担付款责任的人。银行汇票和银行承兑汇票的付款人是承兑银行;商业承兑汇票的付款人是市场交易中负有价款支付义务的汇票承兑人;支票的付款人是出票人的开户银行;本票的付款人是出票人。

2. 非基本当事人

非基本当事人,是指在票据作成并交付后,通过一定的票据行为加入票据关系而享有一定权利、承担一定义务的当事人,包括承兑人、背书人、被背书人、保证人等。

(1) 承兑人,是指接受汇票出票人的付款委托,同意承担支付票款义务的人,它是汇票的主债务人。

(2) 背书人与被背书人:背书人,是指在转让票据时,在票据背面或粘单上签字或盖章,并将该票据交付给受让人的票据收款人或持有人。被背书人,是指被记名受让票据或接受票据转让的人。背书后，被背书人成为票据新的持有人，享有票据的所有权利。

（3）保证人，是指为票据债务提供担保的人，由票据债务人以外的第三人担当。保证人在被保证人不能履行票据付款责任时，自己履行票据付款义务，然后取得持票人的权利，再向票据债务人追索。

三、票据行为

（一）票据行为的概念

票据行为是指票据关系的当事人之间以发生、变更或终止票据关系为目的而进行的法律行为。

（二）票据行为成立的有效条件

票据行为是一种民事法律行为，因此，票据行为的成立，必须符合以下基本条件：

（1）行为人必须具有从事票据行为的能力。无民事行为能力人或限制民事行为能力人在票据上签章的，其签章无效，但是不影响其他签章的效力。

（2）行为人的意思表示必须真实或无缺陷。以欺诈、偷盗、胁迫等手段取得票据的，或明知有前列情形，出于恶意取得票据的，不得享有票据权利。

（3）票据行为的内容必须符合法律、法规的规定，并且遵循统一的格式。

（三）票据行为的形式

票据行为主要包括出票、背书、承兑和保证等形式。

1. 出票

出票是指出票人签发票据并将其交付给收款人的票据行为。出票包括两个行为：一是出票人依照《票据法》的规定作成票据，即在原始票据上记载法定事项并签章；二是交付票据，即将作成的票据交付给票据权利人占有。

2. 背书

背书是指在票据背面或者粘单上记载有关事项并签章的票据行为。以背书转让的票据，背书应当连续。背书连续，是指在票据转让中，转让票据的背书人与受让票据的被背书人在票据上的签章依次前后衔接，即第一次背书的背书人为票据的收款人；第二次背书的背书人为第一次背书的被背书人，以此类推。

3. 承兑

承兑仅适用于商业汇票，是指汇票付款人承诺在汇票到期日无条件支付汇票金额并签章的行为。

4. 保证

保证是指票据债务人以外的人，为担保特定债务人履行票据债务而在票据上记载有关事项并签章的行为。保证人对合法取得票据的持票人所享有的票据权利承担保证责任。被保证的票据，保证人应当与被保证人对持票人承担连带责任。票据到期后得不到付款的，持票人有权向保证人请求付款，保证人应当足额付款。保证人清偿票据债务后，可以行使持票人对被保证人及其前手的追索权。

（四）票据行为的形式要件

1. 票据的书面形式

票据行为必须采用书面形式。票据为文义凭证和要式凭证，各种票据行为都必须以书面形式作成才能生效。票据当事人应当使用中国人民银行规定的统一格式的票据，未使用按中国人民银行统一规定印制的票据，该票据无效。

2. 票据的签章

票据签章，是指票据有关当事人在票据上签名、盖章或签名加盖章的行为。票据签章是票据行为生效的必要条件，也是票据书面形式中的绝对应记载事项。如果票据缺少当事人的签章，将导致票据无效或该项票据行为无效。

票据上的签章因票据行为的性质不同，签章人也不同。票据签发时，由出票人签章；票据转让时，由背书人签章；票据承兑时，由承兑人签章；票据保证时，由保证人签章；持票人行使票据权利时，由持票人签章等。个人在票据上的签章，应为该个人的签名或盖章；法人等单位在票据上的签章，为该法人或该单位的盖章加其法定代表人或其授权的代理人的签章。

一般来讲，出票人在票据上的签章不符合法律规定的，票据无效；背书人在票据上的签章不符合法律规定的，其签章无效，但不影响其前手符合规定签章的效力；承兑人、保证人在票据上的签章不符合法律规定的，其签章无效，但不影响其他符合规定签章的效力。

3. 票据的记载事项

票据记载事项，是指依法在票据上记载票据相关内容的行为。票据记载事项一般分为必要记载事项、任意记载事项和不产生票据法上的效力的记载事项等。

（1）必要记载事项是指根据《票据法》的规定必须记载的事项。必要记载事项根据效力不同又可分为绝对必要记载事项和相对必要记载事项。

①绝对必要记载事项是指《票据法》明文规定必须记载，如无记载，票据即成为无效的事项。各类票据绝对必要记载的事项主要有：一是票据种类的记载，即汇票、本票、支票的记载。二是票据金额的记载。票据金额以中文大写和阿拉伯数字同时记载，二者必须一致，二者不一致的票据无效。三是票据收款人的记载。收款人是票据到期收取票款的人，并且是票据的主债权人，票据必须记载这一内容，否则票据无效。四是出票或签发日期的记载。这是判定票据权利义务发生、变更和终止的重要标准，票据必须将此作为必须记载的事项，否则票据无效。正是基于票据金额、日期、收款人名称等内容在票据上的重要性，《票据法》规定，票据金额、出票或签发日期、收款人名称不得更改，更改的票据无效。

②相对必要记载事项是指某些应该记载而未记载，适用法律的有关规定而不使票据失效的事项。如《票据法》规定付款地为相对必要记载事项，若行为人没有记载，则付款人的营业场所、住所或经常居住地视为付款地。

（2）任意记载事项是指《票据法》不强制当事人必须记载而允许当事人自行选择，不记载时不影响票据效力，记载时则产生票据效力的事项。例如，出票人在汇票上记载"不得转让"字样的，汇票不得转让。其"不得转让"事项记载就是任意记载事项。

（3）不产生票据法上的效力的记载事项，是指除了必要记载事项、任意记载事项外，票据上还可以记载其他一些事项，但这些事项不具有票据效力，如票据上记载该款项的交易项目等票据基础关系事项等。

四、票据权利

（一）票据权利的概念

票据权利，是指票据持票人向票据债务人请求支付票据金额的权利，包括付款请求权和票据追索权。

1. 付款请求权

付款请求权,是指持票人向汇票的承兑人、本票的出票人、支票的付款人出示票据要求付款的权利。行使付款请求权的持票人可以是票据记载的收款人,也可以是继受取得票据的最后持有人。

2. 票据追索权

票据追索权,是指票据当事人行使付款请求权遭到拒绝或有其他法定原因存在时,向其前手请求偿还票据金额及其他法定费用的权利。行使追索权的当事人除票据记载的收款人和最后持有人外,还可能是代为清偿票据债务的保证人等。通常情况下,持票人只有在首先向付款人行使付款请求权得不到实现时,才可以行使追索权。

(二)票据权利的取得

票据权利的取得方式主要有以下几种:

1. 出票取得

出票是创设票据权利的票据行为,当事人从出票人处取得票据,即获得票据权利。

2. 受让取得

票据通过背书或交付等方式转让他人的,受让人以此取得票据,同时获得票据权利。

3. 法定取得

法定取得是指继受人依据有关法律规定,不用支付对价而可以获得票据权利,如通过税收、继承、赠予、企业合并等方式取得票据的,即获得票据权利。

因欺诈、偷盗、胁迫、恶意或重大过失而取得票据的,不得享有票据权利。

(三)票据权利的补救

票据权利与票据是紧密相连的,票据因灭失、遗失、被盗等原因而使票据权利人脱离其对票据的占有,从而影响票据权利实现的,可采取挂失止付、公示催告、普通诉讼等补救措施。

1. 挂失止付

挂失止付是指失票人将丧失票据的情况通知付款人或代理付款人,由接受通知的付款人或代理付款人审查后暂停支付的一种方式。只有记载了付款人或确定了代理付款人的票据丧失时,才可以进行挂失止付,具体包括已承兑的商业汇票、支票、填明"现金"字样的银行汇票和银行本票四种。挂失止付并不是票据丧失后采取的必经措施,而只是一种暂时的预防措施,最终还要通过申请公示催告或提起普通诉讼。

2. 公示催告

公示催告是指在票据丧失后由失票人向人民法院提出申请,请求人民法院以公告方式通知不确定的利害关系人限期申报权利,逾期未申报者,由人民法院通过除权判决宣告所丧失票据无效的一种制度。失票人应向票据支付地的基层人民法院提出公示催告的申请。人民法院受理申请后,应当同时向付款人及其代理付款人发出止付通知,并于3日内发出公告。公示催告申请人应当自申报权利期间届满后1个月内申请法院作出除权判决,判决丧失的票据无效。判决应当公告,并通知付款人。判决生效后,公示催告申请人有权依据该判决向付款人请求付款或向其他票据债务人行使追索权。

3. 普通诉讼

普通诉讼是指以丧失票据的人为原告，以承兑人或出票人为被告，请求人民法院判决其向失票人付款的诉讼活动。如果与票据上的权利有利害关系的人是明确的，无须公示催告，即可按一般的票据纠纷向法院提起诉讼。

（四）票据权利的消灭

票据权利的消灭，是指因发生一定的法律事实而使票据权利不复存在。票据权利消灭之后，票据上的债权债务关系随之消灭。有下列情形之一的，票据权利消灭：

1. 票据付款

票据主债务人向票据权利人清偿票款，票据上的权利和义务也随之消失。

2. 票据时效期间届满

《票据法》规定，票据权利在下列期限内不行使而消灭：

（1）持票人对票据的出票人和承兑人的权利，自票据到期日起 2 年，见票即付的汇票、本票，自出票日起 2 年。

（2）持票人对支票出票人的权利，自出票日起 6 个月。

（3）持票人对前手的追索权，自被拒绝承兑或被拒绝付款之日起 6 个月。

（4）持票人对前手的再追索权，自清偿日或被提起诉讼之日起 3 个月。

五、票据的伪造和变造

（一）票据的伪造

票据的伪造是指假冒他人名义或虚构人的名义而进行的票据行为。一般认为，票据上的伪造包括票据的伪造和票据上签章的伪造两种。前者是指假冒他人或虚构人的名义进行出票行为，如在空白票据上伪造出票人的签章或盗盖出票人的印章而进行出票；后者则是指假冒他人名义而进行出票行为之外的其他票据行为，如伪造背书签章、承兑签章、保证签章等。

票据的伪造行为是一种扰乱社会经济秩序、损害他人利益的行为，在法律上不具有任何票据行为的效力。由于其从一开始就是无效的，所以，持票人即使是善意取得，对被伪造人也不能行使票据权利。对伪造人而言，由于票据上没有以自己名义所作的签章，所以，也不应承担票据责任。但是，如果伪造人的行为给他人造成损害，则必须承担民事责任，构成犯罪的，还应承担刑事责任。

（二）票据的变造

票据的变造是指无权更改票据内容的人，对票据上签章以外的记载事项加以变更的行为。例如，变更票据上的到期日、付款日、付款地、金额等。构成票据的变造，须符合以下条件：一是变造的票据是合法成立的有效票据；二是变造的内容是票据上所记载的除签章以外的事项；三是变造人无权变更票据的内容。

票据的变造应依照签章是在变造之前或之后来承担责任。如果当事人签章在变造之前，则应按原记载的内容负责；如果当事人签章在变造之后，则应按变造后的记载内容负责；如果无法辨别是在票据被变造之前或之后签章，则视同在变造之前签章。

变造人的变造行为给他人造成经济损失的，应对此承担赔偿责任，构成犯罪的，应承担刑事责任。

第二节 汇　　票

汇票图形

一、汇票的概念和种类

（一）汇票的概念与特征

汇票是出票人签发的，委托付款人在见票时或在指定日期无条件支付确定的金额给收款人或持票人的票据。

汇票具有以下特征：

（1）汇票是委托付款票据，而不是自付票据。汇票是由出票人委托他人进行支付的票据，汇票的出票人只是签发票据的人，不是票据的付款人，出票人必须另行委托付款人支付票据金额。

（2）汇票的到期日具有多样性。汇票的到期日是指汇票的付款日期，包括见票即付、定日付款、出票后定期付款、见票后定期付款四种方式。

（3）汇票是付款人无条件支付票据金额给持票人的票据。持票人包括收款人、被背书人或受让人。

（二）汇票的当事人

汇票关系中有三个基本当事人，即出票人、付款人和收款人。

（1）出票人，是指依照法定方式签发汇票委托他人付款的人。

（2）付款人，是指按照出票人的付款委托无条件支付汇票金额的人。

（3）收款人，是指汇票上记载的收取票款的人。

出票人和付款人为票据义务人，收款人为票据权利人。

汇票的种类

（三）汇票的种类

1. 根据汇票出票人的不同，可将汇票分为银行汇票和商业汇票

（1）银行汇票是出票银行签发的，由其在见票时按照实际结算金额无条件支付给收款人或持票人的票据。银行汇票的出票银行为银行汇票的付款人。银行汇票一般由汇款人将款项交存当地银行，由银行签发给汇款人持往异地办理转账结算或支取现金。单位、个体经济户和个人需要使用各种款项，均可使用银行汇票。银行汇票可以用于转账，填明"现金"字样的银行汇票也可以用于支取现金。银行汇票的提示付款期限自出票之日起1个月。

（2）商业汇票是出票人签发的，委托付款人在指定日期无条件支付确定的金额给收款人或持票人的票据。商业汇票按承兑人的不同，分为商业承兑汇票和银行承兑汇票，商业承兑汇票由银行以外的付款人承兑，银行承兑汇票由银行承兑。商业汇票的付款人为承兑人。商业汇票的付款期限，最长不得超过6个月；商业汇票的提示付款期限，自汇票到期日起10日。

2. 根据付款期限长短的不同，汇票可分为即期汇票和远期汇票

（1）即期汇票是指见票即行付款的汇票，包括见票即付的汇票、到期日与出票日相同的汇票以及未记载到期日的汇票（以提示日为到期日）。

（2）远期汇票是指约定一定的到期日付款的汇票，包括定期付款汇票、出票日后定期付款汇票（也叫计期汇票）和见票后定期付款汇票。

3. 根据签发和支付地点不同，汇票可分为国内汇票和国际汇票

（1）国内汇票是指在本国签发并在本国支付的汇票，也即在本国范围内流通的汇票。是不具有涉外因素的汇票。例如，汇票上的全部当事人均为中国人，且票据上的全部行为都发生在中华人民共和国境内的汇票。

（2）国际汇票又称国外汇票，是指汇票签发和付款行为发生在国外，或者汇票转让行为涉及不同国家的汇票。如外贸中，一般都是用国际汇票作为付款的方式。

二、汇票的出票

（一）汇票出票的概念

汇票的出票，即汇票的签发，是指出票人作成票据并将其交付给收款人的票据行为。出票实际包括两个行为：一是出票人依照票据法的规定作成票据，即在原始票据上记载法定事项并签章；二是交付票据，即将作成的票据交付给他人占有。

汇票的出票人在出票时，必须与付款人具有真实的委托付款关系，并且具有支付汇票金额的可靠资金来源；汇票的出票人不得签发无对价的汇票用以骗取银行或其他票据当事人的资金。由于票据是一种无因凭证，所以，即使出票人签发没有对价的汇票，出票人等债务人仍应按照汇票上记载的事项承担票据责任。

（二）汇票的记载事项

汇票是一种要式证券，出票行为是一种要式行为，因此，汇票的作成必须符合法定的格式。汇票的记载事项就是作成于汇票上的内容，包括绝对必要记载事项、相对必要记载事项和任意记载事项等。

1. 汇票的绝对必要记载事项

汇票的绝对必要记载事项，是指票据法规定必须在票据上记载的事项，若欠缺记载，票据便为无效。汇票的绝对必要记载事项包括七个方面的内容：

（1）表明"汇票"的字样。这是指在票据上必须记载表明该票据是汇票的文字。如果没有该文字，"汇票"则为无效。根据我国现行汇票的种类，标有"银行汇票""银行承兑汇票""商业承兑汇票"等字样的，皆符合要求。

（2）无条件支付的委托。这是汇票的支付文句，即表明出票人委托付款人支付汇票金额是不附带任何条件的，持票人只要拿到汇票就可以要求付款人付款，以进一步强调汇票的信用。

（3）确定的金额。在汇票上首先要确定货币的种类，然后再规定货币的确切金额。票据金额应以中文大写和阿拉伯数字同时记载，且二者必须一致。

（4）付款人名称。付款人是指出票人在汇票上记载的委托支付汇票金额的人，即汇票的主债务人。

（5）收款人名称。收款人是指出票人在汇票上记载的受领汇票金额的最初票据权利人。收款人名称必须是全称，不能使用简称或代号。

我国《票据法》不允许签发无记名汇票，汇票上应将收款人名称作为绝对必要记载事项，以便汇票在转让和流通时减少纠纷的发生。

（6）出票日期。这是指在汇票上记载的签发汇票的日期。出票日期在法律上具有重要的作用，即可以确定出票后定期付款汇票的付款日期、确定见票即付汇票的付款提示期限、确定见票后定期付款汇票的承兑提示期限、确定利息起算日、确定某些票据权利的时效期限、确定保证成立的日期、判定出票人于出票时的行为能力状态以及代理人的代理权限状态等。

（7）出票人签章。这是指出票人在票据上亲自书写自己的姓名或盖章。

2. 汇票的相对必要记载事项

汇票的相对必要记载事项，是指在出票时应当予以记载，但如果未作记载，可以通过法律的直接规定来补充确定的事项。未记载该事项并不影响汇票本身的效力，汇票仍然有效。

（1）付款日期。这是指支付汇票金额的日期。如果汇票上未记载付款日期的，视为见票即付。

（2）付款地。这是指汇票金额的支付地点。如果汇票上未记载付款地的，以付款人的营业场所、住所或经常居住地为付款地。

（3）出票地。这是指出票人签发票据的地点，如果汇票上未记载出票地的，以出票人的营业场所、住所或经常居住地为出票地。

3. 汇票的任意记载事项

汇票的任意记载事项，是指出票人可以选择是否记载的事项，但该事项一经记载即发生票据法上的效力。如出票人在汇票上记载"不得转让"字样的，汇票不得转让。

4. 汇票的不发生票据法上效力的记载事项

汇票上可以记载法律规定事项以外的其他记载事项，但是该记载事项不具有汇票上的效力。法律规定以外的事项主要是指与汇票的基础关系有关的事项，如签发汇票的原因或用途、该汇票项下交易的合同号码等。

三、汇票的背书转让

（一）汇票的转让

汇票的转让是指汇票的持票人将票据权利让与他人的一种票据行为。票据权利与票据是不可分的，因而票据的转让也就是票据权利的转让。

国际上的票据转让主要有背书转让和交付转让两种。背书转让是指持票人以转让票据权利为目的，按法定的事项和方式记载于票据上的一种票据行为；交付转让是指持票人未在票据上作任何转让事项的记载而直接将票据交与他人的一种法律行为。我国《票据法》规定的汇票转让只能采用背书的方式，而不能仅凭单纯交付方式，否则就不产生票据转让的效力。

（二）背书的概念

背书是指持票人以转让汇票权利为目的，按法定的程序和方式在汇票背面或粘单上记载有关事项并签章的票据行为。票据转让人为背书人，受让人为被背书人。如果出票人在汇票上记载"不得转让"字样，该汇票不得背书转让。

（三）背书的形式及有关规则

背书是一种要式行为，必须符合法定的记载形式。即应与出票一样，符合有关应记载事项的规定。

1. 背书签章和背书日期

背书人背书时，必须在票据上签章，背书才能成立，否则，背书行为无效。背书未记载日期的，视为在汇票到期日前背书。

2. 被背书人名称

汇票以背书转让时，必须记载被背书人名称。如果背书不记载被背书人名称，汇票转让将不能成立，背书行为无效。

3. 关于禁止背书的记载

背书人的禁止背书是背书行为的一项任意记载事项。如果背书人不愿意对其后手以后的当事人承担票据责任，即可在背书时记载禁止背书。背书人在汇票上记载"不得转让"字样，其后手再背书转让的，原背书人对后手的被背书人不承担保证责任。

4. 关于背书时粘单的使用

由于票据转让次数较多，票据背面没有记载的余地，背书人可以使用粘单。为了保证粘单的有效性和真实性，第一位使用粘单的背书人必须将粘单粘接在票据上，并且在粘接处签章，否则该粘单记载的内容即为无效。

5. 关于背书不得记载的内容

背书不得记载的内容有两项：一是附有条件的背书；二是部分背书。附有条件的背书是指背书人在背书时，记载一定的条件，以限制或影响背书效力。《票据法》规定，背书时附有条件的，所附条件不具有汇票上的效力。部分背书是指背书人在背书时，将汇票金额的一部分或将汇票金额分别转让给二人以上的背书。《票据法》规定，部分背书无效。

6. 关于背书连续

背书连续是指在票据转让中，转让汇票的背书人与受让汇票的被背书人在汇票上的签章依次前后衔接。如果背书不连续的，付款人可以拒绝向持票人付款，否则付款人得自行承担责任。

（四）法定禁止背书的情形

1. 被拒绝承兑的汇票

这是指持票人在汇票到期日前，向付款人提示承兑而遭拒绝的汇票。在付款人拒绝承兑的情况下，收款人或持票人只能向其前手行使追索权，取得票据金额。如果其将这种票据转让的，受让人取得该汇票时，也只能通过向其前手行使追索权，取得票据金额。

2. 被拒绝付款的汇票

这是指对不需承兑的汇票或已经付款人承兑的汇票，持票人于汇票到期日向付款人提示付款而被拒绝的汇票。如果背书转让的，背书人应承担汇票责任，受让人有权向其前手行使追索权。

3. 超过付款提示期限的汇票

这是指持票人未在法定付款提示期间内向付款人提示付款的汇票。如果收款人或持票人未在规定期间内向付款人提示付款，则丧失了其付款请求权，并丧失对其前手的追索权。将该种汇票再行转让，受让人的利益就会受到损害。

（五）质押背书

这是指持票人以票据权利设定质权为目的而在票据上作成的背书。背书人是原持票人，也是出质人，被背书人则是质权人。质押背书确立的是一种担保关系，即在背书人（原持票人)与被背书人之间产生一种质押关系,而不是一种票据权利的转让与被转让关系。因此质押背书成立后,即背书人作成背书并交付,背书人仍然是票据权利人,被背书人并不因此而取得票据权利。但是,被背书人取得质权人地位后,在背书人不履行其债务的情况下,可以行使票据权利,并从票据金额中按担保债权的数额优先得到偿还。换言之,如果背书人履行了所担保的债务,被背书人则必须将票据返还背书人。

质押时应当以背书记载"质押"字样。但如果在票据上记载质押文句表明了质押意思的,如"担保"等,也应视为其有效。如果记载"质押"文句的,其后手再背书转让或质押的,原背书人对后手的被背书人不承担票据责任,但不影响出票人、承兑人以及原背书人之前手的票据责任。

四、汇票的承兑

(一) 承兑的概念

承兑,是指汇票付款人承诺在汇票到期日支付汇票金额的票据行为。承兑是汇票特有的制度,本票和支票都没有承兑的问题。

(二) 承兑的记载事项

承兑的记载事项,是指付款人办理承兑手续时需要在汇票上记载的事项。付款人承兑汇票的,应当在汇票正面记载"承兑"字样和承兑日期并签章。见票后定期付款的汇票,应当在承兑时记载付款日期。汇票上未记载承兑日期的,以持票人提示承兑之日起的第3日,即付款人3天承兑期的最后一日为承兑日期。

汇票承兑的应记载事项必须记载于汇票的正面,而不能记载于汇票的背面或粘单上。在实务中,承兑的应记载事项一般已全部印在正式的标准格式上,因而只需要付款人填写即可。

(三) 承兑的程序

1. 提示承兑

提示承兑是指持票人向付款人出示汇票,并要求付款人承诺付款的行为。提示承兑中,提示人为持票人,持票人应向付款人提示承兑。承兑提示的期间,除见票即付的汇票无须承兑而无承兑期间外,定日付款或出票后定期付款的汇票,持票人应当在汇票到期日前向付款人提示承兑。见票后定期付款的汇票,持票人应当自出票之日起1个月内向付款人提示承兑。

2. 承兑成立

(1) 承兑时间。付款人对向其提示承兑的汇票,应当自收到提示承兑的汇票之日起3日内承兑或拒绝承兑。如果付款人在3日内不作承兑与否表示的,则应视为拒绝承兑。持票人可以请求其作出拒绝承兑证明,向其前手行使追索权。

(2) 接受承兑。付款人收到持票人提示承兑的汇票时,应当向持票人签发收到汇票的回单。回单上应当记明汇票提示承兑日期并签章。

(3) 退回已承兑的汇票。付款人依承兑格式填写完毕应记载事项后,并不意味着承兑生效,只有在其将已承兑的汇票退回持票人时才产生承兑的效力。付款人承兑汇票,不得附有条件;承兑附有条件的,视为拒绝承兑。

3. 承兑的效力

付款人承兑汇票后，即成为汇票的主债务人，应当承担到期付款的责任。到期付款的责任是一种绝对责任，具体表现在：

（1）承兑人于汇票到期日必须向持票人无条件地支付汇票上的金额，否则其必须承担迟延付款责任。

（2）承兑人必须对汇票上的一切权利人承担责任，这些权利人包括付款请求权人和追索权人。

（3）承兑人不得以其与出票人之间的资金关系来对抗持票人，拒绝支付汇票金额。

（4）承兑人的票据责任不因持票人未在法定期限提示付款而解除。

五、汇票的保证

（一）保证的概念

汇票的保证，即汇票债务人以外的第三人，以担保特定债务人履行票据债务为目的，而在汇票上所为的一种附属票据行为。保证的作用在于加强持票人票据权利的实现，确保票据付款义务的履行，促进票据流通。

（二）保证的当事人与格式

1. 保证的当事人

保证的当事人为保证人与被保证人。

汇票的保证人是指票据债务人以外的，为票据债务的履行提供担保而参与票据关系中的第三人。已成为票据债务人的，不得再充当票据上的保证人。

被保证人是指票据关系中已有的债务人，包括出票人、背书人、承兑人。票据债务人一旦由他人为其提供保证，其在保证关系中就被称为被保证人。

2. 保证的格式

保证人必须在汇票或粘单上记载下列事项：

（1）表明"保证"的字样。
（2）保证人名称和住所。
（3）被保证人的名称。
（4）保证日期。
（5）保证人签章。

其中，保证文句和保证人签章属于绝对必要记载事项；被保证人的名称、保证日期和保证人住所属于相对必要记载事项。保证人在汇票或粘单上未记载被保证人名称的，已承兑的汇票，承兑人为被保证人；未承兑的汇票，出票人为被保证人。保证人在汇票或粘单上未记载保证日期的，出票日期为保证日期。同时，保证不得附有条件；附有条件的，不影响对汇票的保证责任。

如果保证人是为出票人、承兑人保证的，则应记载于汇票的正面；如果保证人是为背书人保证，则应记载于汇票的背面或粘单上。如果另行签订保证合同或保证条款的，不属于票据保证，人民法院应当适用《民法典》物权编担保物权的有关规定。

（三）保证的效力

保证一旦成立，即在保证人与被保证人之间产生法律效力，保证人必须对保证行为承担相应的责任。被保证的汇票，保证人应当与被保证人对持票人承担连带责任。汇票到期后得不到付款的，持票人有权向保证人请求付款，保证人应当足额付款。保证人为二人以上的，保证人之间承担连带责任。

保证人清偿汇票债务后，可以行使持票人对被保证人及其前手的追索权。

六、汇票的付款

汇票的付款是指付款人依据票据文义支付票据金额，以消灭票据关系的行为。

汇票付款的程序包括付款提示与支付票款。

1. 付款提示

付款提示是指持票人向付款人或承兑人出示票据、请求付款的行为。持票人只有在法定期限内为付款提示的，才产生法律效力。

持票人应当按照下列期限提示付款：

（1）见票即付的汇票，自出票日起 1 个月内向付款人提示付款。

（2）定日付款、出票后定期付款或见票后定期付款的汇票，自到期日起 10 日内向承兑人提示付款。

持票人未按照上述规定期限提示付款的，在作出说明后，承兑人或付款人仍应当继续对持票人承担付款责任。

2. 支付票款

这是指持票人向付款人或承兑人进行付款提示后，付款人无条件地在当日按票据金额足额支付给持票人的行为。如果付款人或承兑人不能当日足额付款的，应承担迟延付款的责任。付款人或代理付款人在付款时应当尽审查义务，包括审查汇票背书的连续、提示付款人的合法身份证明或有效证件。

付款人依法足额付款后，全体汇票债务人的票据责任解除，票据关系随之消灭。

七、汇票的追索权

（一）追索权的概念

汇票追索权，是指付款人拒绝付款，或拒绝承兑，或由于其他法定原因预计在票据到期时得不到付款的，由持票人向其前手请求偿还票据金额、利息以及有关费用的一种票据权利。追索权是为补充汇票上的第一次权利即付款请求权而设立的，持票人只有在行使第一次权利未获实现时才能行使该权利。

（二）追索权发生的原因

追索权的发生须具备一定的条件，该条件包括实质条件和形式条件。

1. 追索权发生的实质条件

行使追索权的实质条件是指行使追索权的法定原因。发生下列情形之一的，持票人可以对背书人、出票人以及汇票的其他债务人行使追索权：

（1）汇票到期被拒绝付款。

（2）汇票在到期日前被拒绝承兑。

（3）在汇票到期日前，承兑人或付款人死亡、逃匿的。

（4）在汇票到期日前，承兑人或付款人被依法宣告破产或因违法被责令终止业务活动。

2. 追索权发生的形式条件

行使追索权的形式条件是指行使追索权必须遵循的程序及履行法定手续方面的条件。

（1）提供被拒绝承兑或被拒绝付款的有关证明。持票人提示承兑或提示付款被拒绝的，承兑人或付款人必须出具拒绝证明，或出具退票理由书。未出具拒绝证明或退票理由书的，应当承担由此产生的民事责任。

（2）不能提供拒绝证明的处理。承兑人或付款人因死亡、逃匿或其他原因，不能取得拒绝证明的，可以通过医院、司法机关等相关部门依法取得其他有关证明。

承兑人或付款人被人民法院依法宣告破产的，受理破产案件的人民法院的有关司法文书具有拒绝证明的效力。

承兑人或付款人因违法被责令终止业务活动的，企业登记机关等部门的处罚决定具有拒绝证明的效力。

持票人不能出示拒绝证明、退票理由书或未按照规定期限提供其他合法证明的，丧失对其前手的追索权。但是，承兑人或付款人仍应当对持票人承担责任。

（三）追索权的行使

持票人按照法定手续保全了追索权之后，就可进入行使追索权的程序了。该程序一般包括：发出追索通知、确定追索对象、请求偿还、受领清偿金额等，以下介绍其中的几个。

1. 发出追索通知

（1）追索通知的当事人。通知的当事人分为通知人和被通知人。持票人是最初的通知人。收到持票人发来追索通知的债务人，如果在其前手还存在债务人时，也必须向其前手发出该追索通知，因此也成为通知人。被通知人是指向持票人承担担保、承兑和付款的票据上的次债务人，包括出票人、背书人、保证人等。

（2）通知的期限。持票人应当自收到被拒绝承兑或被拒绝付款的有关证明之日起 3 日内，将被拒绝事由书面通知其前手；其前手应当自收到通知之日起 3 日内书面通知其再前手。持票人也可以同时向各汇票债务人发出书面通知。无论是持票人，还是收到追索通知的背书人及其保证人，发出追索通知的期限都是 3 天。

（3）通知的方式和通知主要记载的内容。通知应当以书面形式发出。书面形式包括书信、电报、电传等。其主要记载事项包括出票人、背书人、保证人以及付款人的名称和地址、汇票金额、出票日期、付款日期等、汇票不获承兑或不获付款的原因等。

（4）未在规定期限内发出追索通知的后果。如果持票人未按规定期限发出追索通知或其前手收到通知未按规定期限再通知其前手，持票人仍可以行使追索权，因延期通知给其前手或出票人造成损失的，由没有按照规定期限通知的汇票当事人，承担对该损失的赔偿责任，但是所赔偿的金额以汇票金额为限。

2. 确定追索对象

追索对象是指在追索关系中的被追索人，包括出票人、背书人、承兑人和保证人。持票人可以不按照汇票债务人的先后顺序，对其中任何一人、数人或全体行使追索权。持票人对汇票债务人中的一人或数人已经进行追索的，对其他汇票债务人仍可以行使追索权。但是，持票人为出票人的，对其前手无追索权。持票人为背书人的，对其后手无追索权。

3. 被追索人清偿债务后的效力

被追索人清偿债务后，其票据责任解除。同时，被追索人清偿债务后，与持票人享有同一追索权利，可以向其他汇票债务人行使再追索权，请求其他汇票债务人支付相应的金额和费用。

第三节 本票与支票

一、本票

本票图形

（一）本票的概念与特征

本票是出票人签发的，承诺自己在见票时无条件支付确定的金额给收款人或持票人的票据。根据我国《票据法》的规定，本票仅限于银行本票，其他任何组织和个人都不能签发本票。银行本票分为定额银行本票和不定额银行本票。我国定额银行本票的面额分别为1 000元、5 000元、10 000元和50 000元。

在我国，本票具有下列特征：

（1）本票是自付票据。本票是由出票人约定自己付款的一种票据，其基本当事人有两个，即出票人和收款人，在出票人之外不存在独立的付款人。

（2）本票无须承兑。在出票人完成出票行为之后，即承担了到期日无条件支付票据金额的责任，不需要在到期日前进行承兑。

（3）本票是记名票据。在我国，本票仅限于记名式本票，不得签发不记名式本票。

（4）本票是即期票据。在我国，本票仅限于即期本票，即见票即付本票，不得签发远期本票。因此本票上无到期日的记载。

本票作为票据的一种，具有与其他票据相同的一般性质和特征，我国《票据法》只是对本票与其他票据不同的方面加以规定，即对其个性方面的问题作了特别规定，而本票的背书、保证、付款和追索权的行使，适用汇票的有关规定。

本票流程

（二）本票的出票

本票的出票与汇票一样，包括作成票据和交付票据。本票的出票行为是以自己负担支付本票金额的债务为目的的票据行为。

本票的出票人必须具有支付本票金额的可靠资金来源，并保证支付。银行本票的出票人，为经中国人民银行当地分支行批准办理银行本票业务的银行机构。

本票出票人出票，必须按一定的格式记载相关内容。与汇票一样，本票的记载事项也包括绝对必要记载事项和相对主要记载事项。

1. 本票的绝对必要记载事项

本票的绝对必要记载事项包括以下六个方面的内容：

（1）表明"本票"字样。这是本票文句记载事项。

（2）无条件支付的承诺。这是有关支付文句，表明出票人保证支付票据金额，而不附加任何条件。

（3）确定的金额。

（4）收款人名称。

（5）出票日期。
（6）出票人签章。

2. 本票的相对必要记载事项

本票的相对必要记载事项包括两项内容：

（1）付款地。本票上未记载付款地的，出票人的营业场所为付款地。

（2）出票地。本票上未记载出票地的，出票人的营业场所为出票地。

此外，本票上可以记载《票据法》规定事项以外的其他出票事项，但是这些事项并不发生本票上的效力。

（三）本票的见票付款

收款人或持票人在取得银行本票后，随时可以向出票人请求付款。但是为了防止收款人或持票人久不提示票据而给出票人造成不利，我国《票据法》规定，本票自出票日起，付款期限最长不得超过两个月。

持票人按规定的期限提示本票的，出票人必须承担付款的责任。如果持票人超过提示付款期限不获付款的，在票据权利时效内向出票银行作出说明，并提供本人身份证或单位证明，可持银行本票向出票银行请求付款。如果本票的持票人未按照规定期限提示本票的，则丧失对出票人以外的前手的追索权。

在银行开立存款账户的持票人向开户银行提示付款时，应在银行本票背面"持票人向银行提示付款签章"处签章，签章须与预留银行签章相同，并将银行本票、进账单送交开户银行。银行审查无误后办理转账。未在银行开立存款账户的个人持票人，凭注明"现金"字样的银行本票向出票银行支取现金的，应在银行本票背面签章，记载本人身份证件名称、号码及发证机关，并交验本人身份证件及其复印件。

二、支票

（一）支票的概念与特征

支票流程

支票是出票人签发的，委托银行或其他金融机构见票时无条件支付一定金额给收款人或持票人的票据。

在我国，支票具有下列特征：

（1）支票是委托付款的票据。支票的基本当事人有三个：出票人、付款人和收款人。支票的付款人仅限于银行或其他金融机构。我国《票据法》对支票付款人的资格有限制，即我国支票的付款人仅限于经中国人民银行当地分支行批准办理支票业务的银行或其他金融机构。

（2）支票是见票即付的票据。支票仅限于即期支票，即见票即付支票，不得签发远期支票，其主要功能是代替现金进行直接支付，而不具有融资信用功能。

支票同样具有与其他票据相同的一般性质和特征，我国《票据法》只是对支票的个性方面作了特别规定，而有关其一般性的问题，如支票的背书、付款行为和追索权的行使等，适用汇票的有关规定。

（二）支票的种类

支票按照支付票款方式，可分为现金支票、转账支票和普通支票。

（1）现金支票。支票上印有"现金"字样的为现金支票，现金支票只能用于支取现金。

（2）转账支票。支票上印有"转账"字样的为转账支票，转账支票只能用于转账，不得支取现金。

（3）普通支票。该种支票未印有"现金"或"转账"字样，其既可以用来支取现金，亦可用来转账。普通支票用于转账时，应当在支票正面注明，即在普通支票左上角画两条平行线。有该画线标志的支票，也称为画线支票，画线支票只能用于转账，不得支取现金。

虽然我国《票据法》为了与国际接轨而规定了普通支票的形式，但在实践中，我国一直采用的是现金支票和转账支票，并没有采用普通支票。

（三）支票的出票

支票的出票是指出票人委托银行或其他金融机构无条件向持票人支付一定金额的票据行为。

1. 支票的出票人

支票的出票人为在经中国人民银行当地分支行批准办理支票业务的银行机构开立可以使用支票的存款账户的单位和个人，其签发支票必须具备一定的条件：

（1）开立账户。开立支票存款账户，申请人必须使用其本名，并提交证明其身份的合法证件。

（2）存入足够支付的款项。开立支票存款账户和领用支票，应当有可靠的资信，并存入一定的资金。

（3）预留印鉴。开立支票存款账户，申请人应当预留其本名的签名式样和印鉴。

2. 支票的绝对必要记载事项

支票的绝对必要记载事项共有六项内容：

（1）表明"支票"字样。这是支票文句的记载事项，无此内容即为无效。

（2）无条件支付的委托。这是支票有关支付文句的记载事项。我国现行使用的支票记载支付的文句，一般是支票上已印好的"上列款项请从我账户内支付"的字样。

（3）确定的金额。

（4）付款人名称。支票的付款人为出票人的开户银行。

（5）出票日期。

（6）出票人签章。

为了发挥支票灵活便利的特点，我国《票据法》规定了两项绝对必要记载事项可以通过授权补记的方式记载：

一是支票金额。支票在交易之前出票时，往往难以确定其交易的实际支付金额，因此支票上的金额可以由出票人授权补记。未补记前的支票，不得使用。出票人可以授权收款人就支票金额补记，收款人以外的其他人不得补记。在支票金额未补记之前，收款人不得背书转让，提示付款。

二是收款人名称。在交易之前出票时，出票人往往不能事先确定收款人，也就无法在出票时记载收款人名称。支票上未记载收款人名称的，经出票人授权，可以补记。未补记前，支票不得背书转让和提示付款。此外，出票人可以在支票上记载自己为收款人。

3. 支票的相对必要记载事项

支票的相对必要记载事项包括两项：

（1）付款地。支票上未记载付款地的，付款人的营业场所为付款地。

（2）出票地。支票上未记载出票地的，出票人的营业场所、住所或经常居住地为出票地。

此外，支票上可以记载任意记载事项，但这些事项并不发生支票上的效力。

4. 支票出票的其他法定条件

支票的出票行为必须依法进行。除须按法定格式签发票据外，还须符合其他法定条件。

（1）禁止签发空头支票。出票人签发的支票金额超过其付款时在付款人处实有的存款金额的，为空头支票。作为支票付款人的银行并不是支票上的债务人，只是受出票人的委托从其账户支付票款，而没有为出票人垫付款项的义务。故支票的出票人签发支票的金额不得超过付款时其在付款人处实有的存款金额。

（2）支票的出票人不得签发与其预留本名的签名式样或印鉴不符的支票，使用支付密码的，出票人不得签发支付密码错误的支票。为了防止票据欺诈行为，保障出票人票款的安全，故出票人签发支票时，必须使用与其本名的签名式样和印鉴相一致的签章或使用相应的支付密码，否则，该支票即为无效。

（3）签发现金支票和用于支取现金的普通支票，必须符合国家现金管理的规定。

签发空头支票或签发与其预留的签章不符的支票，不以骗取财物为目的的，由中国人民银行依法处以相应的罚款。对于屡次签发空头支票的出票人，银行有权停止为其办理支票或全部支付结算业务。

（四）支票的付款

支票属见票即付的票据，因而没有到期日的规定。支票的出票日实质上就是到期日。我国《票据法》第90条规定：“支票限于见票即付，不得另行记载付款日期。另行记载付款日期的，该记载无效。”因此，出票人在付款人处的存款足以支付支票金额时，付款人应当在见票当日足额付款。

1. 支票的提示期限

支票为见票即付的票据，但是，为了防止持票人久不提示付款，给出票人的财务管理造成不利影响，以及防止空头支票的出现，《票据法》规定了持票人的提示付款期限。除异地使用的支票，其提示付款的期限由中国人民银行另行规定外，支票的持票人应当自出票日起10日内提示付款。

超过提示付款期限的，付款人可以不予付款。但是付款人不予付款的，出票人仍应当对持票人承担票据责任。持票人超过提示付款期限的，并不丧失对出票人的追索权，出票人仍应当对持票人承担支付票款的责任。

2. 付款

出票人在付款人处的存款足以支付支票金额时，付款人应当在当日足额付款。持票人在提示期间内向付款人提示票据，付款人在对支票进行审查之后，如未发现有不符规定之处，即应向持票人付款。

习题

一、单项选择题

1. 下列各选项中，不属于《票据法》调整范围的有（　　）。
   A. 汇票　　　　　　B. 本票　　　　　　C. 发票　　　　　　D. 支票
2. 下列各选项中，不属于票据基本当事人的是（　　）。
   A. 出票人　　　　　B. 收款人　　　　　C. 付款人　　　　　D. 承兑人
3. 下列各选项中，属于汇票的绝对必要记载事项的是（　　）。
   A. 出票日期　　　　　　　　　　　　　B. 付款日期
   C. 付款地　　　　　　　　　　　　　　D. 出票地
4. 下列各选项中，属于汇票的任意记载事项的是（　　）。
   A. 收款人名称　　　　　　　　　　　　B. 付款人名称
   C. 确定的金额　　　　　　　　　　　　D. 不得转让的记载
5. 根据《票据法》的规定，下列关于本票特征的表述中，不正确的是（　　）。
   A. 本票是自付票据，其基本当事人只有出票人和收款人
   B. 本票自承兑后生效
   C. 本票是记名票据，不得签发不记名式本票
   D. 本票是即期票据，无到期日的记载
6. 根据《票据法》的规定，支票的提示付款期限为（　　）。
   A. 自出票之日起3日内　　　　　　　　B. 自出票之日起5日内
   C. 自出票之日起10日内　　　　　　　 D. 自出票之日起15日内

二、多项选择题

1. 下列各选项中，不属于银行签发的票据的是（　　）。
   A. 银行汇票　　　　　　　　　　　　　B. 商业汇票
   C. 银行承兑汇票　　　　　　　　　　　D. 商业承兑汇票
2. 根据《票据法》的规定，属于汇票法定禁止背书的情形为（　　）。
   A. 被拒绝承兑的汇票　　　　　　　　　B. 被拒绝付款的汇票
   C. 超过付款提示期限的汇票　　　　　　D. 附有条件的背书
3. 下列各项中，属于汇票的绝对必要记载事项的是（　　）。
   A. 确定的金额　　　　　　　　　　　　B. 付款人名称
   C. 收款人名称　　　　　　　　　　　　D. 出票人签章
4. 持票人可以对背书人、出票人以及汇票的其他债务人行使追索权的情形有（　　）。
   A. 汇票到期被拒绝付款
   B. 汇票在到期日前被拒绝承兑
   C. 在汇票到期日前，承兑人或付款人死亡、逃匿的
   D. 在汇票到期日前，承兑人或付款人被依法宣告破产
5. 下列关于汇票承兑效力的表述中，正确的选项有（　　）。
   A. 承兑人于汇票到期日必须向持票人无条件地支付汇票上的金额
   B. 承兑人必须对汇票上的付款请求权人和追索权人等权利人承担责任

C. 承兑人不得以其与出票人之间的资金关系来对抗持票人，拒绝支付汇票金额
D. 承兑人的票据责任不因持票人未在法定期限提示付款而解除

6. 根据规定，支票绝对必要记载事项中可以通过授权补记方式记载的是（　　）。

A. 支票金额　　　　　　　　　　B. 收款人名称
C. 付款人名称　　　　　　　　　D. 出票人签章

三、判断题

1. 票据上的法律关系只是单纯的资金支付关系，权利人只要持有票据即享有票据权利，而无须证明其取得票据的原因。（　　）
2. 出票人在票据上的签章不符合规定的，其签章无效，票据还是有效的。（　　）
3. 票据的伪造是指无权更改票据内容的人，对票据上签章以外的记载事项加以变更的行为。（　　）
4. 汇票是委托付款票据，而不是自付票据。（　　）
5. 我国《票据法》规定的汇票转让方式包括背书转让方式和交付转让方式。（　　）
6. 承兑是汇票特有的制度，本票和支票都没有承兑的问题。（　　）

四、案例分析题

2015年7月5日，A厂与B公司签订了一份买卖合同。该合同约定：B公司向A厂供应50吨一级皮棉，总价款为人民币130万元；A厂应在8月月初以银行承兑汇票的方式预付人民币30万元货款，B公司应在同年10月上旬一次向A厂交货；A厂应在收到货物并验收合格后30日内向B公司付清余款。

2015年8月1日，A厂向B公司开出一张人民币30万元的银行承兑汇票预付货款。B公司收到该汇票后于同月8日向承兑银行提示承兑，承兑银行审查后，即于当日予以承兑并签章，同时记载付款期限为2015年12月8日。B公司为支付C公司的工程款，于2015年12月20日将该汇票背书转让给了C公司。

2015年10月上旬，B公司按合同约定向A厂一次交付货物，并经A厂验收确定质量合格。同年11月上旬，A厂以B公司交付的货物不符质量要求为由要求退货，并拒绝向B公司支付其余货款；同时要求承兑银行停止汇票付款。C公司在该汇票到期日请求承兑银行付款时，该银行拒绝付款。

依据上述事实及《票据法》有关规定，分析回答：

(1) 该银行承兑汇票，是属于见票后定日付款的汇票还是出票后定日付款的汇票？
(2) 该承兑银行可否拒绝支付C公司提示的银行承兑汇票？为什么？
(3) C公司在其提示的汇票遭拒绝付款后，可以向哪些当事人行使追索权？

第十章

会 计 法

> **案 例**
>
> **老板买票,背锅的总是会计**
>
> 有人说会计是拿着白面的钱,干着白粉的活,学会保护自己似乎成为了每个会计的必修课。90后会计黄某惠和陈某梅受雇于付某博成立的"厦门X森工贸有限公司"做财务。2013年11月至2016年7月间,在明知厦门X森工贸有限公司等23家公司没有实际货物交易的情况下,协助主犯付某博记录"内账"、虚构合同、资金走账、开具增值税专用发票等事务,税额合计2.57亿元。后东窗事发。黄某惠和陈某梅尽管系从犯,但鉴于其犯罪事实及后果,两人最终被法院判决:犯虚开增值税专用发票罪,分别判处有期徒刑7年、并处罚金十五万元。两个刚毕业涉世未深的年轻人接到判决书后,哭成泪人,追悔莫及。

第一节 会计法概述

一、会计与会计法的概念

（一）会计的概念

会计是以货币为主要计量单位,采用专门方法,对企业、事业等单位的经济活动进行完整、连续、系统地反映和监督,借以加强经济管理、提高经济效益的一种管理活动。会计的基本职能是对经济活动进行会计核算,实行会计监督。

中华人民共和国
会计法(2017年)

（二）会计法的概念与我国会计立法概况

会计法是指调整会计机构、会计人员在办理会计事务过程中,以及国家在管理会计工作的过程中所产生的会计关系的法律规范的总称。会计法有广义和狭义之分。广义的会计法是指国家颁布的有关会计方面的法律、法规和规章的总称,具体包括:《中华人民共和国会计法》(以下简称《会计法》)、国务院发布的《总会计师条例》《企业会计准则》等会计行政法规、财政部发布的《会计基础工作规范》《会计专业技术人员继续教育规定》、财政部与国家档案局联合发布的《会计档案管理办法》等。狭义的会计法是指调整会计法律关系的基本法,即全国人民代表大会常务委员会制定并通过的《会计法》。

中华人民共和国成立后的会计立法起步于成立初期,主要以制定国家统一的会计制度为起点,逐步建立以规范会计工作秩序为主要内容的会计法规体系。1985年1月21日由全国人民代表大会常务委员会通过了《会计法》,并于1993年12月29日、1999年10月31日和2017年11月5日三次作了修订。修订后的《会计法》主要对会计工作的原则、会计核算、公司企业会计核算的特别规定、会计监督、会计机构、会计人员和法律责任等作了规定。《会计法》实施以来,在加强各单位的会计工作、维护国家财经纪律、改善企业经营管理和提高经济效益、加强经济领域的法制建设等方面都起到了重要作用。

二、会计工作管理体制

会计工作管理体制,是划分会计工作管理职责权限关系的制度,包括会计工作的主管部门、会计制度的制定权限、单位内部的会计工作管理等内容。

(一) 会计工作的主管部门

1. 财政部门主管会计工作

会计工作的主管部门,是指代表国家对会计工作行使管理职能的政府部门。《会计法》规定:"国务院财政部门主管全国的会计工作,县级以上地方各级人民政府财政部门管理本行政区域内的会计工作。"这一规定明确了我国会计工作的领导体制和管理体制。

我国国务院财政部门设立主管会计工作的专门机构——会计司,专门负责管理全国的会计工作。财政部管理全国会计工作的职责包括:研究拟订会计管理的法律法规草案,制定会计准则制度、内部控制、会计基础工作、会计信息化等方面的规章制度并组织贯彻实施;负责全国会计人员专业能力和职业道德、会计专业技术资格、会计人员继续教育管理工作;负责高级会计人才选拔及培养;指导和监督注册会计师协会、会计师事务所和注册会计师;指导会计理论研究等。

2. 实行统一领导、分级管理的管理体制

《会计法》在明确规定财政部门主管会计工作的同时,还规定了实行统一领导、分级管理的管理体制,由县级以上地方各级人民政府财政部门管理本行政区域的会计工作。

在国务院财政部门统一规划、统一领导的前提下,地方各级财政部门应根据上级财政部门的规划和要求,结合本地区的实际情况,管理本地区的会计工作。县级以上人民政府财政部门应依法开展《会计法》执法检查、会计人员专业能力和职业道德管理、继续教育管理、代理记账管理等。

3. 其他政府管理部门依据其职责对会计工作进行的监督管理

会计工作是一项社会经济管理活动,会计资料是一种社会性资源,各政府管理部门在履行管理职能时,都会涉及有关单位的会计事务和会计资料,有关法律赋予了政府有关管理部门监督检查相关会计事务、会计资料的职责。因此,《会计法》规定:"财政、审计、税务、人民银行、证券监管、保险监管等部门应当依照有关法律、行政法规规定的职责,对有关单位的会计资料实施监督检查。"这一规定,体现了财政部门与其他政府管理部门在管理会计事务中的相互协作和配合的关系。

(二) 会计制度的制定权限

国家实行统一的会计制度。国家统一的会计制度由国务院财政部门根据《会计法》制定并公布。国务院有关部门可以依照《会计法》和国家统一的会计制度，制定对会计核算和会计监督有特殊要求的行业实施国家统一的会计制度的具体办法或者补充规定，报国务院财政部门审核批准。中国人民解放军总后勤部可以依据《会计法》和国家统一的会计制度制定军队实施国家统一的会计制度的具体方法，报国务院财政部门备案。

所谓国家统一的会计制度是指由国务院财政部门根据《会计法》制定的关于会计核算、会计监督、会计机构和会计人员以及会计工作管理的准则、制度、办法等。这些准则、制度、办法等都是在全国范围内实施的会计工作管理方面的规范性文件，主要包括三个方面：一是国家统一的会计核算制度，如《企业会计准则》《事业单位会计准则》以及各种具体准则等；二是国家统一的会计机构和会计人员管理制度，如《会计人员职权管理条例》《总会计师条例》《会计专业技术资格考试暂行规定》等；三是国家统一的会计工作管理制度，如《会计人员工作规则》《会计档案管理办法》《会计人员继续教育规定》等。

(三) 单位内部的会计工作管理

单位内部的会计工作管理的主要内容是对单位负责人的管理规定。单位负责人是指单位法定代表人或者法律、行政法规规定代表单位行使职权的主要负责人，主要包括两类人员：一是单位的法定代表人，即依法代表法人单位行使职权的负责人。如国有工业企业的厂长（经理）、公司的董事长、国家机关的最高行政官员等；二是依法代表非法人单位行使职权的负责人。如代表合伙企业执行合伙企业事务的合伙人、个人独资企业的投资人等。

《会计法》规定："单位负责人对本单位的会计工作和会计资料的真实性、完整性负责。"这一规定明确了单位负责人为本单位会计行为的责任主体，以加重单位负责人的责任，理顺单位负责人与会计机构、会计人员及其他有关人员的责任关系。单位负责人应当保证会计机构、会计人员依法履行职责，不得授意、指使、强令会计机构、会计人员违法办理会计事项。

《会计法》规定单位负责人为本单位会计行为责任主体的同时，还规定："会计机构、会计人员依照本法规定进行会计核算，实行会计监督。"单位负责人与会计人员之间对会计工作的责任划分，应是单位内部的委托授权关系，由单位负责人通过制定内部规章制度予以明确并监督落实。会计人员同样要遵守会计法规、制度和会计职业道德，否则也将同样承担相应的法律责任。

第二节　会计核算的法律规定

一、会计核算的基本内容

会计核算是以货币为主要计量单位，运用会计方法，对经济活动过程及其结果进行连续、系统、全面地记录、汇总，形成会计信息，为经济决策提供依据的一项会计活动。会计核算是会计的一项基本职能，是会计工作的核心和重点。会计核算必须遵守《会计法》的规定，符合有关会计准则和会计制度的要求，力求会计资料真实、正确、完整，保证会计信息的质量。《会计法》明确规定，下列经济业务事项，应当办理会计手续，进行会计核算：

1. 款项和有价证券的收付

款项即货币资金,包括现金、银行存款和其他货币资金,如外埠存款、银行汇票存款、银行本票存款、在途货币资金、信用证存款和各种押金、备用金等。有价证券是具有一定财产权利或者支配权利的票证,如股票、国库券、企业债券等。

2. 财物的收发、增减和使用

财物即财产物资,是一个单位用来进行经营管理活动的具有实物形态的经济资源,包括原材料、燃料、包装物、低值易耗品、在产品、自制半成品、产成品、商品等流动资产和机器、机械、设备、设施、运输工具、家具等固定资产。

3. 债权债务的发生和结算

债权是一个单位向债务人收取款项的权利,包括各种应收和预付的款项。债务则是一个单位需要以其货币资金等资产或者劳务向债权人清偿的义务,包括各项借款、应付和预收款项以及应交款项等。

4. 资本、基金的增减

资本是企业单位的所有者对企业的净资产的所有权,亦称为所有者权益,具体包括实收资本、资本公积、盈余公积和未分配利润。基金,主要是指机关、事业单位某些特定用途的资金,如政府基金、社会保险基金、教育基金、事业发展基金、集体福利基金、后备基金等。

5. 收支与成本费用的计算

收入是指一个单位在销售商品、提供劳务及让渡资产使用权等经营活动中所形成的经济利益的流入。支出是指行政事业单位和社会团体在履行法定职能或发挥特定的功能时所发生的各项开支,以及企业在正常经营活动以外的开支或损失。费用是指企业等单位为生产经营管理而发生的各项耗费。成本是指企业为生产产品、购置商品和提供劳务而耗用在某特定对象上的支出。

6. 财务成果的计算和处理

财务成果主要是指企业和企业化管理的事业单位在一定的时期内通过生产经营活动而在财务上所取得的成果,具体表现为利润或亏损。财务成果的计算和处理,包括利润的计算、所得税的计缴和利润的分配(或亏损的弥补)等内容。

7. 其他会计事项

其他会计事项是指在上述六项会计核算内容中未能包括的、按有关的会计法律法规或会计制度的规定或根据单位的具体情况需要办理会计手续和进行会计核算的事项。

二、会计核算的基本要求

1. 关于会计期间的基本要求

会计期间,也称会计分期,是指企业会计核算应当划分会计期间,即人为地把持续不断的企业经营活动过程划分为一个个首尾相接、时间相等的会计期间,以分期对企业经营活动实施反映和控制,以便确定每个会计期间的财务状况和经营成果,按期进行账目结算和编制会计报表。

《会计法》规定,我国会计年度自公历1月1日起至12月31日止。

在会计年度内还须按照季度和月份分期进行结账和编制财务报告。

2. 关于记账本位币的基本要求

记账本位币是指会计核算特别是登记会计账簿和编制会计报表用以计量的货币种类。《会计法》规定，会计核算以人民币为记账本位币。业务收支以人民币以外的货币为主的单位，可以选定其中一种货币作为记账本位币，但是编报的财务会计报告应当折算为人民币。

3. 关于会计记录文字的基本要求

会计记录的文字应当使用中文。在民族自治地方，会计记录可以同时使用当地通用的一种民族文字。在中华人民共和国境内的外商投资企业、外国企业和其他外国组织的会计记录可以同时使用一种外国文字。使用中文是强制性的，使用其他文字是备选性的。

4. 关于依法设置和使用会计账簿的基本要求

会计账簿是指以会计凭证为依据，由一定格式并相互联系的账页所组成，序时地、分类地记录核算一个单位经济业务的发生和完成情况的簿籍。设置会计账簿，是会计工作得以开展的基础。

各单位必须依法设置会计账簿，并保证其真实、完整。各单位发生的各项经济业务事项应当在依法设置的会计账簿上以经过审核的会计凭证为依据并按法定的记账规则统一登记、核算，不得违反《会计法》和国家统一的会计制度的规定私设会计账簿登记、核算。

5. 关于会计核算依据的基本要求

各单位必须根据实际发生的经济业务事项进行会计核算、填制会计凭证、登记会计账簿、编制财务会计报告以保证会计核算的真实性和客观性。任何单位不得以虚假的经济业务事项或者资料进行会计核算。

其具体要求是，会计核算必须根据实际发生的经济业务，取得可靠的会计凭证，并经过审核无误据以登记会计账簿、编制财务会计报告，形成符合质量标准的会计信息资料。

6. 关于会计资料的基本要求

会计资料，主要是指会计凭证、会计账簿、财务会计报告等会计核算专业资料，它是会计核算的基本成果，是投资者作出投资决策、经营者进行经营管理、国家进行宏观调控的重要依据。

会计凭证、会计账簿、财务会计报告和其他会计资料，必须符合国家统一的会计制度的规定。任何单位和个人不得伪造、变造会计凭证、会计账簿及其他会计资料，不得提供虚假的财务会计报告。以保证会计资料的真实性和完整性。

《会计法》对伪造、变造会计资料和提供虚假财务会计报告等弄虚作假行为，作出了禁止性规定。伪造会计资料，包括伪造会计凭证和会计账簿，是以虚假的经济业务为前提来进行会计核算；变造会计资料，是用涂改、挖补等手段来改变会计凭证和会计账簿的真实内容。伪造、变造会计资料，其结果是会造成会计资料失实、失真，误导会计资料的使用者，损害投资者、债权人、国家和社会公众的利益。

7. 关于会计档案管理的基本要求

会计档案是记录和反映经济业务事项的重要历史资料和证据，包括会计凭证、会计账簿、财务会计报告等会计核算专业资料。会计档案对于总结经济工作，指导生产经营管理和事业管理，查验经济财务问题，防止贪污舞弊，研究经济发展的方针、战略都具有重要作用。

各单位对会计凭证、会计账簿、财务会计报告和其他会计资料应当建立档案，妥善保管。会计档案的保管期限和销毁办法,由国务院财政部门会同有关部门制定。财政部、国家档案局于 1998 年 8 月 21 日发布了《中华人民共和国会计档案管理办法》。

各单位每年形成的会计档案,应由财务会计部门按照归档要求负责整理立卷或装订。当年形成的会计档案在会计年度终了后,可暂由本单位财务会计部门保管一年。保管期满之后,原则上应由财务会计部门编制清册,移交本单位的档案部门保管;不设立档案部门的,应当在财务会计部门内部指定专人保管。

对会计档案应当进行科学管理,做到妥善保管,存放有序,查划方便,不得随意堆放,严防毁损、散失和泄密。

保存的会计档案应当积极为本单位提供和利用。会计档案原件原则上不得借出,如有特殊需要,须经本单位负责人批准,在不拆散原卷册的前提下,可以提供查阅或复制,并应履行借出手续和限期归还。

会计档案保管期限分为永久和定期两类。永久,是指会计档案须永久保存;定期,是指会计档案应保存达到法定的时间。会计档案的定期保管期限分为 3 年、5 年、10 年、15 年和 25 年 5 种。会计档案的保管期限是从会计年度终了后的第一天算起的。

会计档案保管期满需要销毁的,应当按照规定程序予以销毁。

企业和其他组织会计档案保管期限表如下(见表1):

表1 企业和其他组织会计档案保管期限表

序号	档案名称	保管期限	备注
一	会计凭证类		
1	原始凭证	15 年	
2	记账凭证	15 年	
3	汇总凭证	15 年	
二	会计账簿类		
4	总账	15 年	包括日记总账
5	明细账	15 年	
6	日记账	15 年	包括现金和银行存款日记账
7	固定资产卡片	5 年	固定资产报废清理后保管 5 年
8	辅助账簿	15 年	
三	财务报告类		包括各级主管部门汇总财务报告
9	月、季度财务报告	3 年	包括文字分析
10	年度财务报告(决算)	永久	包括文字分析
四	其他类		
11	会计移交清册	15 年	
12	会计档案保管清册	永久	
13	会计档案销毁清册	永久	
14	银行余额调节表	5 年	
15	银行对账单	5 年	

8. 关于会计电算化的基本要求

使用电子计算机进行会计核算的，其软件及其生成的会计凭证、会计账簿、财务会计报告和其他会计资料，也必须符合国家统一的会计制度的规定。具体要求如下：

（1）用电子计算机进行会计核算的单位，使用的会计软件必须符合国家统一的会计制度。财政部规定了会计软件的功能和技术标准，负责指导、监督全国会计核算软件的评审工作。具体评审工作由各省、自治区、直辖市的财政部门组织。

（2）用电子计算机生成的会计资料必须符合国家统一的会计制度。实行会计电算化的单位，用电子计算机生成的会计凭证、会计账簿、财务会计报告在格式、内容以及会计资料的真实性、完整性等方面，都必须符合国家统一的会计制度。

第三节 会计监督的法律规定

会计监督是指有关部门按照会计工作的目标和要求，依照会计法律法规，对单位的经济活动及其会计核算工作的合法性、合理性、效益性进行监督、控制，以保证会计信息的质量，提高单位的经济效益。我国的会计监督体系包括单位内部会计监督、会计工作的政府监督制度、会计工作的社会监督三个组成部分。

一、单位内部会计监督制度

单位内部会计监督制度，是指单位为了保护其资产的安全、完整，保证单位的经营活动符合国家法律、法规和内部有关管理制度的规定，提高经营管理水平和效率，而在单位内部采取的一系列相互制约、相互监督的制度与方法。单位内部会计监督制度是内部控制制度的重要组成部分。建立健全单位内部会计监督制度，是贯彻执行会计法律、法规、规章制度，保证会计工作有序进行，完善会计监督体系的重要环节。

（一）单位内部会计监督制度的基本内容和要求

（1）记账人员与经济业务事项和会计事项的审批人员、经办人员、财物保管人员的职责权限应当明确，并相互分离、相互制约。

具体内容包括：

1）经济业务事项的办理、记录，财产的保管等应该指派不同的人员或部门。

2）办理经济业务事项各个步骤应该指派不同的人员或部门承担。

3）会计工作的不同岗位应该明确划分。

（2）重大对外投资、资产处置、资金调度和其他重要经济业务事项的决策和执行的相互监督、相互制约程序应当明确。

具体内容包括：

1）单位的重大经济业务事项的范围应该划定。除了重大对外投资、资产处置、资金调度以外，其他对单位经营和发展有重大影响或者产生风险的借贷、交易、担保、往来等都应列为重大经济业务事项。

2）单位的重大经济业务事项的决策者和执行人员应该分离。

3）重大经济业务事项的决策和执行应该有固定的程序。

(3) 财产清查的范围、期限和组织程序应当明确。

财产清查是对各项财产物资、货币资金和结算款项进行盘点和核对，查明其实有数额，确定其账面结存数额和实际结存数额是否一致，以保证账实相符的一种会计专门方法。单位内部会计监督制度应当根据本单位的性质和业务范围，对本单位财产清查的范围、期限和组织程序作出明确的规定。

1) 每次财产清查的范围，应分别按全面清查、局部清查、专题清查将其内容具体确定。

2) 确定每个会计年度分别进行几次全面清查、局部清查或专题清查，以及清查的具体时间安排。

3) 制定财产清查的组织程序，确定财产清查的步骤和进程，明确相关部门和人员的分工和职责权限，使之互相之间形成制约和监督关系。

(4) 对会计资料定期进行内部审计的办法和程序应当明确。

内部审计是独立监督和评价本单位及所属单位经济活动和财务收支的真实、合法和效益的行为，目的是促进、加强经济管理和实现经济目标，同时也是保证国家财政法纪的严肃性和统一性的重要手段。

政府部门、国有企业事业单位以及国有资产占控股地位或主导地位的企业应当依法建立健全内部审计制度，加强内部审计工作，其他经济组织可以根据需要建立内部审计制度。实行内部审计制度的部门、单位应该根据需要设置独立的审计机构，配置内部审计人员，并按有关规定制定明确的内部审计的办法和程序。

(二) 会计机构和会计人员在单位内部会计监督中的职权

会计机构和会计人员在单位内部会计监督中具有以下职权：

(1) 会计机构、会计人员对违反《会计法》和国家统一的会计制度规定的会计事项，有权拒绝办理或者按照职权予以纠正。

(2) 会计机构、会计人员发现会计账簿记录与实物、款项及有关资料不相符的，按照国家统一的会计制度的规定有权自选处理的，应当及时处理；无权处理的，应当立即向单位负责人报告，请求查明原因，作出处理。

二、会计工作的政府监督制度

会计工作的政府监督，是指财政部门和其他政府有关部门代表国家对各单位的会计行为、会计资料实施的监督检查，是我国会计监督体系的一个重要组成部分。根据《会计法》的规定，县级以上人民政府财政部门为各单位会计工作的监督检查部门，对各单位会计工作行使监督权，对违法会计行为实施行政处罚。除财政部门外，审计、税务、人民银行、证券监管、保险监管等部门依照有关法律、行政法规规定的职责和权限，可以对有关单位的会计资料实施监督检查。

(一) 财政部门实施会计监督的内容

1. 监督各单位是否依法设置会计账簿

会计账簿是进行会计核算的中心环节，财政部门依法对各单位设置会计账簿实施监督检查的内容包括：

(1) 应当设置会计账簿的是否按规定设置会计账簿。

（2）是否存在账外账行为；是否存在伪造、变造会计账簿的行为。
（3）设置会计账簿是否存在其他违反法律、行政法规和国家统一的会计制度的行为。

2. 监督各单位的会计凭证、会计账簿、财务会计报告和其他会计资料是否真实、完整

具体内容包括：
（1）应当办理会计手续、进行会计核算的经济业务事项是否如实在会计资料上反映。
（2）填制的会计凭证、登记的会计账簿、编制的财务会计报告与实际发生的经济业务事项是否相符。
（3）财务会计报告的内容是否符合有关法律、行政法规和国家统一会计制度的规定；其他会计资料是否真实、完整。

3. 监督各单位的会计核算是否符合《会计法》和国家统一的会计制度的规定

财政部门依法对各单位会计核算实施监督检查的内容主要包括：
（1）采用会计年度、使用记账本位币和会计记录文字是否符合法律、行政法规和国家统一的会计制度的规定。
（2）填制或者取得原始凭证、编制记账凭证、登记会计账簿是否符合法律、行政法规和国家统一会计制度的规定。
（3）财务会计报告的编制程序、报送对象和报送期限是否符合法律、行政法规和国家统一会计制度的规定。
（4）会计处理方法的采用和变更是否符合法律、行政法规和国家统一会计制度的规定。
（5）使用的会计软件及其生成的会计核算资料是否符合法律、行政法规和国家统一会计制度的规定。
（6）是否按照法律、行政法规和国家统一会计制度的规定建立并实施内部会计监督制度。
（7）会计核算是否有其他违法会计行为。

4. 监督从事会计工作的人员是否具备专业能力、遵守职业道德

具体内容包括：
（1）从事会计工作的人员是否具备专业能力、遵守职业道德。
（2）会计机构负责人（会计主管人员）是否具备法律、行政法规和国家统一会计制度规定的任职资格。

（二）其他政府有关部门对各单位会计工作的监督

根据《会计法》的规定，除财政部门外，审计、税务、人民银行、证券监管、保险监管等部门也应当依照有关法律、行政法规规定的职责，对有关单位的会计资料实施监督检查。我国《审计法》《税收征收管理法》《商业银行法》《证券法》《行政监察法》等法律、法规也分别规定了各有关部门在各自法定职责范围内对有关单位的会计资料实施监督检查的内容、权限。

为了避免各有关部门多头监督检查可能带来的弊端，《会计法》规定，上述监督检查部门对有关单位的会计资料依法实施监督检查后，应当出具检查结论。有关监督检查部门已经作出的检查结论能够满足其他监督检查部门履行本部门职责需要的，其他监督检查部门应当加以利用，避免重复查账。依法对有关单位的会计资料实施监督检查的部门及其工作人员，对在监督检查中知悉的国家秘密和商业秘密负有保密义务。同时还规定，作为监督检查对象的各单位，必须依照有关法律、行政法规的规定，接受有关监督检查部门依法实施的监督检查，如实提供会计凭证、会计账簿、财务会计报告和其他会计资料以及有关情况，不得拒绝、隐匿、谎报。

三、会计工作的社会监督

会计工作的社会监督主要是指社会中介机构如会计师事务所和注册会计师，接受单位的委托，依法对委托单位的经济活动进行审计，并据实做出客观评价的一种外部监督形式。注册会计师的社会监督以其特有的独立性和公正性而得到法律的认可，具有很强的权威性、独立性和公正性。此外《会计法》还规定了任何单位和个人对会计法违法行为的检举权，鼓励各单位和个人检举违法会计行为等，这也属于会计工作社会监督的范畴。

（一）注册会计师实施会计监督的规定

1. 注册会计师法定审计业务范围

注册会计师及会计师事务所依法承办的审计业务范围包括：

（1）审查企业财务会计报告，出具审计报告。

（2）验证企业资本，出具验资报告。

（3）办理企业合并、分立、清算事宜中的审计业务，出具有关报告。

（4）法律、行政法规规定的其他审计业务。

2. 委托注册会计师审计的单位应当如实提供会计资料

须经注册会计师进行审计的单位，应当向受委托的会计师事务所如实提供会计凭证、会计账簿、财务会计报告和其他会计资料以及有关情况。

3. 不得干扰注册会计师独立开展审计业务

任何单位或者个人不得以任何方式要求或者示意注册会计师及其所在的会计师事务所出具不实或者不当的审计报告。

4. 财政部门对会计师事务所出具审计报告的再监督

财政部门的再监督，不是对会计师事务所出具的所有审计报告再进行一次普查，而只是对会计师事务所出具审计报告的程序和内容进行监督检查，是根据管理需求有重点地进行抽查；且不得干预注册会计师独立、公正地开展审计业务。

（二）单位和个人对违法会计行为的检举

任何单位和个人对违反《会计法》和国家统一的会计制度规定的行为，有权检举。收到检举的部门有权处理的，应当依法按照职责分工及时处理；无权处理的，应当及时移送有权处理的部门处理。收到检举的部门、负责处理的部门应当为检举人保密，不得将检举人姓名和检举材料转给被检举单位和被检举人个人。

第四节 会计机构和会计人员的法律规定

会计机构是各单位内部设置的办理会计事务的职能部门；会计人员指各单位在会计岗位上直接从事会计工作的人员。建立健全会计机构、配备数量适当和素质合格的会计人员，是各单位做好会计工作、充分发挥会计职能作用的重要保证。

一、会计机构和会计人员的的设置

各单位应当根据会计业务的需要，设置会计机构，或者在有关机构中设置会计人员并指定会计主管人员；不具备设置条件的，应当委托经批准设立从事会计代理记账业务的中介机构代理记账。国有的和国有资产占控股地位或者主导地位的大、中型企业必须设置总会计师。具体要求是：

（1）根据单位会计业务繁简情况，大、中型企业（公司）、实行企业化管理的事业单位，应当设置会计机构；业务较多的行政单位、社会团体和其他组织也应设置会计机构。

（2）不能设置会计机构的单位，应当在有关机构中设置会计人员并指定会计主管人员。会计主管人员是指负责组织管理会计事务、行使会计机构负责人职权的负责人。

（3）不具备设置会计机构和会计人员条件的，应当委托经批准设立从事会计代理记账业务的中介机构代理记账。从事代理记账业务的中介机构，是指依法成立的会计师事务所、记账公司，或者其他会计咨询、服务机构。

（4）国有的和国有资产占控股地位或者主导地位的大、中型企业必须设置总会计师。其他单位则可以根据业务需要自行决定是否设置总会计师。总会计师作为单位财务会计的主要负责人，是单位行政领导成员，全面负责本单位的财务会计管理和经济核算，参与本单位的重大经营决策活动，是单位负责人的参谋和助手，直接对单位负责人负责。凡设置总会计师的单位不能再设置与总会计师职责重叠的副职单位行政领导。

二、会计机构内部稽核制度与内部牵制制度

（一）会计机构内部稽核制度

会计机构内部稽核制度是会计机构自身对于会计核算工作进行的一种自我检查、自我审核的制度，其主要内容包括：

（1）稽核工作的组织形式和具体分工。
（2）稽核工作的职责、权限。
（3）审核会计凭证和复核会计账簿、会计报表的方法。

（二）会计机构内部牵制制度

会计机构内部牵制制度，也称钱账分管制度，是指实施不相容岗位分离，以起到相互制约、相互牵制作用的一种工作制度。

各单位会计工作岗位一般可分为：

（1）会计机构负责人或者会计主管人员。
（2）出纳。
（3）财产物资核算。
（4）工资核算。
（5）成本费用核算。
（6）财务成果核算。
（7）资金核算。
（8）往来结算。
（9）总账报表。

（10）稽核。

（11）档案管理。

开展会计电算化和管理会计的单位，可以根据需要设置相应工作岗位，也可以与其他工作岗位相结合。会计工作岗位，可以一人一岗、一人多岗或者一岗多人。但凡是涉及款项和财物收付、结算及登记的任何一项工作，必须由两人或两人以上分工办理，《会计法》特别规定，出纳人员不得兼管稽核、会计档案保管和收入、支出、费用、债权债务账目的登记工作。

三、会计人员的专业能力要求与继续教育

（一）会计人员专业能力要求

我国《会计法》规定，会计人员应当具备从事会计工作所需要的专业能力；担任单位会计机构负责人（会计主管人员）的，应当具备会计师以上专业技术职务资格或者从事会计工作三年以上经历。

（二）会计人员继续教育

根据财政部颁发的2018年《会计专业技术人员继续教育规定》，用人单位应当保障本单位会计专业技术人员参加继续教育的权利。会计人员享有参加继续教育的权利和接受继续教育的义务。

1. 会计人员继续教育管理体制

按照《会计法》和财政部《会计专业技术人员继续教育规定》的有关规定，县级以上地方人民政府财政部门、人力资源社会保障部门共同负责本地区会计专业技术人员的继续教育工作。

2. 会计人员继续教育的内容与形式

会计人员继续教育的内容包括公需科目和专业科目。公需科目包括专业技术人员应当普遍掌握的法律法规、政策理论、职业道德、技术信息等基本知识；专业科目包括会计专业技术人员从事会计工作应当掌握的财务会计、管理会计、财务管理、内部控制与风险管理、会计信息化、会计职业道德、财税金融、会计法律法规等相关专业知识。

会计人员可以自愿选择参加继续教育的形式。会计人员继续教育的形式有：

（1）参加县级以上地方人民政府财政部门、人力资源社会保障部门等组织的会计专业技术人员继续教育培训、全国会计专业技术资格考试等。

（2）参加会计继续教育机构或用人单位组织的会计专业技术人员继续教育培训。

（3）参加国家教育行政主管部门承认的中专以上（含中专）会计类专业学历（学位）教育，承担会计类研究课题、发表会计类论文、公开出版会计类书籍，参加注册会计师、资产评估师、税务师等继续教育培训。

（4）继续教育管理部门认可的网络教育等其他形式。

3. 学分管理制度

会计专业技术人员参加继续教育实行学分制管理，每年参加继续教育取得的学分不少于90学分。其中，专业科目一般不少于总学分的2/3。学分管理的具体计分办法按《会计专业技术人员继续教育规定》执行。

具有会计专业技术资格的人员应当自取得会计专业技术资格的次年开始参加继续教育，

并在规定时间内取得规定学分。不具有会计专业技术资格但从事会计工作的人员应当自从事会计工作的次年开始参加继续教育,并在规定时间内取得规定学分。

会计专业技术人员参加继续教育取得的学分,在全国范围内当年度有效,不得结转以后年度。

会计专业技术人员参加继续教育情况实行登记管理。用人单位应当对会计专业技术人员参加继续教育的种类、内容、时间和考试考核结果等情况进行记录,并在培训结束后及时按照要求将有关情况报送所在地县级以上地方人民政府财政部门进行登记。

四、会计人员的交接

《会计法》规定,会计人员调动工作或者离职,必须与接管人员办清交接手续,以分清移交人员和接管人员的责任,保证会计工作的连续进行。《会计基础工作规范》等有关法规也对会计工作交接制度作了具体规定。

(一) 交接前的准备工作

(1) 在办理移交手续前,必须将已经受理的经济业务的会计凭证填制完毕。

(2) 将尚未登记的账目登记完毕,并在最后一笔余额后加盖印章。

(3) 整理好应该移交的各项资料,对未了事项写出书面材料。

(4) 编制移交的会计凭证、会计账簿、会计报表、公章、现金、支票簿、文件、资料和其他物品的内容。

(二) 移交点收

(1) 现金、有价证券要根据账簿余额进行点交。

(2) 库存现金、有价证券必须与账簿余额一致,不一致时,移交人员要在规定期限内负责查清处理。

(3) 会计凭证、账簿、报表和其他会计资料必须完整无缺,不得遗漏,如有短缺,要查清原因,并要在移交清册中加以注明,由移交人员负责。

(4) 银行存款账户余额要与银行对账单核对相符。

(5) 各种财产物资和债权债务的明细账户余额,要与总账有关账户的余额核对相符。

(6) 移交人经管的公章和票据及其他物品,必须交接清楚。

移交人员从事会计电算化工作的,要对有关电子数据在实际操作状态下进行交接。

(三) 严格履行交接手续

交接完毕后,交接双方和监交人要在移交清册上签名或盖章,并应在移交清册上注明:单位名称,交接日期,交接双方和监交人的职务、姓名,移交清册页数以及需要说明的问题和意见等。

接办的会计人员应继续使用移交的账簿,不得自行另立新账,以保持会计记录的连续性。

会计机构负责人、会计主管人员交接时,还应将全部财务会计工作、重大的财务收支的遗留问题和会计人员的情况等写成书面材料向接替人员说明清楚。

(四) 专人负责监交

(1) 一般会计人员办理交接手续,由会计机构负责人(会计主管人员)监交。

（2）会计机构负责人（会计主管人员）办理交接手续，由单位负责人监交，必要时上级主管单位可以派人会同监交。

（五）交接后的责任界定

移交人员应对其经办会计工作期间内所发生的会计事项的处理及其编制的会计凭证、会计账簿、会计报表和其他会计资料的合法性、真实性、完整性承担法律责任。即便接替人员在交接时因疏忽没有发现所接收会计资料存在的问题，如事后发现，仍应由原移交人员负责。接替人员不对移交过来的会计资料的真实性、完整性负法律上的责任。

习 题

一、单项选择题

1. 根据《会计法》的规定，行使会计工作管理职能的政府部门是（　　）。
   A. 税务部门　　　　B. 财政部门　　　　C. 审计部门　　　　D. 企业主管部门
2. 业务收支以人民币以外的货币为主的单位，其记账本位币的基本要求是（　　）。
   A. 必须以人民币作为记账本位币并编报财务会计报告
   B. 必须以人民币作为记账本位币，但是编报的财务会计报告可以选择某种外币
   C. 可以选定一种外币作为记账本位币并编报财务会计报告
   D. 可以选定一种外币作为记账本位币，但是编报的财务会计报告应当折算为人民币
3. 在中国境内的外商投资企业，会计记录使用的文字符合规定的是（　　）。
   A. 只能使用中文，不能使用其他文字
   B. 只能使用外文
   C. 在中文和外文中选一种
   D. 使用中文，同时可以选一种外文
4. 根据有关会计档案保管期限的规定，单位年度财务报告的保管期限为（　　）。
   A. 10 年　　　　B. 15 年　　　　C. 20 年　　　　D. 永久
5. 根据《会计法》的规定，下列关于必须设置总会计师单位的表述中，准确的是（　　）。
   A. 所有企业
   B. 所有国有企业
   C. 国有大、中型企业
   D. 国有的和国有资产占控股地位或主导地位的大、中型企业
6. 会计专业技术人员每年参加继续教育取得的学分不少于（　　）。
   A. 60 学分　　　　B. 90 学分　　　　C. 100 学分　　　　D. 120 学分

二、多项选择题

1. 下列选项中，属于单位负责人的有（　　）。
   A. 公司法定代表人　　　　　　　　B. 合伙企业中执行合伙事务的合伙人
   C. 大学的校长　　　　　　　　　　D. 国有企业的财务经理
2. 根据《会计法》的规定，下列各项中，单位出纳人员不得兼任的工作有（　　）。
   A. 稽核　　　　　　　　　　　　　B. 会计档案保管
   C. 银行存款日记账登记　　　　　　D. 收入、费用明细账登记
3. 财政部门实施会计监督的内容主要有（　　）。

A. 监督各单位是否依法设置会计账簿
B. 监督各单位的会计凭证、会计账簿、财务会计报告和其他会计资料是否真实、完整
C. 监督各单位的会计核算是否符合《会计法》和国家统一的会计制度的规定
D. 监督从事会计工作的人员是否具备专业能力、遵守职业道德

4. 注册会计师及会计师事务所依法承办的审计业务范围包括（　　）。
A. 审查企业财务会计报告，出具审计报告
B. 验证企业资本，出具验资报告
C. 办理企业合并、分立、清算事宜中的审计业务，出具有关的报告
D. 法律、行政法规规定的其他审计业务

5. 关于会计机构和会计人员的设置，符合《会计法》规定的选项有（　　）。
A. 大、中型企业（公司）、实行企业化管理的事业单位，应当设置会计机构
B. 业务较多的行政单位、社会团体和其他组织也应设置会计机构
C. 不能设置会计机构的单位，应当在有关机构中设置会计人员并指定会计主管人员
D. 不具备设置会计机构和会计人员条件的，应当委托经批准设立从事会计代理记账业务的中介机构代理记账

6. 关于会计人员办理交接的监交制度，符合《会计法》规定的选项有（　　）。
A. 一般会计人员办理交接手续，由会计机构负责人（会计主管人员）监交
B. 一般会计人员办理交接手续，由单位负责人监交
C. 会计机构负责人（会计主管人员）办理交接手续，由上级主管单位派人监交
D. 会计机构负责人（会计主管人员）办理交接手续，由单位负责人监交，必要时上级主管单位可以派人会同监交

三、判断题

1. 单位负责人为本单位会计行为的责任主体。（　　）
2. 单位的重大经济业务事项的决策者和执行人员应该分离。（　　）
3. 财政部门的再监督，不是对会计师事务所出具的所有审计报告再进行一次普查，而只是对会计师事务所出具审计报告的程序和内容进行监督检查。（　　）
4. 凡设置总会计师的单位不能再设置与总会计师职责重叠的副职单位行政领导。（　　）
5. 担任单位会计机构负责人（会计主管人员）的，应当具备会计师以上专业技术职务资格或者从事会计工作三年以上经历。（　　）
6. 会计人员工作交接时，接替人员在交接时因疏忽没有发现所接收会计资料存在的问题，如事后发现，应由接替人员负责。（　　）

四、案例分析题

某市财政局派出检查组于2018年4月对市属某国有机械厂的会计工作进行检查。检查中发现以下情况：①由于财务科人员较少，厂部决定由出纳刘某兼任会计档案保管工作。②2017年11月，会计张某申请调离该厂，该厂在张某没有办理会计工作交接手续的情况下，即为其办理了调动手续。③该厂会计科长王某，从事会计工作刚满三年，不具备会计师以上专业技术职务资格。

试根据我国《会计法》的有关规定分析回答，该厂以上情况是否合法？为什么？

第十一章

劳动法律制度

案 例

劳动争议的处理

2013年11月,阿德进入某酒店当厨工,双方未签订书面劳动合同,酒店也没有为阿德缴纳社会保险。阿德于2014年8月6日离职,随后向劳动仲裁委提出申请,请求裁令解除其与酒店的劳动关系,酒店为其补缴社会保险费,支付同期未签订书面劳动合同的二倍工资30 600元,加付赔偿金34 000元。根据《劳动合同法》规定:"用人单位自用工之日起超过一个月不满一年未与劳动者订立书面劳动合同的,应当向劳动者每月支付二倍的工资。"劳动仲裁委裁决:双方劳动关系自2014年8月6日起解除,酒店向阿德支付上述期间二倍工资差额27 200元,驳回阿德的其他诉讼请求。双方均对该裁决不服,向法院提起诉讼。法院审理后判决:解除双方劳动关系,酒店支付阿德二倍工资差额27 200元,并为阿德办理和补缴上述期间内的社保。酒店不服一审判决,向中院提起上诉。中院审理后最终驳回酒店上诉,维持原判。

第一节 劳动法律制度概述

一、劳动法的概念和调整对象

（一）劳动法的概念

劳动法是指调整劳动关系以及与劳动关系密切联系的其他社会关系的法律规范的总称。

动法、劳动关系、劳动法律关系的概念

中华人民共和国劳动合同法2013年

狭义的劳动法是指我国调整劳动关系的基本法《中华人民共和国劳动法》(以下简称《劳动法》),该法于1994年7月5日由第八届全国人民代表大会常务委员会第八次会议通过,并于1995年1月1日起实施。全国人民代表大会常务委员会于2009年8月27日、2018年12月29日两次对该法进行了局部修订。

广义的劳动法还包括《中华人民共和国劳动合同法》(以下简称《劳动合同法》)《中

华人民共和国社会保险法》《中华人民共和国劳动争议调解仲裁法》等调整劳动关系以及与劳动关系密切联系的其他社会关系的法律规范。

（二）劳动法的调整对象

我国《劳动法》的调整对象是劳动关系以及与劳动关系密切联系的其他社会关系。这种劳动关系主要是指劳动者与用人单位之间在实现劳动过程中发生的社会关系。

我国《劳动法》的调整对象具有如下特征：

1. 劳动关系的当事人是特定的，一方是劳动者，另一方是用人单位

劳动者是指自然人，包括在法定劳动年龄内具有劳动能力的我国公民、外国人、无国籍人。用人单位是指使用和管理劳动者并付给其劳动报酬的单位，用人单位是生产资料的所有者、经营者、管理者。

2. 劳动关系是在实现劳动过程中发生的社会关系

劳动关系中所指的劳动是职业劳动而非个人劳动和家庭劳动。所谓实现劳动过程，就是劳动者参加到某一用人单位中，与用人单位的生产资料、工作条件相结合的生产、服务过程。非单位的个人雇佣关系和家庭成员的共同劳动关系不由劳动法调整。

3. 劳动关系具有人身关系、财产关系的属性

劳动者向用人单位提供劳动力，就是将其人身在一定限度内交给用人单位支配，因而劳动关系具有人身属性。这一属性决定了用人单位在对劳动者使用、管理的同时，也要承担对劳动者进行人身保护的义务。劳动关系具有财产关系的属性，是指劳动者有偿提供劳动，而用人单位向劳动者支付劳动报酬，其是一种活劳动和物化劳动相交换的关系。

4. 劳动关系具有平等、从属关系的属性

在市场经济条件下，劳动关系是通过劳动合同确定的，双方当事人在建立、变更或终止劳动关系时，依照平等、自愿、协商原则进行，因而劳动关系具有平等关系的属性，不具有强制性。同时劳动关系具有从属性，劳动关系一经确立，劳动者成为用人单位的职工，与用人单位存在身份、组织和经济上的从属关系，用人单位控制和管理劳动者，双方形成管理与被管理、支配与被支配的关系。

另外，《劳动法》还调整与劳动关系密切联系的其他社会关系，包括：国家进行劳动力管理方面的社会关系；社会保险方面的社会关系；工会组织与用人单位在执行《劳动法》《工会法》过程中发生的社会关系；处理劳动争议过程中发生的社会关系；国家管理机构在监督《劳动法》执行过程中发生的社会关系等。

二、劳动法的适用范围

我国《劳动法》调整范围分两大类：

1. 在中华人民共和国境内的用人单位和与之形成劳动关系的劳动者

企业、个体经济组织和与之形成劳动关系的劳动者不论企业所有制形式如何、隶属关系如何、是否签订了劳动合同，只要与劳动者确立了劳动关系，都受《劳动法》调整。

2. 国家机关、事业单位、社会团体和与之建立劳动合同关系的劳动者

国家机关、事业单位、社会团体实行劳动合同制度的以及按规定应实行劳动合同制度的工勤人员；实行企业化管理的事业组织的人员；其他通过劳动合同与国家机关、事业单位、社会团体建立劳动关系的劳动者，适用《劳动法》。国家机关、事业单位、社会团体和劳动者之间以非合同形式形成的劳动关系不受《劳动法》调整。

3. 其他劳动关系

（1）民办非企业单位与其劳动者的劳动关系。

（2）劳务派遣、非全日制用工形式的部分类型的非标准劳动关系。

（3）用人单位不合格的劳动关系、劳动者不合格的劳动关系。

（4）退休人员重新受聘的劳动关系有条件地纳入《劳动法》的调整对象。达到退休年龄的劳动者若不享受基本养老保险待遇，退休人员重新就业的劳动关系由《劳动法》调整。否则，作为民事雇佣关系由《民法》调整。

（5）个人承包经营中的劳动关系有条件地纳入《劳动法》调整对象。在个人承包经营中，承包个人招用了劳动者，一旦违反《劳动合同法》的规定，视为劳动者与发包人建立了劳动关系，发包人要承担赔偿责任。

我国《劳动法》规定，下列情形不属于《劳动法》调整的范围：

（1）国家机关与其公务员之间的关系。

（2）比照实行公务员制度的事业组织和社会团体与其工作人员之间的关系。

（3）农村集体经济组织与农民之间的关系，但农民作为乡镇企业职工的除外。

（4）军队与现役军人之间的关系。

（5）家庭保姆、临时帮工、家庭教师等与其雇主之间的关系。

三、劳动法律关系

劳动法律关系是指劳动法律规范在调整劳动关系过程中形成的劳动者同用人单位之间的权利义务关系。

（一）劳动者的权利与义务

劳动者是指达到法定年龄，具有劳动能力，在用人单位的管理下从事劳动并获取劳动报酬的自然人。在我国，劳动者的法定最低就业年龄为 16 周岁。对有可能危害未成年人健康和安全的职业或工作就业年龄不得低于 18 周岁。

1. 劳动者的权利

（1）平等就业和选择职业的权利。

（2）获得劳动报酬的权利。

（3）获得休息休假的权利。

（4）获得劳动安全卫生保护的权利。

（5）接受职业培训的权利。

（6）享受社会保险和福利的权利。

（7）提请劳动争议处理的权利。

（8）法律规定的其他劳动权利。

2. 劳动者的义务

（1）按劳动合同或劳动协议完成劳动任务的义务。

（2）参加培训提高职业技能的义务。

（3）执行劳动安全卫生规程的义务。

（4）遵守劳动纪律和职业道德的义务。

(二) 用人单位的权利与义务

用人单位是指依法使用和管理劳动者,并向劳动者支付劳动报酬的单位。在我国,用人单位包括企业、个体经济组织、国家机关、事业组织、社会团体等。

1. 用人单位的权利

(1) 依法自主地录用职工的权利。
(2) 依法进行单位劳动组织的权利。
(3) 依法决定劳动报酬分配的权利。
(4) 依法制定和实施劳动纪律,决定劳动奖惩的权利。

2. 用人单位的义务

(1) 及时、足额支付劳动报酬的义务。
(2) 保护职工健康与安全的义务。
(3) 帮助解决职工困难的义务。
(4) 合理使用职工的义务。
(5) 对职工进行职业技术培训的义务。
(6) 执行劳动法律法规、劳动政策和劳动标准的义务。
(7) 接受国家劳动计划的指导,服从国家劳动行政部门管理和监督的义务。

第二节 劳动基准制度

劳动基准法律制度是有关劳动报酬和劳动条件最低标准的法律规范的总称。我国《劳动法》第四章(工作时间和休息休假)、第五章(工资)、第六章(劳动安全卫生)、第七章(女职工和未成年工特殊保护)规定了我国劳动基准制度的主要内容。

一、工作时间和休息休假

(一) 工作时间

1. 工作时间的概念

工作时间又称劳动时间,是指法律规定的劳动者在一昼夜和一周内从事劳动的时间。它包括每日工作的小时数,每周工作的天数和小时数。

2. 我国的标准工作时间

每日不超过 8 小时,每周不超过 44 小时,用人单位应当保证劳动者每周至少休息 1 日。企业因生产特点不能实行标准工作制的,经劳动行政部门批准,可以实行其他工作和休息办法。

我国《劳动法》颁布实施后,国务院又于 1995 年 3 月 25 日颁布了《关于修改〈国务院关于职工工作时间的规定〉的决定》,规定"职工每日工作 8 小时,每周工作 40 小时"。

(二) 休息休假

休息休假是指劳动者为行使休息权在国家规定的法定工作时间以外,不从事生产或工作而自行支配的时间。

1. 休息时间的种类

(1) 工作日内的间歇时间,是指在工作日内给予劳动者休息和用餐的时间。一般为 1 ~

2 小时，最少不得少于半小时。

（2）工作日间的休息时间，是指两个邻近工作日之间的休息时间，一般不少于 16 小时。

（3）公休假日，又称周休息日，是劳动者一周（7 日）内享有的休息日。公休假日一般为每周 2 日，一般安排在周六和周日休息。企业和不能实行国家统一工作时间的事业组织，可根据实际情况灵活安排周休息日。《劳动法》第 38 条规定："用人单位应当保证劳动者每周至少休息 1 日。"

2. 休假的种类

（1）法定节假日，是指法律规定用于开展纪念、庆祝活动的休息时间。我国《劳动法》规定的法定节假日有：元旦、春节、清明节、劳动节、端午节、中秋节、国庆节等。

（2）探亲假，是指劳动者享有保留工资、工作岗位而同分居两地的父母或配偶团聚的假期。职工探望配偶的，每年给予一方探亲假一次，假期为 30 天。

（3）年休假，是指职工工作满一定年限，每年可享有的带薪连续休息的时间。《劳动法》第 45 条规定："国家实行带薪年休假制度。劳动者连续工作 1 年以上的，享受带薪年休假。具体办法由国务院规定。"

（三）加班加点

加班是指劳动者在法定节假日或公休假日从事生产或工作。加点是指劳动者在标准工作日以外延长工作的时间。加班加点又统称为延长工作时间。为保证劳动者休息权的实现，《劳动法》规定任何单位和个人不得擅自延长职工工作时间。

1. 加班加点的限制规定

《劳动法》第 41 条规定："用人单位由于生产经营需要，经与工会和劳动者协商后可以延长工作时间，一般每日不得超过 1 小时；因特殊原因需要延长工作时间的，在保障劳动者身体健康的条件下延长工作时间每日不得超过 3 小时，但是每月不得超过 36 小时。"

2. 特殊情况下延长工作时间的规定

《劳动法》规规定在下述特殊情况下，延长工作时间不受《劳动法》第 41 条的限制：

（1）发生自然灾害、事故或者因其他原因，威胁劳动者生命健康和财产安全，或使人民的安全健康和国家财产遭到严重威胁，需要紧急处理的。

（2）生产设备、交通运输线路、公共设施发生故障，影响生产和公共利益，必须及时抢修的。

（3）在法定节假日和公休假日内工作不能间断，必须连续生产、运输或营业的。

（4）必须利用法定节假日或公休假日的停产期间进行设备检修、保养的。

（5）为完成国防紧急生产任务，或者完成上级在国家计划外安排的其他紧急生产任务，以及商业、供销企业在旺季完成收购、运输、加工农副产品紧急任务的。

（6）法律、行政法规规定的其他情形。

3. 加班加点的工资标准

（1）安排劳动者延长工作时间的，支付不低于工资的 150% 的工资报酬。

（2）休息日安排劳动者工作又不能安排补休的，支付不低于工资的 200% 的工资报酬。

（3）法定节假日安排劳动者工作的，支付不低于工资的 300% 的工资报酬。

4. 劳动保障行政部门的监督检查

《劳动法》规定，县级以上各级人民政府劳动保障行政部门对于本行政区域内的用人单位组织劳动者加班加点的工作依法监督检查，区别不同情况，予以行政处罚：

（1）用人单位未与工会或劳动者协商，强迫劳动者延长工作时间的，给予警告，责令改正，并可按每名劳动者延长工作时间每小时罚款100元以下的标准处罚。

（2）用人单位每日延长劳动者工作时间超过3小时或每月延长工作时间超过36小时的，给予警告，责令改正，并可按每名劳动者每超过工作时间1小时罚款100元以下的标准处罚。

二、工资

（一）工资的概念

工资是指用人单位依据国家有关规定和集体合同、劳动合同约定的标准，根据劳动者提供劳动的数量和质量，以货币形式支付给劳动者的劳动报酬。

（二）工资形式

工资形式是指计量劳动和支付劳动报酬的方式。企业可根据本单位的生产经营特点和经济效益，依法自主确定本单位的工资分配形式。我国的工资形式主要有：

1. 计时工资

计时工资是按单位时间工资标准和劳动者实际工作时间计付劳动报酬的工资形式。我国常见的有小时工资、日工资、月工资。

2. 计件工资

计件工资是按照劳动者生产合格产品的数目或作业量以及预先规定的计件单价支付劳动报酬的一种工资形式。计件工资是计时工资的转化形式。

3. 奖金

奖金是给予劳动者的超额劳动报酬和增收节支的物质奖励。有月奖、季度奖和年度奖；经常性奖金和一次性奖金；综合奖和单项奖等。

4. 津贴

津贴是对劳动者在特殊条件下的额外劳动消耗或额外费用支出给予物质补偿的一种工资形式。主要有岗位津贴、保健性津贴、技术津贴等。

5. 补贴

补贴是为了保障劳动者的生活水平不受特殊因素的影响而支付给劳动者的工资形式。它与劳动者的劳动没有直接联系，其发放根据主要是国家有关政策规定，如物价补贴、边远地区生活补贴等。

6. 特殊情况下的工资

特殊情况下的工资是对非正常工作情况下的劳动者依法支付工资的一种工资形式。主要有加班加点工资，事假、病假、婚假、探亲假等工资以及履行国家和社会义务期间的工资等。

（三）工资支付保障

工资支付保障是为保障劳动者劳动报酬权的实现，防止用人单位滥用工资分配权而制定的有关工资支付的一系列规则。工资支付应遵守如下规则：

（1）工资应以法定货币支付，不得以实物及有价证券代替货币支付。

（2）工资应在用人单位与劳动者约定的日期支付。工资一般按月支付，至少每月支付一次。实行周、日、小时工资制的，可按周、日、小时支付。

（3）劳动者依法享受年休假、探亲假、婚假、丧假期间，以及依法参加社会活动期间，用人单位应按劳动合同规定的标准支付工资。

（4）工资应付给劳动者本人，也可由劳动者家属或委托他人代领，用人单位可委托银行代发工资。

（5）工资应依法足额支付，除法定或约定允许扣除工资的情况外，严禁非法克扣或无故拖欠劳动者工资。

（6）用人单位依法破产时，劳动者有权获得其工资。在破产清偿顺序中，用人单位应按《中华人民共和国企业破产法》规定的清偿顺序，首先支付本单位劳动者的工资。

三、劳动安全卫生制度与特殊劳动保护

（一）劳动安全卫生的概念

劳动安全卫生，是指国家为了改善劳动条件，保护劳动者在劳动过程中的安全与健康而制定的各种法律规范的总称。它包括劳动安全、劳动卫生两类法律规范，前者是为防止和消除劳动过程中的伤亡事故而制定的各种法律规范；后者是为保护劳动者在劳动过程中的健康，预防和消除职业病、职业中毒和其他职业危害而制定的各种法律规范。

（二）劳动安全卫生工作的方针与制度

劳动安全卫生工作的方针是"安全第一，预防为主"。安全第一是指在劳动过程中，始终把劳动者的安全放在第一位；预防为主是指采取有效措施消除事故隐患和防止职业病的发生。安全是目的、预防是手段，二者密不可分。

劳动安全卫生制度，是指为保障劳动者在劳动过程中的安全健康，国家、用人单位制定的劳动安全卫生管理制度，包括规定企业各级领导、职能科室人员、工程技术人员和生产工人在劳动过程中的安全生产责任的制度；为改善劳动条件、防止和消除伤亡事故及职业病而编制的预防和控制的安全技术措施计划制度；对劳动者进行劳动安全卫生法规、基本知识、操作技术教育的制度；劳动安全卫生检查制度；劳动安全卫生监督制度；伤亡事故和职业病统计报告处理制度等。

（三）女职工特殊劳动保护

女职工特殊劳动保护是指根据女职工生理特点和抚育子女的需要，对其在劳动过程中的安全健康所采取的有别于男职工的特殊保护。对女职工特殊劳动保护的措施主要包括：

1. 女职工禁忌劳动范围

禁忌女职工从事下列繁重体力劳动的作业：

（1）矿山井下作业。

（2）森林业伐木、归楞及流放作业。

（3）《体力劳动强度分级》标准中第四级体力劳动强度的作业。

（4）建筑业脚手架的组装和拆除作业，以及电力、电信行业的高处架线作业。

（5）连续负重（指每小时负重次数在6次以上）且每次负重超过20公斤，间断负重每次负重超过25公斤的作业。

(6）已婚待孕女职工禁忌从事铅、汞、苯、镉等作业场所属于《有毒作业分级》标准中第三、第四级的作业。

2. 女职工"四期"保护

（1）妇女经期保护。不得安排女职工在经期从事高处、高温、低温、冷水作业和国家规定的第三级体力劳动强度的劳动。

（2）怀孕期保护。不得安排女职工在怀孕期间从事国家规定的第三级体力劳动强度和孕期禁忌从事的劳动，对怀孕7个月以上的女职工，不得安排其延长工作时间和夜班劳动。

（3）生育期保护。女职工生育期享受不少于90天的产假。

（4）哺乳期保护。不得安排女职工在哺乳未满1周岁的婴儿期间从事国家规定的第三级体力劳动强度的劳动和哺乳期禁忌从事的其他劳动，不得安排其延长工作时间和夜班劳动。

（四）未成年工特殊劳动保护

未成年工是指年满16周岁未满18周岁的劳动者。对未成年工特殊劳动保护的措施主要包括：

（1）上岗前培训。未成年工上岗，用人单位应对其进行有关的职业安全卫生教育、培训。

（2）禁止安排未成年工从事有害健康的工作。用人单位不得安排未成年工从事矿山井下、有毒有害、国家规定的第四级体力劳动强度和其他禁忌从事的劳动。

（3）提供适合未成年工身体发育的生产工具等。

（4）定期进行健康检查。用人单位应按规定在下列时间对未成年工定期进行健康检查：
①安排工作岗位之前。
②工作满1年。
③年满18周岁，距前一次的体检时间已超过半年。

中华人民共和国
社会保险法

第三节　劳动者社会保险

社会保险是指国家依法建立的，由国家、用人单位和个人共同筹集资金、建立基金，使个人在年老、患病、工伤、失业、生育等情况下获得物质帮助和补偿的一种社会保障制度。2010年10月28日第十一届全国人民代表大会常务委员会第十七次会议通过、自2011年7月1日起施行的《中华人民共和国社会保险法》（以下简称《社会保险法》）是我国社会保险制度的基本法律规范。目前我国的社会保险项目主要有基本养老保险、基本医疗保险、工伤保险、失业保险、生育保险共5项。

一、基本养老保险

基本养老保险是指依法由社会保险行政主管部门负责组织和管理，由用人单位和劳动者个人（以下简称"员工或个人"）共同承担养老保险费缴纳义务，员工退休后依法享受养老保险待遇的基本养老保险制度。基本养老保险以保障离退休人员的基本生活为原则，实行社会统筹和个人账户相结合。

1. 基本养老保险费的缴纳

职工应当参加基本养老保险，由用人单位和职工共同缴纳基本养老保险费。用人单位应当按照国家规定的本单位职工工资总额的比例缴纳基本养老保险费，计入基本养老保险统筹基金。职工应当按照国家规定的本人工资的比例缴纳基本养老保险费，计入个人账户。养老保险缴费比例一般为：用人单位20%，员工个人8%。

无雇工的个体工商户、未在用人单位参加基本养老保险的非全日制从业人员以及其他灵活就业人员可以参加基本养老保险，由个人缴纳基本养老保险费。

公务员和参照《公务员法》管理的工作人员的养老保险的办法由国务院规定。

2. 基本养老保险金的领取

（1）参加基本养老保险的个人，达到法定退休年龄时累计缴费满15年的，按月领取基本养老金。

参加基本养老保险的个人，达到法定退休年龄时累计缴费不足15年的，可以缴费至满15年，按月领取基本养老金；也可以转入新型农村社会养老保险或者城镇居民社会养老保险，按照国务院规定享受相应的养老保险待遇。

（2）参加基本养老保险的个人，因病或者非因工死亡的，其遗属可以领取丧葬补助金和抚恤金；在未达到法定退休年龄时因病或者非因工致残完全丧失劳动能力的，可以领取病残津贴。所需资金从基本养老保险基金中支付。

（3）个人账户不得提前支取，记账利率不得低于银行定期存款利率，免征利息税。个人死亡的，个人账户余额可以继承。

二、基本医疗保险

基本医疗保险是为了保障员工和退休人员患病时得到基本医疗，享受医疗保险待遇，根据国家有关规定，结合保险统筹地区实际情况而制定的保险制度。

1. 基本医疗保险费的缴纳

职工应当参加职工基本医疗保险，由用人单位和职工按照国家规定的本人工资的比例共同缴纳基本医疗保险费。基本医疗保险缴费比例一般为：用人单位6%，职工个人2%。职工个人缴纳的基本医疗保险费，全部计入个人账户；用人单位缴纳的基本医疗保险费分为两部分，一部分用于建立统筹基金，一部分划入个人账户。参加职工基本医疗保险的个人，达到法定退休年龄时累计缴费达到国家规定年限的，退休后不再缴纳基本医疗保险费，按照国家规定享受基本医疗保险待遇；未达到国家规定年限的，可以缴费至国家规定年限。

无雇工的个体工商户、未在用人单位参加职工基本医疗保险的非全日制从业人员以及其他灵活就业人员可以参加职工基本医疗保险，由个人按照国家规定缴纳基本医疗保险费。

城镇居民基本医疗保险实行个人缴费和政府补贴相结合的制度。

享受最低生活保障的人、丧失劳动能力的残疾人、低收入家庭60周岁以上的老年人和未成年人等所需个人缴费部分，由政府给予补贴。

2. 基本医疗保险费的结算

参保人员医疗费用中应当由基本医疗保险基金支付的部分，由社会保险经办机构与医疗机构、药品经营单位直接结算。社会保险行政部门和卫生行政部门应当建立异地就医医疗费用结算制度，方便参保人员享受基本医疗保险待遇。

3. 不纳入医保基金支付范围的费用
（1）应当从工伤保险基金中支付的。
（2）应当由第三人负担的。
（3）应当由公共卫生负担的。
（4）在境外就医的。

医疗费用依法应当由第三人负担，第三人不支付或者无法确定第三人的，由基本医疗保险基金先行支付。基本医疗保险基金先行支付后，有权向第三人追偿。

三、工伤保险

工伤保险是为了保障因工作遭受事故伤害或者患职业病的员工获得医疗救治和经济补偿，促进工伤预防和职业康复，分散用人单位的工伤风险而制定的保险制度。

1. 工伤保险费的缴纳

职工应当参加工伤保险，由用人单位缴纳工伤保险费，职工不缴纳工伤保险费。工伤保险费的征缴按照参保地社会保险费征缴相关规定执行。工伤保险缴费基数一般按员工养老保险缴费基数确定，施行浮动费率。

2. 工伤保险补偿

工伤保险实行无过失补偿原则，即在劳动过程中发生的职业伤害，无论用人单位有无过错，受害者均应得到必要的补偿。用人单位即使对工伤事故的发生没有过错，也应当对受害者承担补偿责任。

3. 工伤期间费用需用人单位支付的部分
（1）治疗工伤期间的工资福利。
（2）五级、六级伤残职工按月领取的伤残津贴。
（3）终止或者解除劳动合同时，应当享受的一次性伤残就业补助金。

4. 停止享受工伤保险待遇的情形
（1）丧失享受待遇条件的。
（2）拒不接受劳动能力鉴定的。
（3）拒绝治疗的。

5. 单位没有缴纳工伤保险的处理

职工所在用人单位未依法缴纳工伤保险费，发生工伤事故的，由用人单位支付工伤保险待遇。用人单位不支付的，从工伤保险基金中先行支付。

从工伤保险基金中先行支付的工伤保险待遇应当由用人单位偿还。用人单位不偿还的，社会保险经办机构可以依照《社会保险法》的有关规定追偿。

★知识拓展 　　　　　　　　**工伤认定**

工伤是指企业职工在工作时间、工作区域执行职务而受到的伤害，包括工业事故造成的伤害、职业病造成的伤害。

1. 职工有下列情形之一的，应当认定为工伤：
（1）在工作时间和工作场所内，因工作原因受到事故伤害的。

(2) 工作时间前后在工作场所内，从事与工作有关的预备性或者收尾性工作受到事故伤害的。

(3) 在工作时间和工作场所内，因履行工作职责受到暴力等意外伤害的。

(4) 患职业病的。

(5) 因工外出期间，由于工作原因受到伤害或者发生事故下落不明的。

(6) 在上下班途中，受到非本人主要责任的交通事故或者城市轨道交通、客运轮渡、火车事故伤害的。

(7) 法律、行政法规规定应当认定为工伤的其他情形。

职工有下列情形之一的，视同工伤：

(1) 在工作时间和工作岗位，突发疾病死亡或者在 48 小时之内经抢救无效死亡的。

(2) 在抢险救灾等维护国家利益、公共利益活动中受到伤害的。

(3) 职工原在军队服役，因战、因公负伤致残，已取得革命伤残军人证，到用人单位后旧伤复发的。

2. 不认定工伤的情形

职工因下列情形之一导致本人在工作中伤亡的，不认定为工伤：

(1) 故意犯罪。

(2) 醉酒或者吸毒。

(3) 自残或者自杀。

(4) 法律、行政法规规定的其他情形。

四、失业保险

失业保险是为了保障失业人员失业期间的基本生活，促进其再就业而制定的保险制度。

1. 失业保险费的缴纳

职工应当参加失业保险，由用人单位和职工按照国家规定的本人工资的比例共同缴纳失业保险费。职工个人应缴纳的失业保险费，由用人单位代为扣缴。失业保险缴费比例一般为：用人单位2%，员工个人1%。

2. 失业保险金的领取

失业人员符合下列条件的，从失业保险基金中领取失业保险金：

(1) 失业前用人单位和本人已经缴纳失业保险费满 1 年的。

(2) 非因本人意愿中断就业的。

(3) 已经进行失业登记，并有求职要求的。

3. 享受失业保险的期限

失业人员失业前用人单位和本人累计缴费满 1 年不足 5 年的，领取失业保险金的期限最长为 12 个月。

累计缴费满 5 年不足 10 年的，领取失业保险金的期限最长为 18 个月；累计缴费 10 年以上的，领取失业保险金的期限最长为 24 个月。

重新就业后，再次失业的，缴费时间重新计算，领取失业保险金的期限与前次失业应当领取而尚未领取的失业保险金的期限合并计算，最长不超过 24 个月。

4. 停止失业保险待遇的情形

（1）重新就业的。

（2）应征服兵役的。

（3）移居境外的。

（4）享受基本养老保险待遇的。

（5）无正当理由，拒不接受当地人民政府指定部门或者机构介绍的适当工作或者提供的培训的。

五、生育保险

生育保险是为保障企业员工生育期间得到必要的经济补偿和医疗保障，根据有关法律、法规，结合保险统筹地区实际情况而制定的保险制度。

1. 生育保险费的缴纳

生育保险费由用人单位按国家规定标准缴纳，员工个人不缴纳生育保险费。生育保险的缴费比例按参保地社会保险征缴机构制定的标准执行。例如南昌市为：用人单位0.8%，员工个人不缴费。

2. 生育保险待遇

生育保险待遇包括生育医疗费用和生育津贴。

生育医疗费用包括下列各项：

（1）生育的医疗费用。

（2）计划生育的医疗费用。

（3）法律、法规规定的其他项目费用。

职工有下列情形之一的，可以按照国家规定享受生育津贴：

（1）女职工生育享受产假。

（2）享受计划生育手术休假。

（3）法律、法规规定的其他情形。

生育津贴按照职工所在用人单位上年度职工月平均工资计发。

第四节　劳动合同法

一、劳动合同的概念与类型

《劳动合同法》由中华人民共和国第十届全国人民代表大会常务委员会第二十八次会议于2007年6月29日通过，自2008年1月1日起施行。2013年4月20日，第十一届全国人民代表大会常务委员会第三十次会议对《劳动合同法》进行了修改，修改后的《劳动合同法》于2013年7月1日起施行。

（一）劳动合同的概念

劳动合同是劳动者和用人单位之间依法确立劳动关系，明确双方权利和义务的书面协议。劳动合同的主要特征是：劳动合同一方是劳动者，另一方是用人单位；劳动合同具有较强的法定性，强制性规范较多。

(二)劳动合同的类型

劳动合同可分为固定期限的劳动合同、无固定期限的劳动合同和以完成一定工作任务为期限的劳动合同几种类型。

(1) 固定期限的劳动合同,是指用人单位与劳动者约定合同终止时间的劳动合同。用人单位与劳动者协商一致,可以订立固定期限的劳动合同。

(2) 无固定期限的劳动合同,是指用人单位与劳动者约定无确定终止时间的劳动合同,用人单位与劳动者协商一致,可以订立无固定期限的劳动合同。有下列情形之一,劳动者提出或者同意续订、订立劳动合同的,除劳动者提出订立固定期限的劳动合同外,应当订立无固定期限的劳动合同:

①劳动者在该用人单位连续工作满10年的。

②用人单位初次实行劳动合同制度或者国有企业改制重新订立劳动合同时,劳动者已在该用人单位连续工作满10年且距法定退休年龄不足10年的。

③连续订立2次固定期限的劳动合同,且劳动者没有《劳动合同法》规定的用人单位可以解除劳动合同情形,续订劳动合同的。

用人单位违反《劳动合同法》规定不与劳动者订立无固定期限的劳动合同的,自应当订立无固定期限的劳动合同之日起向劳动者每月支付2倍的工资。

(3) 以完成一定工作任务为期限的劳动合同,是指用人单位与劳动者约定以某项工作的完成为合同期限的劳动合同。用人单位与劳动者协商一致,可以订立以完成一定工作任务为期限的劳动合同。

二、劳动合同的订立

(一)劳动合同的主体

劳动者年满16周岁,有劳动权利能力和行为能力;用人单位有用人权利能力和行为能力。作为例外,只有文艺、体育、特种工艺单位可以招用未满16周岁的未成年人,但必须依照国家有关规定,履行审批手续,并保障其接受义务教育的权利。

(二)劳动合同的内容

所有的劳动合同内容必须合法,劳动合同内容必须具备《劳动合同法》规定的必备条款;其他可由当事人协商是否写入劳动合同的条款称为协商条款。

1. 必备条款

(1) 用人单位的名称、住所和法定代表人或者主要负责人。

(2) 劳动者的姓名、住址和居民身份证或者其他有效身份证件号码。

(3) 劳动合同期限。

(4) 工作内容和工作地点。

(5) 工作时间和休息休假。

(6) 劳动报酬。

(7) 社会保险。

(8) 劳动保护、劳动条件和职业危害防护。

2. 协商条款

（1）试用期条款。

劳动合同的试用期是劳动者和用人单位为相互了解、选择而约定的考察期。

①劳动合同期限3个月以上不满1年的，试用期不得超过1个月；劳动合同期限1年以上不满3年的，试用期不得超过2个月；3年以上固定期限和无固定期限的劳动合同，试用期不得超过6个月。同一用人单位与同一劳动者只能约定一次试用期。以完成一定工作任务为期限的劳动合同或者劳动合同期限不满3个月的，不得约定试用期。试用期包含在劳动合同期限内。劳动合同仅约定试用期的，试用期不成立，该期限为劳动合同期限。

②劳动者在试用期的工资不得低于本单位相同岗位最低档工资或者劳动合同约定工资的80%，并不得低于用人单位所在地的最低工资标准。

③在试用期间，除劳动者有《劳动合同法》规定的用人单位可以解除劳动合同的情形外，用人单位不得解除劳动合同。用人单位在试用期解除劳动合同的，应当向劳动者说明理由。

（2）违约金条款。

用人单位只能在以下两种情形中与劳动者约定由劳动者承担违约金。

①有服务期条款的，用人单位为劳动者提供专项培训费用，对其进行专业技术培训的，可以与该劳动者订立协议，约定服务期。劳动者违反服务期约定的，应当按照约定向用人单位支付违约金。违约金的数额不得超过用人单位提供的培训费用。用人单位要求劳动者支付的违约金不得超过服务期尚未履行部分所应分摊的培训费用。

②有保守用人单位商业秘密条款的，对负有保密义务的劳动者，用人单位可以在劳动合同或者保密协议中与劳动者约定竞业限制条款，并约定在解除或者终止劳动合同后，在竞业限制期限内按月给予劳动者经济补偿。劳动者违反竞业限制约定的，应当按照约定向用人单位支付违约金。竞业限制的人员限于用人单位的高级管理人员、高级技术人员和其他负有保密义务的人员，竞业限制的范围、地域、期限由用人单位与劳动者约定，竞业限制的约定不得违反法律、法规的规定。在解除或者终止劳动合同后，这些人员到与本单位生产或者经营同类产品、从事同类业务的有竞争关系的其他用人单位，或者自己开业生产或者经营同类产品、从事同类业务的竞业限制期限，不得超过2年。

3. 禁止条款

《劳动合同法》规定，用人单位招用劳动者，不得扣押劳动者的居民身份证和其他证件，不得要求劳动者提供担保或者以其他名义向劳动者收取财物。

（三）劳动合同订立的程序和形式

订立的程序必须是平等自愿、协商一致的过程。建立劳动关系，应当订立书面劳动合同。用人单位自用工之日起即与劳动者建立劳动关系。

（1）已建立劳动关系，未同时订立书面劳动合同的，应当自用工之日起1个月内订立书面劳动合同，用人单位与劳动者在用工前订立劳动合同的，劳动关系自用工之日起建立。

（2）用人单位自用工之日起超过1个月不满1年未与劳动者订立书面劳动合同的，应当向劳动者每月支付2倍的工资。

（3）用人单位自用工之日起满1年不与劳动者订立书面劳动合同的，视为用人单位与劳动者已订立无固定期限的劳动合同。

（四）先合同义务与后合同义务

1. 先合同义务

用人单位招用劳动者时，应当如实告知劳动者工作内容、工作条件、工作地点、职业危害、安全生产状况、劳动报酬，以及劳动者要求了解的其他情况；用人单位有权了解劳动者与劳动合同直接相关的基本情况，劳动者应当如实说明。

2. 后合同义务

用人单位应当在解除或者终止劳动合同时出具解除或者终止劳动合同的证明，并在15日内为劳动者办理档案和社会保险关系转移手续。劳动者应当按照双方约定，办理工作交接。用人单位依法应当向劳动者支付经济补偿的，在办理工作交接时支付。用人单位对已经解除或者终止的劳动合同的文本，至少保存2年备查。

用人单位违反法律规定未向劳动者出具解除或者终止劳动合同的书面证明，由劳动行政部门责令改正；给劳动者造成损害的，应当承担赔偿责任。

三、劳动合同的效力

1. 劳动合同依法订立即具有法律约束力

劳动合同由用人单位与劳动者协商一致，并经用人单位与劳动者在劳动合同文本上签字或者盖章生效。劳动合同文本由用人单位和劳动者各执一份。

2. 劳动合同无效或部分无效的情形

（1）以欺诈、胁迫的手段或者乘人之危，使对方在违背真实意思的情况下订立或者变更劳动合同的。

（2）用人单位免除自己的法定责任、排除劳动者权利的。

（3）违反法律、行政法规强制性规定的。

劳动合同部分无效，不影响其他部分效力的，其他部分仍然有效。

3. 对劳动合同的无效或者部分无效有争议的

由劳动争议仲裁机构或者人民法院确认。进行了劳动仲裁未进入诉讼程序的由劳动争议仲裁机构确认，进入诉讼程序的由人民法院确认。

四、劳动合同的履行和变更

用人单位与劳动者应当按照劳动合同的约定，全面履行各自的义务。用人单位应当按照劳动合同约定和国家规定，向劳动者及时足额支付劳动报酬；用人单位拖欠或者未足额支付劳动报酬的，劳动者可以依法向当地人民法院申请支付令，人民法院应当依法发出支付令；用人单位应当严格执行劳动定额标准，不得强迫或者变相强迫劳动者加班。用人单位安排加班的，应当按照国家有关规定向劳动者支付加班费。劳动者拒绝用人单位管理人员违章指挥、强令冒险作业的，不视为违反劳动合同。劳动者对危害生命安全和身体健康的劳动条件，有权对用人单位提出批评、检举和控告。

用人单位变更名称、法定代表人、主要负责人或者投资人等事项，不影响劳动合同的履行；用人单位发生合并或者分立等情况，原劳动合同继续有效，劳动合同由承继其权利和义务的用人单位继续履行。

用人单位与劳动者协商一致，可以变更劳动合同约定的内容。变更劳动合同，应当采用书面形式。变更后的劳动合同文本由用人单位和劳动者各执一份。

五、劳动合同的解除和终止

（一）双方协商解除劳动合同

劳动合同双方当事人协商一致，可以解除劳动合同。

（二）劳动者解除劳动合同

劳动者解除劳动合同情形分为以下三种情形：

1. 单方预告解除

劳动者提前30日以书面形式通知用人单位，无须说明任何法定事由，即可单方解除劳动合同。超过30日，劳动者向用人单位提出办理解除劳动合同手续的，用人单位应予办理。此外，劳动者在试用期内提前3日通知用人单位的，也可以解除劳动合同。

2. 即时解除

有下列情形之一的，劳动者无须预告可以随时通知用人单位解除劳动合同。

（1）未按照劳动合同约定提供劳动保护或者劳动条件的。

（2）未及时足额支付劳动报酬的。

（3）未依法为劳动者缴纳社会保险费的。

（4）用人单位的规章制度违反法律、法规的规定，损害劳动者权益的。

（5）因用人单位以欺诈、胁迫的手段或者乘人之危，使劳动者在违背真实意思的情况下订立或者变更劳动合同致使劳动合同无效的。

（6）法律、行政法规规定劳动者可以解除劳动合同的其他情形。

3. 无须告知的解除

（1）用人单位以暴力、威胁或者非法限制人身自由的手段强迫劳动者劳动的。

（2）用人单位违章指挥、强令冒险作业危及劳动者人身安全的。

（三）用人单位解除劳动合同

用人单位单方解除分为即时解除、预告解除以及经济性裁员。此外，《劳动合同法》还规定了对用人单位单方解除劳动合同的限制。

1. 用人单位单方即时解除（过错性解除）

劳动者有下列情形之一的，用人单位可随时解除合同：

（1）在试用期间被证明不符合录用条件的。

（2）严重违反用人单位的规章制度的。

（3）严重失职，营私舞弊，给用人单位造成重大损害的。

（4）同时与其他用人单位建立劳动关系，对完成本单位的工作任务造成严重影响，或者经用人单位提出，拒不改正的。

（5）因劳动者一方以欺诈、胁迫的手段或者乘人之危，使用人单位在违背真实意思的情况下订立或者变更劳动合同致使劳动合同无效的。

（6）被依法追究刑事责任的。

2. 用人单位需预告的解除

有下列情形之一的，用人单位应当提前30日以书面形式通知劳动者本人或者额外支付劳动者1个月工资后方可解除劳动合同：

（1）劳动者患病或者非因工负伤，在规定的医疗期满后不能从事原工作，也不能从事由用人单位另行安排的工作的。

（2）劳动者不能胜任工作，经过培训或者调整工作岗位，仍不能胜任工作的。

（3）劳动合同订立时所依据的客观情况发生重大变化，致使劳动合同无法履行，经用人单位与劳动者协商，未能就变更劳动合同内容达成协议的。

3. 经济性裁员

有下列情形之一，需要裁减人员20人以上或者裁减不足20人但占企业职工总数10%以上的，用人单位提前30日向工会或者全体职工说明情况，听取工会或者职工的意见后，裁减人员方案经向劳动行政部门报告，可以裁减人员：

（1）依照《企业破产法》规定进行重整的。

（2）生产经营发生严重困难的。

（3）企业转产、重大技术革新或经营方式调整，经变更劳动合同后，仍需裁减人员的。

（4）其他因劳动合同订立时所依据的客观经济情况发生重大变化，致使劳动合同无法履行的。

用人单位依照上述规定裁减人员，在6个月内重新招用人员的，应当通知被裁减的人员，并在同等条件下优先招用被裁减的人员。

裁减人员时，应当优先留用下列人员：

（1）与本单位订立较长期限的固定期限劳动合同的。

（2）与本单位订立无固定期限劳动合同的。

（3）家庭无其他就业人员，有需要扶养的老人或者未成年人的。

插队怀孕遭解

4. 用人单位单方解除劳动合同的限制

有下列情形之一的，用人单位不得依据《劳动合同法》有关预告解除和经济性裁员的规定解除劳动合同：

（1）从事接触职业病危害作业的劳动者未进行离岗前职业健康检查，或者疑似职业病病人在诊断或者医学观察期间的。

（2）在本单位患职业病或者因工负伤并被确认丧失或者部分丧失劳动能力的。

（3）患病或者非因工负伤，在规定的医疗期内的。

（4）女职工在孕期、产期、哺乳期的。

（5）在本单位连续工作满15年，且距法定退休年龄不足5年的。

用人单位单方解除劳动合同，应当事先将理由通知工会。用人单位违反法律、行政法规规定或者劳动合同约定的，工会有权要求用人单位纠正，用人单位应当研究工会的意见，并将处理结果书面通知工会。

（四）劳动合同的终止

有下列情形之一的，劳动合同终止：

（1）劳动合同期满的。

（2）劳动者开始依法享受基本养老保险待遇的。

（3）劳动者死亡，或者被人民法院宣告死亡或者宣告失踪的。

(4)用人单位被依法宣告破产的。
(5)用人单位被吊销营业执照、责令关闭、撤销或者用人单位决定提前解散的。
(6)法律、行政法规规定的其他情形。

(五)劳动合同解除和终止的经济补偿

1. 补偿的法定情形

有下列情形之一的,用人单位应当向劳动者支付经济补偿:
(1)劳动者依法即时解除劳动合同的。
(2)用人单位向劳动者提出解除劳动合同并与劳动者协商一致解除劳动合同的。
(3)用人单位依法预告解除劳动合同的。
(4)用人单位依法进行经济性裁员解除劳动合同的。
(5)除用人单位维持或者提高劳动合同约定条件续订劳动合同,劳动者不同意续订的情形外,劳动合同期满依法终止固定期限劳动合同的。
(6)用人单位被依法宣告破产和用人单位被吊销营业执照、责令关闭、撤销或者用人单位决定提前解散时终止劳动合同的。
(7)法律、行政法规规定的其他情形。

2. 补偿的法定标准

(1)经济补偿按劳动者在本单位工作的年限,每满1年支付1个月工资的标准向劳动者支付。6个月以上不满1年的,按1年计算;不满6个月的,向劳动者支付半个月工资的经济补偿。
(2)劳动者月工资高于用人单位所在直辖市、设区的市级人民政府公布的本地区上年度职工月平均工资3倍的,向其支付经济补偿的标准按职工月平均工资3倍的数额支付,向其支付经济补偿的年限最高不超过12年。

上述所称月工资是指劳动者在劳动合同解除或者终止前12个月的平均工资。

(六)违法解除或终止劳动合同的责任

(1)用人单位违反《劳动合同法》规定解除或者终止劳动合同,劳动者要求继续履行劳动合同的,用人单位应当继续履行;劳动者不要求继续履行劳动合同或者劳动合同已经不能继续履行的,用人单位应当依照前述经济补偿标准的2倍向劳动者支付赔偿金。
(2)劳动者违反《劳动合同法》规定解除劳动合同,或者违反劳动合同中约定的保密义务或者竞业限制,给用人单位造成损失的,应当承担赔偿责任,范围包括:
①用人单位招录其所支付的费用。
②用人单位为其支付的培训费用,双方另有约定的按约定办理。
③对生产、经营和工作造成的直接经济损失。
④劳动合同约定的其他赔偿费用。
(3)用人单位招用与其他用人单位尚未解除或者终止劳动合同的劳动者,给其他用人单位造成损失的,除该劳动者承担直接赔偿责任外,该用人单位应当承担连带赔偿责任。其连带赔偿的份额应不低于对原用人单位造成经济损失总额的70%。

六、集体合同

企业职工一方与企业可以就劳动报酬、工作时间、休息休假、劳动安全卫生、保险福利等事项，签订集体合同。集体合同草案应当提交职工代表大会或者全体职工讨论通过。集体合同由工会代表企业职工一方与用人单位订立；尚未建立工会的用人单位，由上级工会指导劳动者推举的代表与用人单位订立。

企业职工一方与用人单位可以订立劳动安全卫生、女职工权益保护、工资调整机制等专项集体合同。

集体合同签订后应当报送劳动行政部门；劳动行政部门自收到集体合同文本之日起15日内未提出异议的，集体合同即行生效。依法签订的集体合同对用人单位和劳动者具有约束力。劳动者个人与用人单位订立的劳动合同中劳动条件和劳动报酬等的标准不得低于集体合同中的规定。

七、劳务派遣

所谓劳务派遣，是指劳务派遣单位与被派遣劳动者订立劳动合同后，将该劳动者派遣到用工单位从事劳动的一种特殊的用工形式。劳务派遣单位与用工单位的关系是劳务关系；劳动者与劳务派遣单位的关系是劳动关系，与用工单位的关系是有偿使用关系。

劳动合同用工是我国企业的基本用工形式；劳务派遣用工是补充形式，只能在临时性、辅助性或者替代性的工作岗位上实施。所谓临时性工作岗位，是指存续时间不超过6个月的岗位；辅助性工作岗位，是指为主营业务岗位提供服务的非主营业务岗位；替代性工作岗位，是指用工单位的劳动者因脱产学习、休假等原因无法工作的一定期间内，可以由其他劳动者替代工作的岗位。用工单位应当严格控制劳务派遣用工数量，不得超过其用工总量的一定比例，具体比例由国务院劳动行政部门规定。

1. 劳务派遣单位

劳务派遣单位应当依照《公司法》的有关规定设立，并应当向劳动行政部门依法申请行政许可。劳务派遣单位注册资本不得少于人民币200万元，有与开展业务相适应的固定的经营场所和设施，有符合法律、行政法规规定的劳务派遣管理制度，并符合法律、行政法规规定的其他条件。

劳务派遣单位是用人单位，应当履行用人单位对劳动者的义务。劳务派遣单位与被派遣劳动者订立的劳动合同，除一般劳动合同应当载明的内容外，还应当载明被派遣劳动者的用工单位以及派遣期限、工作岗位等情况；劳动合同的类型应当为2年以上的固定期限劳动合同；劳务派遣单位应当按月支付劳动报酬；被派遣劳动者在无工作期间，劳务派遣单位应当按照所在地人民政府规定的最低工资标准，向其按月支付报酬。

劳务派遣单位派遣劳动者应当与用工单位订立劳务派遣协议。劳务派遣协议应当约定派遣岗位和人员数量、派遣期限、劳动报酬和社会保险费的数额与支付方式以及违反协议的责任。劳务派遣单位应当将劳务派遣协议的内容告知被派遣劳动者。劳务派遣单位不得克扣用工单位按照劳务派遣协议支付给被派遣劳动者的劳动报酬。劳务派遣单位和用工单位不得向被派遣劳动者收取费用。劳务派遣单位跨地区派遣劳动者的，被派遣劳动者享有的劳动报酬和劳动条件，按照用工单位所在地的标准执行。

劳务派遣单位违反《劳动合同法》规定，给被派遣劳动者造成损害的，劳务派遣单位与用工单位承担连带赔偿责任。

2. 用工单位

用工单位应当履行下列义务：

（1）执行国家劳动标准，提供相应的劳动条件和劳动保护。
（2）告知被派遣劳动者的工作要求和劳动报酬。
（3）支付加班费、绩效奖金，提供与工作岗位相关的福利待遇。
（4）对在岗被派遣劳动者进行工作岗位所必需的培训。
（5）连续用工的，实行正常的工资调整机制。

用工单位应当根据工作岗位的实际需要与劳务派遣单位确定派遣期限，不得将连续用工期限分割订立数个短期劳务派遣协议。用工单位不得将被派遣劳动者再派遣到其他用人单位。

被派遣劳动者有用人单位可依法解除劳动合同情形的，用工单位可以将劳动者退回劳务派遣单位，劳务派遣单位依照《劳动合同法》有关规定，可以与劳动者解除劳动合同。

3. 被派遣劳动者

被派遣劳动者享有与用工单位的劳动者同工同酬的权利。用工单位应当对被派遣劳动者与本单位同类岗位的劳动者实行相同的劳动报酬分配办法。用工单位无同类岗位劳动者的，参照用工单位所在地相同或者相近岗位劳动者的劳动报酬确定。

被派遣劳动者有权在劳务派遣单位或者用工单位依法参加或者组织工会，维护自身的合法权益。被派遣劳动者可以依照《劳动合同法》的相关规定与劳务派遣单位解除劳动合同。

八、非全日制用工

非全日制用工，是指以小时计酬为主，一般情况下，劳动者在同一用人单位平均每日工作时间不超过 4 小时，每周工作时间累计不超过 24 小时的用工形式。我国《劳动法》对非全日制用工主要有如下规定：

（1）非全日制用工双方当事人可以订立口头协议。从事非全日制用工的劳动者可以与一个或者一个以上用人单位订立劳动合同，但是，后订立的劳动合同不得影响先订立的劳动合同的履行。

（2）非全日制用工双方当事人不得约定试用期。

（3）非全日制用工双方当事人任何一方都可以随时通知对方终止用工。终止用工的，用人单位不向劳动者支付经济补偿。

（4）非全日制用工小时计酬标准不得低于用人单位所在地人民政府规定的最低小时工资标准。非全日制用工劳动报酬结算支付周期最长不得超过 15 日。

第五节 劳动争议的处理

《中华人民共和国劳动争议调解仲裁法》是我国规范劳动争议调解仲裁活动，保障劳动者和用人单位合法权益的法律规范。该法于 2007 年 12 月 29 日由第十届全国人民代表大会常务委员会第三十一次会议通过并公布，自 2008 年 5 月 1 日起施行。

一、劳动争议的概念和范围

（一）劳动争议的概念

劳动争议又称劳动纠纷，是指劳动关系双方当事人因执行劳动法律、法规或履行劳动合同、集体合同发生的纠纷。劳动争议发生在劳动者与用人单位之间，不要求已经订立劳动合同，只要存在事实劳动关系即可。

（二）劳动争议调解仲裁的范围

(1) 因确认劳动关系发生的争议。
(2) 因订立、履行、变更、解除和终止劳动合同发生的争议。
(3) 因除名、辞退和辞职、离职发生的争议。
(4) 因工作时间、休息休假、社会保险、福利、培训以及劳动保护发生的争议。
(5) 因劳动报酬、工伤医疗费、经济补偿或者赔偿金等发生的争议。
(6) 法律、法规规定的其他劳动争议。

国家机关与聘任制公务员之间、事业单位与工作人员之间、社团组织与工作人员之间因解除人事关系、履行聘用合同发生的争议，不属于劳动争议调解仲裁的范围。

二、劳动争议的处理机构

1. 劳动争议调解机构

劳动争议调解委员会是依法成立调解本单位发生的劳动争议的群众性组织。《劳动法》规定：在用人单位内，可以设立劳动争议调解委员会。劳动争议调解委员会由职工代表、用人单位代表和工会代表组成。

2. 劳动争议仲裁机构

劳动争议仲裁委员会是国家授权、依法独立地对劳动争议案件进行仲裁的专门机构。我国在县、市、市辖区设立劳动争议仲裁委员会，负责仲裁本行政区域内发生的劳动争议。劳动争议仲裁委员会由劳动保障行政部门的代表、工会代表和企业代表组成，其办事机构设在劳动保障行政机关的劳动争议处理机构内。

3. 人民法院

各级人民法院的民事审判庭审理劳动争议案，其受案范围是对劳动争议仲裁委员会的裁决不服且在法定期限内起诉到人民法院的劳动争议案件，人民法院不直接受理劳动争议案件。

三、劳动争议的解决方式及处理程序

《劳动法》第77条规定："用人单位与劳动者发生劳动争议，当事人可以依法申请调解、仲裁、提起诉讼，也可以协商解决。"根据这一项规定，我国处理劳动争议分为协商、调解、仲裁和诉讼四种方式。

（一）协商

协商不是处理劳动争议的必经程序，当事人不愿协商或协商不成的，可以申请调解或仲裁。

（二）调解

发生劳动争议，当事人可以到下列调解组织申请调解：

(1) 企业劳动争议调解委员会。

(2) 依法设立的基层人民调解组织。

(3) 在乡镇、街道设立的具有劳动争议调解职能的组织。

调解委员会依据合法、自愿的原则调解，并应在15日内结束，到期未结束的，视为调解不成。经调解达成协议的，制作调解书。调解书无必须履行的法律效力，靠双方当事人自觉履行。当事人不愿调解的，可直接向仲裁委员会申请仲裁。调解不是劳动争议解决的必经程序。

因支付拖欠劳动报酬、工伤医疗费、经济补偿或者赔偿金事项达成调解协议，用人单位在协议约定期限内不履行的，劳动者可以持调解协议书依法向人民法院申请支付令。人民法院应当依法发出支付令。

（三）仲裁

1. 仲裁的申请

仲裁是处理劳动争议的必经前置程序，未经仲裁的劳动争议不得向人民法院提起诉讼。提出仲裁要求的一方应在自劳动争议发生之日（当事人知道或应知权利被侵害之日）起1年内向劳动争议仲裁委员会提出书面申请，并应符合有关诉讼时效的规定。劳动争议仲裁不收费，劳动争议仲裁委员会的经费由财政予以保障。

2. 仲裁裁决

(1) 仲裁庭在作出裁决前，应当先行调解。调解达成协议的，仲裁庭应当制作调解书。调解书经双方当事人签收后，发生法律效力。调解不成或者调解书送达前，一方当事人反悔的，仲裁庭应当及时作出裁决。

(2) 仲裁庭裁决劳动争议案件，应当自劳动争议仲裁委员会受理仲裁申请之日起45日内结束。案情复杂需要延期的，经劳动争议仲裁委员会主任批准，可以延期并书面通知当事人，但是延长期限不得超过15日。逾期未作出仲裁裁决的，当事人可以就该劳动争议事项向人民法院提起诉讼。当事人对仲裁裁决不服的，可以自收到仲裁裁决书之日起15日内向人民法院提起诉讼；期满不起诉的，裁决书发生法律效力。

(3) 下列劳动争议，仲裁裁决为终局裁决，裁决书自作出之日起发生法律效力：

①追索劳动报酬、工伤医疗费、经济补偿或者赔偿金，不超过当地月最低工资标准12个月金额的争议。

②因执行国家的劳动标准在工作时间、休息休假、社会保险等方面发生的争议。

劳动者对上述劳动争议的仲裁裁决不服的，可以自收到仲裁裁决书之日起15日内向人民法院提起诉讼。

3. 裁决的撤销

用人单位有证据证明上述劳动争议的仲裁裁决有下列情形之一，可以自收到仲裁裁决书之日起30日内向劳动争议仲裁委员会所在地的中级人民法院申请撤销裁决：

(1) 适用法律、法规确有错误的。

(2) 劳动争议仲裁委员会无管辖权的。

(3) 违反法定程序的。

(4) 裁决所根据的证据是伪造的。

(5) 对方当事人隐瞒了足以影响公正裁决的证据的。

(6) 仲裁员在仲裁该案时有索贿受贿、徇私舞弊、枉法裁决行为的。

人民法院经组成合议庭审查核实裁决有上述情形之一的，应当裁定撤销仲裁裁决。仲裁裁决被人民法院裁定撤销的，当事人可以自收到裁定书之日起 15 日内就该劳动争议事项向人民法院提起诉讼。

（四）诉讼

当事人对"一裁终局"的劳动争议以外的劳动争议案件的仲裁裁决不服的，可以自收到仲裁裁决书之日起 15 日内向人民法院提起诉讼；期满不起诉的，裁决书发生法律效力。

习 题

一、单项选择题

1. 我国《劳动法》规定，用人单位因特殊原因需要延长工作时间的，在保障劳动者身体健康的条件下延长工作时间每日不得超过 3 小时，但是每月不得超过（   ）。
   A. 32 小时　　　　　　　　　　　B. 36 小时
   C. 40 小时　　　　　　　　　　　D. 44 小时

2. 用人单位法定休假日安排劳动者工作的，应支付不低于工资的（   ）。
   A. 150% 的工资报酬　　　　　　　B. 200% 的工资报酬
   C. 250% 的工资报酬　　　　　　　D. 300% 的工资报酬

3. 我国《劳动法》规定，女职工生育期享受的产假不少于（   ）。
   A. 30 天　　　B. 60 天　　　C. 90 天　　　D. 120 天

4. 下列关于对劳动者工资支付应遵守的规则，错误的选项是（   ）。
   A. 工资应以法定货币支付，不得以实物及有价证券代替货币支付
   B. 工资应在用人单位与劳动者约定的日期支付
   C. 劳动者在年休假、探亲假、婚假、丧假期间，用人单位支付工资应不低于按劳动合同规定的工资标准的 80%
   D. 工资应依法足额支付，严禁非法克扣或无故拖欠劳动者工资

5. 我国《社会保险法》规定，参加基本养老保险的个人，可按月领取基本养老金的条件为：达到法定退休年龄时累计缴保险费满（   ）。
   A. 10 年　　　B. 15 年　　　C. 20 年　　　D. 25 年

6. 某劳动者在某用人单位工作 11 年 3 个月后，依法即时解除劳动合同。该劳动者应获得的经济补偿为（   ）。
   A. 11 个月的工资　　　　　　　　B. 11.25 个月的工资
   C. 11 个半月的工资　　　　　　　D. 12 个月的工资

7. 下列关于职工一方与企业签订集体合同的表述中，不符合法律规定的是（   ）。
   A. 集体合同草案应当提交职工代表大会或者全体职工讨论通过
   B. 集体合同由工会代表企业职工一方与用人单位订立
   C. 尚未建立工会的用人单位，由上级工会指导劳动者推举的代表与用人单位订立
   D. 集体合同须经劳动保障行政机关的批准

8. 下列选项中，不符合我国劳动法对非全日制用工规定的是（   ）。

A. 非全日制用工双方当事人可以订立口头协议

B. 非全日制用工双方当事人可以约定试用期

C. 非全日制用工双方当事人任何一方都可以随时通知对方终止用工；终止用工的，用人单位不向劳动者支付经济补偿

D. 非全日制用工小时计酬标准不得低于用人单位所在地人民政府规定的最低小时工资标准；非全日制用工劳动报酬结算支付周期最长不得超过15日

二、多项选择题

1. 下列选项中，属于我国《劳动法》调整范围的有（　　）。

A. 在中华人民共和国境内的用人单位和与之形成劳动关系的劳动者

B. 国家机关、事业组织、社会团体和与之建立劳动合同关系的劳动者

C. 比照实行公务员制度的事业组织和社会团体与其工作人员之间的关系

D. 家庭保姆、临时帮工、家庭教师等与其雇主之间的关系

2. 下列选项中，属于我国法定节假日的有（　　）。

A. 元宵节　　　　B. 清明节　　　　C. 端午节　　　　D. 重阳节

3. 我国基本医疗保险制度规定，不纳入医保基金支付范围的费用有（　　）。

A. 应当从工伤保险基金中支付的　　　B. 应当由第三人负担的

C. 应当由公共卫生负担的　　　　　　D. 在境外就医的

4. 失业人员可以从失业保险基金中领取失业保险金的法定条件有（　　）。

A. 累计工龄满5年的

B. 失业前用人单位和本人已经缴纳失业保险费满一年的

C. 非因本人意愿中断就业的

D. 已经进行失业登记，并有求职要求的

5. 经劳动者提出或者同意，用人单位应当订立无固定期限劳动合同的情形有（　　）。

A. 劳动者在该用人单位连续工作满10年的

B. 用人单位初次实行劳动合同制度或者国有企业改制重新订立劳动合同时，劳动者已在该用人单位连续工作满10年且距法定退休年龄不足10年的

C. 连续订立2次固定期限劳动合同，且劳动者没有《劳动合同法》规定的用人单位可以解除劳动合同情形，续订劳动合同的

D. 有保守用人单位商业秘密条款的

6. 劳动者无须预告可以随时通知用人单位解除劳动合同的情形有（　　）。

A. 未按照劳动合同约定提供劳动保护或者劳动条件的

B. 未及时足额支付劳动报酬的

C. 未依法为劳动者缴纳社会保险费的

D. 用人单位的规章制度违反法律、法规的规定，损害劳动者权益的

7. 用人单位不得通过预告解除和经济性裁员解除劳动合同的情形有（　　）。

A. 从事接触职业病危害作业的劳动者未进行离岗前职业健康检查，或者疑似职业病病人在诊断或者医学观察期间的

B. 在本单位患职业病或者因工负伤并被确认丧失或者部分丧失劳动能力的

C. 患病或者非因工负伤在规定的医疗期内的；女职工在孕期、产期、哺乳期的

D. 在本单位连续工作满15年，且距法定退休年龄不足5年的

8. 下列选项中，属于劳动争议调解仲裁范围的有（   ）。
A. 劳动者与用人单位之间因确认劳动关系发生的争议
B. 劳动者与用人单位之间因订立、履行、变更、解除和终止劳动合同发生的争议
C. 国家机关与聘任制公务员之间因解除人事关系、履行聘用合同发生的争议
D. 事业单位或社团组织与工作人员之间因解除人事关系、履行聘用合同发生的争议

三、判断题

1. 我国《劳动法》调整范围不包括民办非企业单位与其劳动者的劳动关系。（   ）
2. 在我国，劳动者的法定最低就业年龄为16周岁。对有可能危害未成年人健康和安全的职业或工作，就业年龄不得低于18周岁。（   ）
3. 劳动者工作日间的休息时间，一般不少于12小时。（   ）
4. 参加职工基本医疗保险的个人，达到法定退休年龄时累计缴费达到国家规定年限的，退休后不再缴纳基本医疗保险费，按照国家规定享受基本医疗保险待遇。（   ）
5. 用人单位自用工之日起满1年不与劳动者订立书面劳动合同的，视为用人单位与劳动者已订立无固定期限劳动合同。（   ）
6. 劳动合同期限1年以上不满3年的，试用期不得超过3个月。（   ）
7. 劳动者提前30日以书面形式通知用人单位，无须说明任何法定事由，即可单方解除劳动合同。（   ）
8. 仲裁是处理劳动争议的必经前置程序，未经仲裁的劳动争议不得向人民法院提起诉讼。（   ）

四、案例分析题

2013年4月1日，应届大学毕业生张某与某食品加工有限公司签订劳动合同。其有关条款如下：试用期为3个月，试用期满后合同正式生效；合同有效期限为2年，从2013年7月1日起，到2015年6月30日止；张某工作岗位为技术科化验员；实行每周工作5天，每天工作一般为8小时，每月工资1 500元；若因工作需要加班，每天加班在2小时以内的，不再另行支付加班费；单位不为职工缴纳社会保险；在合同有效期内，张某若辞去工作，须向公司缴纳违约金3 000元。若双方在合同履行过程中发生争议，由当地劳动争议仲裁委员会仲裁。

2013年10月，张某由于单位经常安排其加班，提出该劳动合同中关于加班不支付加班费等条款违反了《劳动法》的规定，要求厂方按规定支付加班费。公司方辩称，既然合同不合法，就是无效合同，因此不需要再履行合同。随后辞退了张某。张某不服，向当地劳动争议仲裁委员会申请仲裁。

试根据《劳动法》和《劳动合同法》的有关规定分析回答：
（1）张某与某食品加工有限公司签订的劳动合同中有哪些条款违反了法律规定？
（2）应如何确认该合同的效力？
（3）当地劳动争议仲裁委员会应如何裁决该劳动争议？

参考文献

[1] 财政部会计资格评价中心. 经济法 [M]. 北京：经济科学出版社，2018.
[2] 财政部会计资格评价中心. 经济法基础 [M]. 北京：经济科学出版社，2018.
[3] 中国注册会计师协会. 经济法 [M]. 北京：中国财政经济出版社，2018.
[4] 陈新玲. 经济法理论与实务 [M]. 北京：高等教育出版社，2014.
[5] 刘春田. 知识产权法 [M]. 5版. 北京：高等教育出版社，2015.
[6] 经济法学编写组. 经济法学 [M]. 2版. 北京：高等教育出版社，2018.
[7] 中华人民共和国劳动法（司法解释）. 北京：中国法制出版社，2014.
[8] 中华人民共和国法律释义，全国人大常委会法制工作委员会，2013–2018.